Le Râmâyana

(Tome Second)

Poème sanscrit de Valmiky

Valmiki

(Translator: Hippolyte Fauche)

Alpha Editions

This edition published in 2023

ISBN : 9789357941198

Design and Setting By
Alpha Editions
www.alphaedis.com
Email - info@alphaedis.com

As per information held with us this book is in Public Domain.
This book is a reproduction of an important historical work. Alpha Editions uses the best technology to reproduce historical work in the same manner it was first published to preserve its original nature. Any marks or number seen are left intentionally to preserve its true form.

LE RAMAYANA
TOME SECOND

Ensuite l'exterminateur des héros ennemis, Lakshmana, son âme tout enveloppée de colère, pénétra dans l'épouvantable caverne Kishkindhyâ, comme Râma lui avait commandé. Ici, tous les singes aux grands corps, à la vigueur immense, préposés à la surveillance des portes, voyant le Raghouide en fureur, poussant des soupirs de colère, et, pour ainsi dire, tout flamboyant de son ardent courroux, élèvent au front les paumes de leurs mains réunies, et, tremblants, glacés d'effroi, ne tentent pas de l'arrêter.

L'exterminateur des héros ennemis, Lakshmana, dis-je, l'âme tout enveloppée de colère, vit alors cette grande caverne, belle, charmante, délicieuse, remplie de machines de guerre, embellie de jardins et de bosquets, encombrée d'hôtels et de palais, merveilleuse, céleste, faite d'or, bâtie par les mains de Viçvakarma, avec des forêts de fleurs variées, avec des bois plantés d'arbres au gré de tous les désirs, avec toute la diversité des jouissances bocagères, avec des singes du plus aimable aspect, qui pouvaient changer de forme suivant leur fantaisie, vêtus de robes divines, parés de guirlandes célestes, fils des Gandharvas ou des Dieux, et, *pour comble*, avec une grande rue, embaumée de parfums aux senteurs exquises de lotus, d'aloès, de sandal, de rhum et de miel.

Lakshmana vit partout aux deux côtés des rues les blanches files des palais aux constructions variées, hauts comme les cimes du mont Kêlâsa. Dans la rue royale, il vit les temples d'une belle architecture et plaqués d'émail blanc: partout il vit des chars consacrés aux dieux. Le frère puîné de Bharata vit là des lacs tapissés de lotus, des bois en fleurs, une rivière limpide, qui descendait sur la pente d'une montagne. Il vit la délicieuse habitation d'Angada, les magnifiques hôtels bien fortifiés des nobles singes Maînda, Dwivida, Gavaya, Gavâksha, du sage Çarabha, des princes Vidyounmâla, Sampâti, Hanoûmat, Nîla, Kéçari, du singe Çatavali, de Koumbha et de Rabha. Les palais de ces magnanimes, bâtis çà et là dans la rue royale, s'élevaient, pareils à des nuées blanches: les plus suaves guirlandes *en* décoraient *l'extérieur*; ils regorgeaient de pierres fines et de richesses, *mais* la perle des femmes en faisait la *plus charmante* parure. Il vit, pareil au palais de Mahéndra et protégé d'un rempart, tel qu'une blanche montagne, le délicieux château du monarque des singes avec ses dômes blancs, comme les sommets du Kêlâsa, maison presque inabordable, aux jardins embellis d'arbres, où l'on cueillait du fruit en toute saison, aux bosquets enrichis de plantes fortunées, célestes, nées dans le Nandana, présent du grand Indra lui-même, et qui de loin ressemblait à des nuées d'azur. Couvert partout de singes terribles, leurs javelots à la main, il regorgeait de fleurs divines et *montrait avec orgueil* ses arcades en or bruni.

Apprenant que l'envoyé de Râma vient à lui sans trouble, Sougrîva commande aux ministres d'aller à sa rencontre, et ceux-ci l'abordent, tenant les paumes des mains réunies en coupe à leurs tempes. Lakshmana de parler aux conseillers, Hanoûmat à leur tête, en observant les bienséances, non par timidité d'âme, mais par le sentiment des convenances; puis, *officiellement* reconnu, il entra dans le palais. Quand ce guerrier, le devoir même incarné, eut franchi trois cours toutes couvertes de chars-à-bancs, il se vit en face du vaste sérail, que défendait une garde bien nombreuse. On y voyait briller çà et là beaucoup de trônes faits d'or et d'argent et sur lesquels s'étalaient de riches tapis. Là, il entendit un chant doux et des plus ravissants, qui se mariait à l'unisson des flûtes, des lyres et des harpes.

Le frère puîné de Bharata vit dans le palais du monarque un grand nombre de femmes avec différents caractères de figure, mais toutes fières de leur jeunesse et de leur beauté. Parées des plus riches atours, de bouquets et de guirlandes variées, elles étaient revêtues de robes différentes par les couleurs et n'étaient pas moins distinguées par la politesse que par la beauté.

Quand le héros eut comparé la joie de Sougrîva à la tristesse de son frère aîné, ce parallèle accrut encore plus dans son *cœur* la puissance de sa colère. À peine Angada l'eut-il vu irrité comme le roi des Nâgas ou comme le feu allumé pour la destruction *du monde*, qu'une vive émotion le saisit tout à coup, et son visage fut couvert de confusion. Les autres singes, qui gardaient la porte ou circulaient dans les cours du palais, s'inclinèrent humblement et leurs mains réunies en coupe devant Lakshmana.

Ensuite, il vit assis dans un trône d'or, éclatant à l'égal du soleil, couvert de précieux tapis, élevé au sommet d'une estrade, le roi des singes vêtu d'une robe divine, enguirlandé de fleurs célestes, frotté d'un onguent divin et les membres éblouissants de parures toutes divines: on eût dit l'invincible Indra même incarné sur la terre. Des femmes d'une beauté supérieure l'environnaient par centaines de mille: telles, sur le Mandara, de célestes Apsaras font cercle autour de Kouvéra. Lakshmana vit aussi les deux épouses, Roumâ, qui se tenait à la droite, et Târâ à la gauche du magnanime Sougrîva. Il vit encore à ses côtés deux femmes charmantes agiter sur le front du roi l'éventail blanc et le blanc chasse-mouche aux ornements d'or bruni.

À la vue de cette voluptueuse indolence, à la comparaison qu'il en fit avec la peine immense de son frère, Lakshmana sentit redoubler sa fureur. À peine Sougrîva eut-il aperçu Lakshmana, les yeux rouges de colère, la vue errante de tous les côtés, ridant son visage par la contraction des sourcils, mordant sa lèvre inférieure sous les dents, poussant maint et maint soupir long et brûlant, irrité enfin comme le serpent aux sept têtes enfermé dans un cercle de feux; à peine, dis-je, l'eut-il vu, les yeux rouges de colère, tenant son arc empoigné, qu'il se leva soudain et porta les mains en coupe à ses tempes.

Quand le héros fut entré dans son intérieur: «Assieds-toi là!» dit le roi des singes.

Alors, poussant un long soupir, comme un reptile enfermé dans une caverne, Lakshmana, retenu par les instructions qu'il avait reçues de son frère, lui répondit en ces termes: «Il est impossible qu'un envoyé, roi des singes, accepte l'hospitalité, mange ou s'assoie même, avant qu'il n'ait obtenu ce que demande son message. Quand le messager, heureux dans sa mission, a vu le succès couronner les affaires de son maître, il peut alors, monarque des singes, accepter les présents de l'hospitalité. Mais comment puis-je recevoir ici les tiens, sire, moi, qui ne t'ai pas encore vu satisfaire aux vœux du noble Râma?»

Aussitôt qu'il eut ouï ces paroles, Sougrîva de s'incliner devant Lakshmana et de répondre ainsi, les sens tout émus de frayeur: «Nous sommes entièrement les serviteurs de Râma aux prouesses infatigables; je ferai tout ce qu'il désire en échange du service qu'il m'a rendu. Accepte d'abord, suivant l'étiquette, l'eau pour laver et la corbeille de l'arghya; assieds-toi d'abord, Lakshmana, dans cet auguste siége; ensuite je parlerai un langage que tu aimeras entendre.»

Lakshmana dit: «Voici les instructions que m'a données Râma: «Tu ne dois pas accepter les présents de l'hospitalité dans la maison du singe avant que tu n'aies accompli ton message.» Écoute donc la mission, que j'ai reçue; médite-la, singe, et donne-lui dès l'instant, s'il te plaît, une prompte exécution.»

Ensuite, l'homicide *héros* des héros ennemis, Lakshmana tint ce langage mordant à Sougrîva, qui l'écouta même debout, environné de ses femmes. «Un roi qui a du cœur et de la naissance, qui est miséricordieux, qui a dompté ses organes des sens, qui a de la reconnaissance, qui est vrai dans ses paroles, ce roi est exalté sur la terre. Mais est-il rien de plus cruel au monde qu'un monarque esclave de l'injustice et violateur d'une promesse faite à ses amis, dont il avait déjà reçu les services? L'homme qui ment à son cheval tue cent de ses chevaux; s'il ment à sa vache, il tue mille de ses vaches; mais l'homme qui ment à l'homme se perd lui-même avec sa maison. L'homme qui fait un mensonge à la terre, son châtiment frappe dans sa famille et ceux qui sont nés et ceux qui sont à naître. Il y a, nous dit-on, égalité entre le mensonge à l'homme et le mensonge à la terre. Le mensonge à la terre atteint la postérité du menteur jusqu'à la septième génération. L'ingrat qui, obligé par ses amis, ne leur a jamais payé de retour le service rendu, mérite que tous les êtres conspirent à sa mort.

«Insensé, tu oublies que naguère, sur le Rishyamoûka, une des plus saintes montagnes, tu pris nos mains dans les tiennes pour nous garantir la vérité de ton alliance. Et maintenant, plongé dans tes voluptés matérielles, voici que tu déchires le traité!

«Ni la vérité, ni la promesse, ni l'autorité, ni la conférence, ni les mains serrées en présence du feu allumé ne sont rien à tes yeux! Ce fut, pervers, ce fut donc en toutes les façons que tu as trompé mon frère; lui, ce sage, à l'âme droite; toi, cœur vil, aux pensées tortueuses! Un tel mépris fait bouillonner dans mon sein une ardente colère, comme le gonflement du magnanime Océan au jour de la pleine-lune. Je vais t'envoyer, frappé de mes flèches aiguës, dans les habitations d'Yama! Certes! ici, avec mes flèches, moi qui te parle, je t'immolerai, comme le fut ton frère, toi, qui as déserté le chemin de la vérité, ingrat, menteur, aux paroles emmiellées, à l'âme inconstante et mobile par le vice de ta race!»

À Lakshmana, qui parlait ainsi, comme enflammé d'une ardente fureur, Târâ, semblable par son visage à la reine des étoiles, répondit en ces termes: «Le roi ne mérite pas que tu lui parles de cette manière, Lakshmana: le monarque des singes ne mérite pas ce langage amer, venu de tes lèvres surtout. Ce héros n'est pas ingrat, perfide et cruel; son âme n'est point amie du mensonge, son âme ne creuse pas des pensées tortueuses. Le vaillant Sougrîva ne peut oublier le service, impossible à d'autres, qu'il doit à Râma d'une vigueur incomparable. C'est la bienveillance de Râma qui met ici dans ses mains la gloire, l'empire éternel des singes, moi, et sur toutes choses, Roumâ, *son épouse*. Rentré en possession des plus douces jouissances par la bienveillance de Râma, il a voulu, *c'était naturel!* goûter de ses voluptés, lui de qui la douleur avait toujours été la compagne. Que le noble Raghouide veuille bien excuser, Lakshmana, un malheureux qui a passé dix années dans les fatigues *de l'exil* et dans la privation de toutes les choses désirées!

«Râvana aux longs bras est insurmontable à qui manque d'auxiliaires: ce besoin de *vigoureux* compagnons a donc fait expédier çà et là de nobles singes, afin qu'ils amènent pour la guerre d'autres chefs de singes en nombre infini. Si le monarque des simiens n'est pas sorti en campagne, c'est qu'il attend ici, pour assurer le triomphe de Râma, ces valeureux quadrumanes à la bien grande vigueur. Les dispositions de Sougrîva sont toujours, fils de Soumitrâ, ce qu'elles étaient auparavant.

«Voici le jour où doivent arriver tous les singes: les ours viendront ici par dizaines de billions, et les golângoulas par milliards; les tribus simiennes répandues sur la terre afflueront ici kotis par kotis. De la rive des mers, tous les singes qui habitent les îles de l'Océan vont accourir pleins de hâte devant toi: dépose donc, irascible guerrier, dépose là ton chagrin.

«Une fois détruite, la cité glorieuse du roi des mauvais Génies, les singes ramèneront ici la bien-aimée de ton frère, cette Djanakide charmante aux formes délicieuses, dussent-ils, monarque des hommes, l'arracher du ciel même ou des entrailles de la terre!»

Lakshmana, d'un caractère naturellement doux, accueillit avec faveur ce langage modeste, uni au devoir; et, voyant les paroles de Târâ bien reçues, le roi des singes rejeta, comme un habit mouillé, la crainte que les deux Ikshwâkides lui avaient inspirée. Ensuite il déchira la guirlande variée, grande, admirable, passée autour de son cou et resta dépouillé de cette royale distinction. Puis, le souverain de toutes les tribus simiennes, Sougrîva à la vigueur épouvantable, de parler à Lakshmana ce langage doux et fait pour augmenter sa joie:

«J'avais perdu mon diadème, fils de Soumitrâ, ma gloire et l'empire éternel des singes; mais j'ai recouvré tout par la bienveillance de Râma. Dans ce monde tel qu'il est, où trouver, dompteur *invincible* des ennemis, un être assez fort pour s'acquitter, par un service égal au sien, envers cet homme-Dieu, qui occupe la renommée du bruit de ses hauts faits?

«À quoi bon, seigneur, à quoi bon des alliés pour un bras qui, tirant son arc, fait trembler, au seul bruit de sa corde, la terre avec les montagnes? Je suivrai, sans aucun doute, je suivrai les pas du vaillant Raghouide, marchant pour l'extermination de Râvana et des généraux ennemis. Si j'ai péché quelque peu, soit par *trop de* confiance, soit par *intempérance d'*amour, il faut que Râma ait de l'indulgence: quel mortel n'a pas une faute à se reprocher?»

Ce langage du magnanime Sougrîva fit plaisir à Lakshmana, qui répondit ces mots avec amour: «Ces paroles, tombées de ta bouche, Sougrîva, sont d'une âme reconnaissante, qui sait le devoir et ne recule pas en face des batailles: elles sont dignes et convenables. Quel mortel, assis dans une haute puissance, toi, singe, et mon frère majeur exceptés, saurait ainsi reconnaître sa faute?

Oui! tu es l'égal de Râma pour la bravoure et la force: ce sont les Dieux mêmes, roi des singes, qui t'ont donné à nous pour notre bonheur après une longue *attente*!

«Mais sors promptement d'ici; viens, héros, avec moi, viens consoler ton ami, le cœur déchiré à la pensée de son épouse ravie. Veuille bien excuser toutes les paroles injurieuses que j'ai dites pour toi sous l'impression des plaintes du Raghouide, vaincu par sa douleur.»

Les singes chargés des ordres du roi volent de tous les côtés et, couvrant le ciel, route divine, où circule Vishnou, ils tiennent offusqués les rayons du soleil. Dans les mers, dans les forêts, dans les montagnes et sur la rive des fleuves, les envoyés appellent tous les singes à soutenir la cause de Râma.

Partout, aussitôt qu'ils ont ouï les paroles des messagers et reçu l'ordre du monarque, semblable au noir Trépas, la gent quadrumane est frappée de terreur.

Alors trois kotis[1] de singes au poil sombre comme le collyre s'avancent, de la montagne nommée le Grand-Andjana, vers ces lieux où Râma les attend. Dix kotis de singes couleur de l'or bruni viennent de la belle montagne, brillante comme l'or, où le soleil se couche à l'occident. Trente kotis de singes accourent du Mandara, *une des* plus hautes alpes *de la terre*: vaillants héros, ils ont la taille et la force des lions. Trois mille deux cents kotis de singes, *les épaules couvertes* d'une crinière léonine toute resplendissante, affluèrent des sommets du Kêlâsa. De ceux qui errent sur les flancs de l'Himâlaya et savent goûter la saveur de ses racines et de ses fruits, un millier de mille kotis se mit en campagne à la ronde. Du mont Vindhya sortirent mille kotis de singes, tels que des masses de charbon, épouvantables par l'aspect, épouvantables par les actions. Dix mille kotis de singes arrivèrent du mont Oudaya, tous renommés par le courage et la force. De ceux qui gîtent sur le rivage de la Mer-de-Lait, où ils mangent les fruits du xanthocyme et font leurs festins de cocos, il n'existe pas de nombre qui puisse exprimer la multitude *infinie des croisés*.

Note 1:

Afin que l'on apprécie mieux toute l'ampleur de ces hyperboles, il n'est sans doute pas inutile d'avertir qu'*un koti* égale *dix millions*.

Les armées de ces hommes des bois accouraient des bords de la mer, des fleuves, des forêts; et l'astre du jour en était comme éclipsé.

Sougrîva de monter avec Lakshmana dans son palanquin d'or, brillant comme le soleil et porté sur les épaules de grands singes. Il sortit en roi, auquel est échu la gloire de ceindre une couronne sans égale; il sortit avec le parasol blanc élevé sur sa tête, avec l'éventail blanc, avec le blanc chasse-mouche, agités de tous les côtés autour de son visage. Environné de singes nombreux, terribles, des javelots à leur main, le fortuné monarque s'avançait, entouré de ses ministres à la grande vigueur; et, dans sa course rapide, il faisait trembler même le sol de la terre sous les pas de l'innombrable armée des singes. Dans ce voyage de Sougrîva, le ciel était comme rempli du bruit des conques et du son des tymbales. Les ours, par milliers, les golângoulas par centaines et des singes fortement cuirassés marchaient devant lui. Il franchit dans l'intervalle d'un instant la distance qui le séparait du Mâlyavat, la grande montagne: arrivé à la demeure, mais encore loin du noble Raghouide, le monarque des armées quadrumanes s'arrêta.

Sougrîva descendit avec Lakshmana; et, quittant sa litière d'or, le roi fortuné des singes, tenant au front ses deux mains en coupe et marchant à pied, s'approcha de Râma. Il se prosterna la tête sur la terre et se tint formant de ses mains jointes la coupe de l'andjali. À peine eut-elle vu son roi les paumes des mains réunies aux tempes, toute l'armée des quadrumanes se mit au front les deux mains et fit de même l'andjali.

Quand il vit ainsi la grande armée des singes comme un lac de lotus, dont les fleurs entr'ouvrent leurs calices, Râma fut satisfait à l'égard de Sougrîva. Le digne fils de Raghou étreignit dans ses bras le royal singe, il salua de quelques mots les ministres et lui dit: «Assieds-toi!» Alors, s'étant dépouillé de sa colère, il tint avec bonté ce langage au roi singe assis avec ses conseillers sur le sol de la terre:

«Écoute, ami, écoute cette parole: renonce à des jouissances brutales et sache que prêter du secours à tes amis, c'est défendre même ton royaume. Déploie tes efforts à la recherche de Sîtâ et travaille, ô toi qui domptes les ennemis, travaille à découvrir en quel pays habite Râvana.»

À ces mots, Sougrîva, le monarque des singes, s'incline entièrement rassuré devant Râma et lui répond en ces termes: «J'avais perdu ma fortune, ma gloire et l'empire éternel des singes; mais j'ai tout recouvré, grâce à ta bienveillance, héros aux longs bras! L'homme, ô le plus éminent des victorieux, qui ne te payerait pas de retour, à toi, père, seigneur et Dieu, le service rendu serait le plus ignoble des hommes.

«J'ai expédié en courriers, fléau des ennemis, les principaux de mes singes par centaines. Ces messagers doivent tous amener ici tous les simiens répandus sur la terre; ils amèneront les ours et les golângoulas; ils amèneront, fils de Raghou, les singes enfants des Dieux et des Gandharvas, héros d'une épouvantable vigueur, qui changent de forme à volonté, entourés chacun de son armée et versés dans la connaissance des lieux impraticables, des bois et des forêts.

«Des singes, pareils à des montagnes ou des nuages et qui peuvent se métamorphoser comme ils veulent, suivront tes pas dans la guerre, chacun avec toute sa parenté. Ces guerriers, qui ont pour armes, les uns des rochers, les autres des shorées et des palmiers, arracheront la vie à ton ennemi Râvana et ramèneront la Mithilienne *dans tes bras!*»

Sur ces entrefaites arriva l'épouvantable armée du roi singe, *en tel nombre* qu'elle éclipsait dans les cieux la grande lumière de l'astre aux mille rayons. Les yeux ne distinguaient plus aucun des points cardinaux enveloppés alors dans la poussière; et la terre elle-même tremblait tout entière avec ses bois, ses forêts et ses montagnes.

Un singe, nommé Çatabali, héros cher à la fortune, s'avança d'abord, environné par dix mille kotis de guerriers.

Ensuite, pareil à une montagne d'or, entouré par des armées au nombre de cinq et cinq fois mille kotis, parut le vaillant père de Târâ, le roi ou plutôt l'Indra même des singes, l'héroïque Souséna, honoré des plus grands ministres et semblable au Dieu Mahéndra.

Après lui, voici venir Gandhamâdana, sur les pas duquel marchent mille kotis et cent milliers de singes.

Derrière eux arrive l'héritier présomptif, d'une valeur égale à celle de *Bâli*, son père: Angada conduit mille padmas[2] de singes avec une centaine de çankhas[3].

Note 2-3:

Le padma est un nombre égal à dix billions; le çankha équivaut à cent milliards.

Il est suivi par Rambha, splendide comme le soleil au matin: celui-ci commande une myriade avec onze centaines de guerriers.

Eux passés, apparaît un chef au grand corps, à la grande vigueur, telle qu'une montagne de noir collyre: c'est Gavaya. Dix mille héros exécutent ses commandements.

Après celui-ci, on voit arriver Hanoûmat, autour duquel se pressent mille kotis de singes à la vigueur épouvantable, tous pareils aux cimes du Kêlâsa.

Maintenant, voici le tour d'un chef effrayant à voir, Dourmoukha, comme on l'appelle, avec cent mille braves, auxquels s'ajoute encore une neuvaine de milliers. Intelligent, le plus vaillant des singes, estimé de tous les quadrumanes, son visage resplendit comme le soleil adolescent, et sa couleur imite celle des fibres du lotus.

Ensuite paraît le fils du père universel des créatures, le fortuné Kéçari, à la voix duquel obéissent des armées composant dix mille kotis de guerriers.

Sur leurs pas vient le grand monarque des singes à queue de taureau: il a nom Gavâksha et commande à mille kotis de golângoulas.

Immédiatement s'avance le roi des ours, appelé Dhoûmra, autour duquel marchent deux mille kotis d'ours à la couleur enfumée.

Après eux défilent trois cents kotis de singes épouvantables et pareils à de hautes montagnes sous les ordres d'un chef à la grande vigueur: son nom est Panasa.

Deux singes d'une force terrible, Maînda et Dwivida, entourent Sougrîva avec mille kotis de simiens.

À leur suite, Târa, brillant comme un astre, amène dans cette guerre cinq kotis de singes à la vigueur épouvantable.

Là, vient encore, avec un millier de mille kotis, Darimoukha à la grande force, honoré par tous les chefs des chefs.

Incontinent apparaît Indradjânou, le singe aux grands genoux, que suivent quatre kotis de magnanimes quadrumanes.

Puis s'avance, environné d'un koti et semblable à une montagne, Karambha à la grande splendeur, le visage brillant comme le soleil du matin.

Après lui se montre, guidant onze kotis répandus autour de sa personne, le singe fortuné Gaya, le chef suprême des chefs de troupes.

On voit enfin défiler tour à tour le prudent Vinita, et Koumouda, et Sampâti, et le singe Nala, et Sannata, et Rambha, et Rabhasa.

Ces quadrumanes et d'autres encore, venus pour cette guerre, tous capables de changer de forme à volonté, couvraient entièrement la terre, et les forêts et les montagnes. Les généraux des armées s'approchent, l'air joyeux, et tous ils courbent avec respect le front devant Sougrîva, le plus noble des quadrumanes. D'autres illustres singes s'avancent à leur instant et suivant leurs dignités; ils se tiennent alors devant Sougrîva, les mains réunies à la manière de l'andjali. Le monarque, joignant aussi les deux mains aux tempes, annonce à Râma, digne *en tous points* d'être aimé, que tous les singes à la grande vigueur sont arrivés.

Quand les généraux singes, pareils à des cimes de montagnes, eurent fait connaître exactement les états des armées, chacun s'en alla coucher à son aise, ou dans les grottes du Mâlyavat, ou sur la rive de ses cataractes, ou dans ses forêts charmantes.

Alors que le monarque vit tous les singes arrivés et campés sur la terre, il adressa joyeux ces mots à Râma:

«Daigne me donner tes ordres maintenant que je suis environné de mes armées. Veuille bien me conter la chose de la manière qu'elle doit marcher.»

À ces paroles du monarque, le fils du grand Daçaratha étreignit Sougrîva dans ses bras et lui répondit en ces termes: «Que l'on sache, bel ami, si ma Vidéhaine vit ou non. Que l'on sache, monarque à la haute sagesse, en quel pays demeure le démon Râvana. Quand je connaîtrai bien l'existence de ma Vidéhaine et l'habitation de Râvana, je déploierai avec ta grandeur les moyens exigés par les circonstances. Ni Lakshmana, ni moi, ne sommes les maîtres dans cette affaire: tu es la cause qui doit ici tout mouvoir, et c'est de toi que dépend toute la chose. Ainsi, fais-moi connaître toi-même, seigneur, la part que tu m'assignes dans cette affaire. L'homme qui trouve à s'appuyer sur un ami tel qu'est ta grandeur, modeste, courageux, plein de sagesse et versé dans la distinction des choses, doit parvenir à son but, je n'en doute pas.»

À ce langage, que Râma lui tenait d'une manière accentuée d'amour, le monarque des singes appela un général de ses troupes, nommé Vinata, à la voix tonnante comme une nuée d'orage, au corps semblable à une montagne, et dit au héros quadrumane d'une épouvantable vigueur, incliné devant lui avec respect: «Fais-toi accompagner par mille kotis de rapides quadrumanes, et va, environné des plus élevés entre les singes, qui savent mener et ramener *une armée*, fils eux-mêmes du Soleil ou de Lunus, instruits à bien connaître les circonstances des lieux et des temps; va, dis-je, fouiller toute la contrée orientale avec les forêts, les montagnes et les eaux. Recherchez-y la Vidéhaine Sîtâ et l'habitation de Râvana dans les régions impraticables des bois, dans les cavernes et dans les forêts.»

Alors que le monarque des simiens eut expédié ces quadrumanes dans le pays du levant, il fit partir d'autres singes pour les contrées méridionales.

D'après son ordre, Târa le plus vaillant des singes, entouré de cent milliers, se dirige, avec ses éminents compagnons, qui revêtent à leur gré toutes les formes, vers les excellentes et vastes régions du sud. Le roi fit connaître à ces quadrumanes, les principaux entre les simiens, tous les pays qui, dans cette plage, offraient des chemins difficiles ou dangereux.

Sougrîva tenait en grande estime la force et la bravoure d'Hanoûmat: ce fut donc à ce quadrumane surtout, le plus excellent des singes, qu'il adressa la parole en ces termes: «Je ne vois, prince des singes, ni sur la terre, ni dans les eaux, ni dans l'atmosphère, ni dans les enfers, ni dans le séjour des Immortels, *oui! je ne vois* personne qui puisse mettre un obstacle à ta route. Les mondes te sont connus, grand singe, avec les Dieux, et les Gandharvas, et les Nâgas, et les Dânavas, et les mers, et les montagnes. Liberté d'allures, promptitude, force, légèreté: ces dons, héros, sont tels en toi, qu'on les voit dans ton père, le magnanime Vent.

«Sur la terre, il n'existe aucun être qui te soit égal en force: veuille donc agir de manière que la vue de Sîtâ soit rendue bientôt à nos yeux. Il y a en toi, Hanoûmat, tout courage, toute énergie, toute force, avec un art d'assouplir à ta volonté et les temps et les lieux, avec une science de gouverner dégagée de toute impéritie.

Quand le monarque eut mis sur les épaules d'Hanoûmat la charge de cette affaire, il parut s'épanouir de l'âme et des sens, comme s'il eût déjà tenu la réussite en ses mains. Aussitôt que Râma eut compris que le roi comptait sur Hanoûmat pour le succès de l'expédition, ce prince à la grande intelligence réfléchit en lui-même, et lui donna joyeux son anneau, sur lequel était gravé le caractère de son nom, pour qu'il se fît reconnaître avec ce bijou par la fille des rois: «À sa vue, la fille du roi Djanaka, noble singe, pensera que tu viens envoyé par moi, et ta vue ne pourra lui causer d'inquiétude. Car ta sagesse, tes actions illustres et ce choix dont t'honore Sougrîva, tout m'entretient déjà du succès, *comme s'il était obtenu.*»

Hanoûmat reçoit l'anneau et le porte à son front avec ses mains jointes; puis, quand il se fut prosterné aux pieds de Râma et de Sougrîva, le noble singe, fils du Vent, escorté de ses compagnons, prit son essor dans les airs. Semant la joie dans cette nombreuse armée de robustes hommes des bois, le fils du Vent brillait alors dans le ciel balayé des nuages, comme la lune au disque pur, environnée par les bataillons des étoiles.

Quand Sougrîva eut fait partir sous les ordres d'Hanoûmat ces quadrumanes, doués tous d'intelligence, de courage et d'une agilité égale à la rapidité même du vent, le monarque à la grande splendeur manda un chef d'une épouvantable vaillance, nommé Soushéna, le père de Târâ, et, portant ses mains réunies à ses tempes, il s'inclina devant lui, honora son illustre beau-père et lui tint ce langage: «Prête l'appui de ton aide à Râma dans la présente affaire. Entouré de cent mille singes rapides, va, mon doux seigneur, dans la contrée occidentale, où préside Varouna.

«Une fois trouvées la Vidéhaine et l'habitation de Râvana, une fois arrivés au mont Asta, revenez, après un mois écoulé. Ce temps expiré, je punirais de mort le retardataire!

«Si nous ramenons à la vue de Râma la *belle* Mithilienne, son épouse, nous aurons entièrement acquitté notre dette envers lui et payé d'un service le bon office qu'il nous a rendu. Je trouve dans ta grandeur un père donné par l'alliance aussi vénérable à mes yeux, *Soushéna,* qu'un père donné par la nature: il n'est pour moi aucun ami qui me soit égal à toi. Ainsi règle tout de telle sorte que j'aie bientôt le plaisir de te voir ici revenu après ta mission accomplie.» À peine eurent-ils entendu ce discours habile du monarque des simiens, que les singes partirent, l'âme transportée d'ardeur, sous les ordres de Soushéna, pour fouiller cette région, à laquelle préside le Dieu Varouna.

Aussitôt l'auguste suzerain de s'adresser au singe Çatabali en ces paroles utiles au *pieux* Râma et funestes au démon Râvana: «Fais-toi accompagner, dit-il au vaillant héros, monarque estimé de tous les quadrumanes; fais-toi accompagner de cent mille rapides simiens, et fouille avec les singes fils d'Yama toute la région du nord, que protège le roi sage des Yakshas, des Rakshasas, des Gandharvas et des Kinnaras, le magnanime Dieu qui donne à son gré les richesses et qui voile au front avec une tache brune la place où manque l'un de ses yeux. Là, que vos grandeurs cherchent avec des singes invincibles cette noble fille de Vidéha, l'épouse du sage Râma. Vous devez, singes, au risque même d'y laisser votre vie, ne rien passer en cette région sans le visiter dans le but d'y retrouver la fille du roi des Vidéhains.

«*Revenez*, une fois trouvés la Mithilienne et l'asile de Râvana. Ne restez pas loin d'ici plus d'un mois: ce temps écoulé, je punirais de mort le retardataire!»

Il dit; et les singes, à qui ces paroles s'adressaient, de courber aussitôt la tête jusqu'à terre aux pieds de Râma et de leur monarque à la bravoure infinie; puis, de partir ensemble d'un vol rapide pour cette plage du monde où préside Kouvéra.

Les héros singes à la grande force vinrent, en bondissant, jurer cette promesse.

«Moi seul, je veux immoler Râvana dans le combat, et, quand j'aurai tué cet impur, enlever rapidement la fille du roi Djanaka.

«Je fendrai la terre et je bouleverserai les flots de la mer! Je franchirai, n'en doutez pas, vingt yodjanas d'un seul bond! Le grand monarque des quadrumanes a tort d'appeler pour cette guerre un si grand nombre de singes: il suffira de moi seul pour accomplir toute cette affaire.»

Pendant cette grande revue de Sougrîva, chacun des singes, dans l'orgueil de sa force, vint se lier individuellement par cette promesse; et, quand ils eurent tous prononcé le serment, ces magnanimes à la grande vigueur, les plus éminents des singes partirent chacun pour sa région avec le désir de satisfaire le suzerain.

Le roi Sougrîva fut content, alors qu'il eut expédié en éclaireurs les premiers généraux des armées simiennes par tous les points du ciel; et Râma, dans la compagnie de son frère, habita ce mont Prasravana, attendant que fût expiré le mois accordé aux singes pour découvrir sa bien-aimée Sîtâ.

Après le départ des singes, Râma dit à Sougrîva: «Par quelles circonstances, héros aux longs bras, as-tu jadis exploré ce monde? Comment ta grandeur a-t-elle pu connaître ce globe entier de la terre, si difficile à connaître? Comment l'as-tu parcouru?» À ces paroles de Râma: «Écoute, dit le monarque des singes; écoute, Râma; ce qui jadis m'a forcé de le voir.

«Chassé par Bâli, mourant de peur, courant de toute ma vitesse, je visitai, noble fils de Kakoutstha, je visitai la terre de tous les côtés, observant et les fleuves divers, et les cités, et les forêts. Je parcourus d'abord la plage orientale; puis j'errai *çà et là* dans la région méridionale; ensuite je promenai dans les pays du couchant la terreur qui me talonnait sans cesse.

«Un long temps avait déjà coulé quand le fils du Vent eut un *heureux* souvenir et me tint ce langage: «Matanga jadis a maudit Bâli au sujet de Mahisha: «Singe, *a-t-il dit*, garde-toi bien d'entrer jamais ici dans les bois du Rishyamoûka! Ta tête, si tu enfreignais ma défense, se briserait en cent morceaux!» Cette haute montagne du Rishyamoûka se présente à mon souvenir en ce moment. Allons-y tous, sire; ton frère n'y viendra pas.»

«À ces mots d'Hanoûmat, moi, qui avais déjà fait cent fois le tour de la terre, chassé par la crainte de Bâli, je me rendis à ce grand ermitage, où je fus à l'abri de mon ennemi. Telles sont, en vérité, les circonstances auxquelles je dus alors de voir par mes yeux mêmes ce monde entier et le Djamboudwîpa dans sa vaste étendue.»

Cherchant la *noble* Vidéhaine, explorant la terre avec les montagnes, les eaux et les forêts, tous les chefs des troupes simiennes avaient déjà fouillé, pour y trouver l'épouse de Râma, toutes les plages du monde, suivant la parole du maître et comme le roi des singes leur avait commandé. Scrutant çà et là toutes les montagnes, les étangs, les défilés, les forêts, les cavernes, les fourrés, les cataractes, les collines et tous les rochers, les chefs des quadrumanes s'étaient rendus en tous les pays que Sougrîva leur avait indiqués.

Tous, ils avaient mainte fois visité, inébranlables dans la recherche de Sîtâ, les plateaux des montagnes avec leurs sommets plantés d'arbres nombreux, et parcouru toutes les habitations.

Les recherches finies et le premier mois écoulé, les chefs des armées simiennes retournèrent sans espérance vers le monarque des singes au mont Prasravana.

Vinata, secondé par ses quadrumanes, avait fouillé entièrement la plage orientale, mais il revint à la caverne Kishkindhyâ, n'ayant pas vu Sîtâ. L'héroïque et grand singe Çatabali avait fouillé toute la contrée septentrionale; mais il revint aussi, n'ayant pas vu Sîtâ. Soushéna, qui avait porté ses pas dans les régions du couchant, revit son noble gendre au bout du mois accompli; mais son retour *n'apporta point de plus grandes nouvelles* au mont Prasravana.

Tous, ils s'approchent du monarque, assis avec *son allié* Râma sur un flanc de la montagne; ils s'inclinent à ses pieds et lui tiennent ce langage:

«On a fouillé toutes les montagnes, et les bois, et les fourrés, et les fleuves, et les mers, et toutes les campagnes. On a parcouru les défilés; on a visité les cavernes de toutes les formes; on a battu les *massifs des* lianes ou des broussailles et coupé les hautes herbes. Nos singes, dans la pensée qu'ils avaient peut-être devant eux une métamorphose de Râvana, ont effarouché çà et là, ils ont tué même de grands, d'épouvantables animaux, remplis de vigueur, doués *horriblement* de force et de courage. Nos singes, criant, marchant, courant, sautant ou grimpant, ont pénétré dans tous les endroits impénétrables, qu'ils ont fouillé mainte et mainte fois. Ils n'ont rien ménagé pour atteindre au but de leur voyage; mais nulle part ils n'ont pu saisir un seul renseignement sur l'infortunée Vidéhaine.»

Hanoûmat, suivi des singes, à la tête desquels marchait Angada, s'en était allé dans la région méridionale, suivant l'ordre que lui avait donné Sougrîva.

Ces quadrumanes, cherchant avec fureur, sans ménager leur vie pour le service de Râma, pénètrent dans les endroits les *plus* épouvantables ou les *plus* inaccessibles.

Tous accablés de lassitude, manquant d'eau, exténués de faim et de soif, après avoir fouillé cette plage méridionale, impraticable, hérissée par des amas de montagnes, et cherché, malades de besoin, *mais toujours sans les trouver*, un ruisseau et Sîtâ; alors, *dis-je*, tous ces quadrumanes, épuisés de fatigue, s'étant réunis là, tombèrent dans l'abattement, l'âme consternée, le visage défait, le corps tremblant à la pensée de Sougrîva et l'esprit comme halluciné par la crainte du puissant monarque des singes. Vivement affligés de ce qu'ils n'avaient pu voir ni Sîtâ, ni Râvana, mourant de faim, de fatigue et de soif, ils virent, tandis qu'ils aspiraient à trouver de l'eau, ils virent devant eux un antre formé par les déchirements de la montagne; caverne enveloppée d'arbres, mais engloutie dans une profonde nuit et capable d'inspirer la terreur au *céleste* Indra lui-même.

De là sortaient de tous les côtés, hérons, cygnes, grues indiennes et martins-pêcheurs, oies du brahmane, mouillées d'eau et le plumage teint par le pollen des lotus, gallinules, pygargues, coqs-d'eau, canards aux plumes rouges, kalahansas, pélicans et autres oiseaux aquatiques.

Le cœur de tous les singes fut saisi d'admiration à la vue de cette caverne; et leur âme, suspendue entre l'espérance de l'eau et la crainte de n'en pas trouver, fut remplie tout à la fois de douleur et de joie. Ensuite le fils du Vent, Hanoûmat, adressa les paroles suivantes à tous les singes rassemblés, après qu'il eut fouillé avec eux cette impraticable région du midi, couverte par une multitude de montagnes: «Nous sommes tous fatigués, et la Mithilienne ne s'offre pas encore à nos yeux; mais nous voyons sortir de cette caverne, par centaines et par milliers, des bandes nombreuses d'oiseaux habitués sur les ondes. Sans doute, il doit se trouver là, soit un bassin d'eau, soit un lac, puisqu'on en voit sortir ces oiseaux pêcheurs. Entrons dans cette grande caverne: là, nous pourrons noyer dans l'eau la crainte de mourir par la soif et nous y chercherons Sîtâ de tous les côtés. À coup sûr, il doit se trouver là un grand lac où les eaux abondent.»

À ces mots, tous les singes entrent dans cette caverne, enveloppée de ténèbres, sans soleil, sans lune, horrible, épouvantable.

D'abord Hanoûmat à leur tête, ensuite Angada et ses compagnons après lui, tous se tenant l'un à l'autre enchaînés par la main, pénètrent jusqu'à la distance d'un yodjana dans cette caverne impraticable, hérissée d'arbres, embarrassée de lianes. Les singes remplissaient tous ces lieux du cri forcené de leurs noms, *afin de s'y reconnaître mutuellement*. Déjà, continuant à manquer d'eau, troublés, l'esprit *comme* perdu et mourants de soif, ils avaient passé l'intervalle d'un mois entier dans cette épouvantable caverne. Alors, épuisés de fatigue, maigres, le visage défait, le sang allumé par la soif, ils aperçurent avec délices une clarté semblable aux rayons du soleil.

Arrivés dans ce lieu charmant, d'où les ténèbres étaient bannies, ils virent des arbres d'or, éblouissants d'une splendeur égale à celle du feu. C'étaient de magnifiques shoréas, des pryangous, des tchampakas, des mulsaris, des açokas, des arbres à pain et des nagapoushpas, tous parsemés de bourgeons rouges, tous semblables au soleil du matin et répétant sous leurs voûtes les gazouillements des oiseaux les plus variés. Ils virent là des étangs de lotus aux ondes brillantes et diaphanes, au milieu desquelles circulaient des tortues d'or mêlées à des poissons d'or. On voyait aussi là des chars d'or et des palais de cristal, aux fenêtres d'or, aux vitres de perles.

Là étaient des mines d'argent, d'or, de pierres fines et de lapis-lazuli, vastes, admirables, resplendissantes de lumière. Là, partout, les singes voient des amas de pierreries.

Ces hôtes des bois admirent des lits et des siéges en or et en ivoire, grands, de formes diverses et couverts de riches tapis. Des piles de vaisselles et de coupes, soit d'argent, soit d'or; des racines, des fruits, des mets *délicats et* purs; des breuvages de haut prix et des liqueurs de toutes les espèces, des parfums à l'odeur suave d'aloës et de sandal; des couvertures, soit en laine, soit en poil de rankou, soit en couleurs mélangées pour les éléphants; des tas de vêtements précieux et de riches pelleteries. Les singes voient çà et là, pareils aux flammes du feu, des amas éblouissants, célestes, d'or en lingots.

Là, sur un brillant siége d'or, s'offrit aux yeux des singes une femme anachorète, vouée au jeûne, vêtue d'écorce et d'une peau de gazelle noire. Aussitôt le docte Hanoûmat, courbant aux pieds de la pénitente sa taille semblable à une montagne, réunit en coupe à ses tempes les paumes de ses deux mains, et: «Qui es-tu? lui demanda-t-il. À qui sont ce palais, cette caverne et ces riches pierreries?

«Auguste sainte, nous sommes des singes, qui parcourons incessamment les forêts; nous sommes entrés avec imprudence sous *les voûtes de* cette caverne enveloppée de ténèbres. Consumés par la faim et la soif, accablés de fatigue, exténués de lassitude, nous avons pénétré dans ce gouffre de la terre, espérant y trouver de l'eau. Mais la vue de cette admirable, céleste et fortunée caverne, d'un parcours impraticable, a redoublé la peine, le trouble et l'aliénation de notre âme.

«À qui donc appartiennent ces beaux arbres d'or, embaumés de suaves parfums et qui, chargés de fleurs et de fruits d'or, resplendissent à l'égal du soleil adolescent? À qui ces racines, ces fruits, ces mets *délicats et* purs? À qui ces chars d'or et ces maisons d'argent, aux fenêtres d'or, aux vitres de perles? Par la puissance de qui ces arbres faits d'or ont-ils obtenu le don *merveilleux* de végéter? Comment trouve-t-on ici des lotus d'une telle richesse et d'un parfum si doux? Qui a pu faire que ces poissons d'or nagent dans ces limpides ondes? Veuille bien, dans notre ignorance à tous, veuille bien nous raconter exactement qui tu es et de quelle dignité est revêtu le maître de cette immense caverne?»

À ces mots d'Hanoûmat, la pénitente, fidèle à suivre le devoir et qui trouvait son plaisir dans celui de toutes les créatures, lui répondit en ces termes: «Jadis il fut un prince des Dânavas, savant magicien, doué d'une grande vigueur et nommé Maya: ce fut par lui que fut construite entièrement cette caverne d'or avec l'art de la magie. Il était dans les temps passés le Viçvakarma des principaux Dânavas, et ce palais superbe d'or massif fut bâti de ses mains. Il pratiqua mille années la pénitence dans la grande forêt, et le père des créatures le récompensa par le don *merveilleux* d'une force égale entièrement à la force même d'Ouçanas.

«Alors, exempt de la mort, plein d'une vigueur *formidable*, maître souverain de toutes les choses qu'il pouvait désirer, il habita quelque temps au sein des plaisirs dans cette immense caverne. Mais l'amour, dont il s'éprit enfin pour la nymphe Hémâ, ayant excité la jalousie de Pourandara, ce Dieu vint l'attaquer, sa foudre en main, et le tua.

«Après lui, Brahma transmit à la *charmante* Hémâ cette forêt sans pareille, les jouissances éternelles des choses désirées et ce magnifique palais d'or. Mon père est Hémasâvarni, je m'appelle Swayamprabhâ, et c'est à moi qu'Hémâ, nobles singes, a confié la garde de son palais.

«Hémâ est ma bien chère amie; je garde, à cause de l'amitié qui nous unit, le palais de cette nymphe, qui excelle dans le chant et la danse.»

Quand Swayamprabhâ eut parlé ainsi dans ce beau langage, sympathique au devoir, Hanoûmat, le prince des singes, fit cette réponse à la pénitente: «Nous sommes dans le besoin; donne-nous à boire, noble femme aux yeux de lotus, et daigne nous conserver la vie, à nous qui mourons faute de nourriture.»

Attentive à marcher dans son devoir, la pénitente, à ces mots, prit des racines et des fruits, qu'elle donna aux singes, en observant les règles de l'étiquette. Les quadrumanes alors de manger, après qu'ils ont reçu d'elle ces présents de l'hospitalité et qu'ils ont honoré la sainte conformément aux lois de la politesse. Dès qu'ils ont bu l'eau pure et mangé tout ce qu'on leur avait offert, les chefs des singes contemplent de tous côtés le *merveilleux* spectacle de ces beaux lieux.

Ces nobles singes avaient tous maintenant l'âme sereine; la brûlante fièvre s'était enfuie d'eux; ils se montraient là tous restaurés dans toute leur force et dans toute leur beauté. La pénitente, qui marchait sur la voie même de Brahma, adresse alors ces limpides paroles à ces joyeux habitants des bois: «Pour quelle affaire? à cause de qui êtes-vous donc venus dans ces routes difficiles? Comment avez-vous été conduits à visiter cette caverne impénétrable? Si vous avez ranimé votre langueur avec ce festin de racines, si la chose est telle que je puisse l'entendre, je désire la connaître: ainsi, parlez, singes!»

À ces mots de la pénitente, Hanoûmat, le fils du Vent, se mit à lui conter leur mission avec franchise et dans toute la vérité. «Le fortuné fils du roi Daçaratha, ce Râma, le monarque du monde entier, ce Râma, semblable à Varouna ou tel que le grand Indra, était venu s'établir dans la forêt Dandaka avec Lakshmana, son frère, et Sîtâ, sa royale épouse. Mais Râvana, abusant de la force, enleva cette princesse dans le Djanasthâna. Le monarque des héros quadrumanes, héros lui-même, un docte singe, ami de Râma (on l'appelle Sougrîva), nous a fait partir, environnés de ces vaillants simiens, desquels Angada est le chef, pour sonder la plage méridionale où circule *l'étoile* Agastya et qu'Yama couvre de sa protection.

«Cherchez, tels sont les ordres, qu'il nous a donnés, cherchez tous de concert ce démon Râvana, qui change de forme à volonté, et *sa captive* Sîtâ, née dans le Vidéha.

«Nous tous alors de fouiller entièrement la région du midi, *mais en vain*; ni Sîtâ la Vidéhaine, ni Râvana son tyran, ne s'offrit à nos regards. Enfin, épuisés de fatigue, dévorés par la faim, consumés par la soif, déchirés par la crainte de Sougrîva, nous cherchons un abri au pied des arbres, tous le visage sans couleur, tous plongés dans nos réflexions, sans trouver nulle part un moyen pour aborder à la rive ultérieure de ce vaste océan d'incertitudes, *où flottaient nos esprits ballottés*. Tandis que nous promenions çà et là nos regards, nous entrevîmes, caché sous des buissons et des lianes, un antre ouvert, comme une grande bouche de la terre.

«Il en sortait, et des cygnes, avec des gouttes d'eau *tremblottantes* sur leurs ailes, et des pygargues, et des grues indiennes, et de ces oies rouges, qu'on appelle des tchakras, et des gallinules, et des canards, les plumes stillantes d'eau, tous mêlés à d'autres oiseaux aquatiques.

«Voici quelle pensée nous vint à l'esprit devant le spectacle de ces volatiles, hôtes accoutumés des eaux: «Mes bons quadrumanes, dis-je à mes compagnons, entrons là!» Et tous, ils se réunissent à mon conseil d'un accord unanime. «Entrons donc! marchons!» s'écrient *à la fois tous mes* singes, se hâtant d'accomplir cette commission que nous a donnée le maître. Nous alors de nous tenir fortement l'un à l'autre enchaînés par la main et d'entrer, sans plus réfléchir, dans cette caverne enveloppée de ténèbres. Voilà quelle est notre mission; voilà quel fut le motif qui nous fit entrer dans cette caverne: au moment où nous vînmes près de toi, nous allions tous périr de faim. C'est alors que, remplissant à notre égard le devoir de l'hospitalité, tu nous a donné des fruits et des racines: nous les avons mangés, déchirés que nous étions par la fatigue et la faim. Parle! que doivent faire les singes pour s'acquitter envers toi de ce bon office?»

À ce langage, que lui adressait le fils du Vent, la pénitente aux vœux parfaits répondit en ces termes à tous les singes:

«Je suis contente de vous tous, singes à la grande vigueur: je marche dans le devoir; ainsi, personne n'a rien à faire ici pour moi.»

Hanoûmat lui tint de nouveau ce langage: «Ta sainteté nous a parfaitement accueillis, moi et tous mes habitants des bois; tu nous as traités avec les honneurs de l'hospitalité, et notre accablante fatigue est maintenant dissipée. Nous t'avons fait connaître dans sa vérité la cause de notre voyage et raconté *comment nous étions occupés à* la recherche de Sîtâ la Vidéhaine. Le monarque des singes nous a fixé lui-même, en présence des quadrumanes, une limite de temps: «Une fois le mois accompli, revenez! autrement, je punirai de mort tout retardataire!»

«Tel est, noble dame, l'ordre que nous avons reçu du maître. Sans doute les singes, à la marche légère, ont déjà fouillé toutes les autres plages. Mais nous, à qui la région du midi fut assignée par Sougrîva, cet antre ouvert s'offrit à nos yeux, après que nous eûmes couru de tous les côtés à la ronde. Entrés étourdiment ici pour continuer la recherche de Sîtâ, nous n'y voyons pas, femme à la jolie taille, un chemin de sortie qui nous mène dehors.»

À ce langage d'Hanoûmat, alors tous les singes, joignant les mains pour l'andjali, disent à la pénitente, fidèle à suivre le devoir:

«Depuis que nous promenons çà et là nos courses sous *les voûtes* de cet antre *obscur*, le temps qui nous fut accordé par le magnanime Sougrîva a franchi déjà sa limite. Veuille donc nous conduire tous hors de ces lieux, car le roi Sougrîva, outre qu'il est sévère, met ses plus grands soins à plaire au noble fils de Raghou. Nous avons à terminer, sainte anachorète, une laborieuse affaire, que nos longues erreurs dans ces lieux nous ont empêchés d'accomplir.

«Ainsi, daigne nous protéger dans la crainte que nous inspire ce roi si terrible, et veuille bien nous tirer de cette caverne impraticable.»

À tous les singes qui parlaient ainsi, la pénitente qui aimait à faire du bien à toutes les créatures répondit au comble de la joie, avec la volonté de les conduire hors de ces vastes souterrains:

«Il n'est pas facile, à mon avis, d'en sortir vivant à celui que *son malheur fit* entrer dans cet antre, dont le tonnerre d'Indra même a déchiré le sein par un déchaînement impétueux de sa colère. Néanmoins, grâce à la puissance que je possède en vertu de ma pénitence, grâce aux mérites conquis par mes constantes macérations, vous sortirez tous, singes, de cet obscur labyrinthe. Mais fermez tous, nobles simiens, fermez bien vos yeux, car il est impossible d'en sortir à qui tient ses yeux ouverts.»

Alors tous les singes à la fois, impatients de quitter cette caverne, se couvrent les yeux avec les paumes très-délicates de leurs mains; et, dans l'intervalle d'un clin d'œil seulement, la pénitente mit à la porte des souterrains ces magnanimes quadrumanes, le visage caché entre leurs mains.

Quand elle eut délivré les singes, elle se mit à les consoler et leur tint ce langage: «Ici est le fortuné mont Vindhya, rempli de grottes et de cascades; là, est le mont Prasravana; à côté, c'est la mer. La félicité vous conduise, nobles singes! Moi, je m'en retourne dans mon palais!» À ces mots, la sainte rentra dans l'épouvantable caverne, elle qui pouvait franchir les distances dans l'espace d'un clin d'œil, par la vertu de sa pénitence et de son unification *en Dieu*.

Les singes à la grande vigueur se tenaient encore là, cachant leur visage entre les mains; et ce fut un instant seulement *après son départ* qu'ils rouvrirent les paupières. Ils virent alors une mer épouvantable, empire de Varouna, aux bruyantes vagues, pleines de grands cétacées, et qui semblait n'avoir pas de rivages. Arrivés dans cette douce et belle région, éclairée du soleil, tous alors, comme ils avaient manqué à l'ordre qu'ils avaient reçu, tous alors ils se dirent l'un à l'autre ces paroles: «Voici déjà expiré le temps dont le roi nous imposa la loi, pour trouver l'épouse de Râma et ce rôdeur *impur* des nuits, le démon Râvana.»

Assis sur le flanc aux arbres fleuris du mont Vindhya, eux alors de se plonger dans une profonde rêverie.

Ensuite l'héritier présomptif, Angada, le singe aux épaules de grand lion, aux bras longs et musculeux, tient à ses compagnons cet énergique langage: «Nous sommes tous venus ici d'après l'ordre même du monarque des simiens; mais, entrés dans la caverne *et plongés dans ses ténèbres*, il nous fut impossible de connaître, singes, que le mois avait achevé son cours. Maintenant que nous avons laissé fuir le temps fixé par Sougrîva lui-même, ce qui nous convient à nous, hommes des bois, c'est de nous asseoir dans une privation absolue d'aliments et d'y rester jusqu'à la mort! Le monarque des simiens est tout puissant; il est naturellement sévère: l'auguste Sougrîva ne voudra point nous pardonner cette transgression à ses commandements. Il ne saura pas sans doute quels épouvantables, quels immenses travaux nos efforts ont accomplis dans la recherche de Sîtâ; il ne verra, lui, pas autre chose que la faute. Nous avions tous reçu des ordres, *nous y avons tous manqué*: eh bien! renonçant à nos maisons, à nos richesses, à nos épouses, à nos fils mêmes, asseyons-nous dans un jeûne opiniâtre jusqu'à en mourir. Ne laissons pas au roi de châtier notre retour après le temps écoulé; mieux vaut mourir ici volontairement que subir là une mort indigne de nous! Celui par qui je fus sacré comme l'héritier de la couronne, ce n'est point Sougrîva; *non!* c'est Râma, l'Indra des hommes, si versé dans la science du «connais-toi toi-même.» Le roi porte liée *à son cou* une vieille inimitié contre moi, et, voyant ce retard, il m'infligera un rigoureux supplice pour la faute de revenir après une trop longue attente. Que me serviront mes amis, quand ils verront mon infortune couper le fil de ma vie? Mieux vaut ici m'ensevelir dans le jeûne sur le délicieux rivage de cette mer!» À ces mots, que le prince héréditaire avait prononcés d'un ton lamentable, tous les plus distingués des quadrumanes tinrent alors ce langage: «Sougrîva est d'un naturel sévère, il veut plaire à *son allié Râma*; quand il nous verra de retour, après le terme fixé, n'ayant point accompli notre mission, n'ayant pas vu Sîtâ, il est certain qu'il nous punira de mort dans son désir empressé de faire une chose qui soit agréable à Râma. Les rois ne pardonnent pas les fautes dans les princes du peuple, et nous sommes des chefs qu'il a mis dans sa plus haute estime. Puisque la chose en est venue à de telles extrémités, il vaut donc mieux nous laisser mourir de faim!»

Quand ils eurent écouté les paroles du fils de Bâli, ces nobles simiens alors de toucher l'eau et de s'asseoir tous à l'orient. Décidés à le suivre dans la mort, tous, la face regardant le septentrion, ils s'assirent par terre sur des kouças, la pointe des herbes courbée au midi.

Tandis que tous les singes étaient assis sur la montagne au sein du jeûne, voici venir dans ces lieux le roi des vautours, chargé d'années, Sampâti, fameux par son courage et sa vigueur, le plus éminent des oiseaux, le frère aîné du vautour Djatâyou. Sorti d'un antre ouvert dans les flancs du grand mont

Vindhya, il vit les singes couchés là et prononça tout joyeux ces paroles: «Sans doute il y a dans l'autre monde une fortune qui dirige ici-bas les choses avec sa loi, car je trouve enfin, après un si long jeûne, ce festin servi là pour moi! Je vais donc manger, à mesure qu'ils mourront, ce qu'il y a de plus exquis dans les plus excellents des singes!» Quand il eut dit ces mots, Sampâti resta là, tenant ses regards attachés sur les singes.

À peine Angada eut-il entendu ces paroles épouvantables du roi des vautours, qu'il adressa, tremblant au plus haut point, ce langage au *vertueux* Hanoûmat: «Voici le fils de Vivasvat, Yama lui-même, que la perte de Sîtâ fait venir ici devant nos yeux pour le malheur des singes.

«Après qu'il a perdu, et Djatâyou, et Bâli, et Daçaratha lui-même, ce rapt de Sîtâ jette encore ici les singes dans un *affreux* péril. Heureux ce roi des vautours qui tomba sous les coups de Râvana, en déployant sa vaillance pour la cause de Râma!»

Aussitôt qu'il eut ouï ces paroles échappées à la bouche d'Angada, l'amour qu'il portait à son frère mineur fit tout à coup palpiter le cœur de Sampâti. Debout sur le mont sublime, l'inaffrontable vautour au bec acéré tint ce discours aux singes entrés dans le jeûne afin d'y mourir: «Qui parle ici de Djatâyou, qui m'est plus cher que la vie?

«Qui est ce Râma pour lequel est mort Djatâyou?

«Je suis l'aîné, princes des singes; Djatâyou était mon jeune frère. Qui donc a tué Djatâyou? Comment? Où?

«Mais je suis dans l'impuissance de voler, car les rayons du soleil ont brûlé mes ailes; et vos grandeurs combleraient mon envie si elles voulaient me descendre vers elles du sommet où je suis de la montagne.»

Les conducteurs des singes, à ces mots dits sur un ton arraché par la douleur, se défièrent de son action et ne crurent point à son langage. Néanmoins, ces héros, entrés dans le jeûne de la mort, réfléchissaient, la tête baissée à terre, et cette pensée leur vint à l'esprit: «Ce cruel va nous dévorer tous. S'il nous mange, tandis que nous voilà tous assis dans le jeûne pour y mourir, *eh bien!* notre affaire en sera plus tôt faite et nous serons arrivés d'un seul coup à notre but!» Aussitôt venue cette réflexion, les chefs des singes descendirent eux-mêmes, de la cime où il se tenait, le colossal oiseau; et quand ils eurent mis le volatile au pied, Angada lui tint ce langage: «Jadis vivait un singe d'une grande majesté, roi des ours et monarque des simiens. C'était mon aïeul, ô le plus noble des oiseaux. De ce prince vertueux, à l'âme pure, sont nés deux fils vigoureux et magnanimes:

«Bâli, le roi des singes, et Sougrîva, le fléau de ses ennemis. Leurs hauts faits sont également célèbres dans le monde: c'est le roi des singes qui fut mon père. Râma, ce grand héros des kshatryas, ce monarque de l'univers entier, ce fils charmant du roi Daçaratha, est sorti *de sa patrie* à l'ordre de son père, et, marchant sur le chemin du devoir, il est entré dans la forêt Dandaka, suivi de Sîtâ, son épouse, et de Lakshmana, son frère. Râvana, l'éternel ennemi des brahmes, ce Démon, parvenu dans tous les crimes à une perfection débordante, lui a ravi perfidement son épouse dans le Djanasthâna.

«Le vautour appelé Djatâyou, ce vertueux oiseau qui fut l'ami du père de Râma, vit la *plaintive* Mithilienne dans le temps même que Râvana l'emportait. Il brisa le char de Râvana, il délivra un moment la Mithilienne; mais enfin, accablé par la fatigue et le poids des années, il périt sous les coups du Rakshasa. Ainsi fut tué par le Démon, plus fort que lui, ce généreux oiseau, tandis qu'il déployait le plus grand courage et se consumait en efforts pour *sauver l'épouse de* son ami. Sans doute il fut admis dans le ciel, car le Raghouide eut soin d'accomplir en son honneur la cérémonie des funérailles.

«Suivant les ordres que nous a donnés Râma, nous cherchons çà et là son épouse; mais elle n'apparaît pas davantage à nos yeux qu'on ne voit la clarté du soleil dans la nuit.

«Les singes auraient bientôt donné la mort à ce meurtrier de ton frère, à ce ravisseur de la femme, qui est l'épouse de Râma, s'ils pouvaient savoir où le trouver!

«Après que nous eûmes fouillé avec une scrupuleuse attention la forêt Dandaka, notre ignorance des lieux nous fit pénétrer dans un antre ouvert au sein de la terre déchirée; et, tandis que nous visitions cette grande caverne, que Maya construisit aidé par la magie, le mois au bout duquel notre *auguste* roi nous avait prescrit de revenir s'est consumé tout entier.

«Le monarque des singes nous avait envoyés dans la plage du midi pour la fouiller de tous les côtés. Mais, comme nous avons transgressé la condition qui nous fut imposée, la crainte *du châtiment* nous fait embrasser ici *la résolution* d'un jeûne poussé jusqu'à la mort! Ainsi, fais de nos corps un festin, suivant ton désir.»

À ces lamentables paroles des singes, qui renonçaient à la vie, le vautour à la grande intelligence répondit avec des larmes: «Ce Djatâyou, qui, dites-vous, a trouvé la mort dans un combat sous les coups du cruel Râvana, il était, singes, il était mon frère puîné! Ma condition *languissante* de vieillard me force d'entendre l'injure et de la supporter, car je n'ai plus maintenant assez de force pour venger la mort de mon frère.

«Jadis (c'était à l'époque où *le démon* Vritra fut tué), Djatâyou et moi, tous deux jeunes, vigoureux, avides de triompher, nous nous défiâmes hardiment à voler dans le ciel.

«Aussitôt, l'un devancé par l'autre, nous courons vers l'orient où le soleil se levait, allumé, flamboyant, avec une couronne de rayons, éblouissant de lumière comme un globe de flammes. Djatâyou et moi, nous volions avec une extrême vitesse; mais, quand le soleil fut arrivé à son midi, Djatâyou défaillit *sous le poids de la chaleur*. Alors moi, à la vue de mon frère consumé par les rayons de l'astre flamboyant, je me sentis ému au plus haut point dans mon amour fraternel, et je fis à Djatâyou un abri avec mes ailes. Mais le soleil me les brûla, et je tombai, vaincu moi-même, sur le haut de cette montagne: depuis lors, confiné dans le Vindhya, aucune nouvelle de mon frère n'avait pu venir jusqu'à moi; et maintenant qu'un temps bien long s'est écoulé, ce sont de telles nouvelles qu'on nous apporte de lui!»

Le singe héritier du trône, Angada répondit à l'oiseau, de qui l'esprit distinguait nettement la vraie nature des choses: «Des nouvelles te furent données par ma bouche sur Djatâyou, ton bien-aimé frère. Parle-moi, si tu en sais quelque chose, de ce cruel Démon à courte vue, de ce Râvana, le plus vil des Rakshasas: est-il près ou loin d'ici?»

Ensuite le souverain des vautours, Sampâti à la grande splendeur tint ce langage digne de lui-même et qui répandit la joie parmi les singes: «Mes ailes sont brûlées, je suis vieux, ma vigueur s'est évanouie; néanmoins, je vais rendre, singes, un service éminent à Râma de ma voix seulement.

«J'ai vu une femme jeune, douée admirablement de beauté et parée de tous les atours, que Râvana, le Démon à l'âme cruelle emportait dans les airs. «Râma! Râma!» criait-elle d'une voix lamentable: «*À moi*, Lakshmana!» disait-elle aussi, agitant ses beaux membres et jetant de tous les côtés ses parures. Sa magnifique robe de soie imitait l'éclat du soleil sur la cime de la montagne et brillait à l'entour du noir Démon, comme l'éclair sur un grand nuage. C'était Sîtâ, je le crois, à ce nom de Râma, qu'elle semait dans les airs: écoutez encore! je vous dirai en quels lieux est l'habitation de ce Rakshasa.

«Le fils de Viçravas, le frère du célèbre Kouvéra, le monarque des Rakshasas, Râvana enfin habite dans la ville de Lankâ. Loin d'ici, à cent yodjanas entiers dans la mer, il est une île, au sein de laquelle s'élève la charmante cité de Lankâ, bâtie par Viçvakarma. C'est là qu'habite, enfermée dans le gynœcée de Râvana et surveillée d'un œil attentif par des femmes Rakshasîs, l'infortunée Vidéhaine aux vêtements de soie.

«Arrivés au bord, où finit la mer, à cent yodjanas bien comptés au delà, singes, vous apercevrez au sud le rivage de cette île.

«D'ici, où je me tiens, mes yeux voient Râvana et sa captive; car la puissance de notre vision est grande, céleste et, pour ainsi dire, supérieure à celle de Garouda lui-même. Notre faculté visuelle et le besoin d'aliments nous font distinguer un cadavre à la distance de cent yodjanas complets. Mais la nature, en nous gratifiant d'une vue pour saisir des objets très-éloignés, nous condamne à une manière de vivre semblable à celle de la poule, mangeant ce qu'elle trouve à la racine de ses pieds. Avisez donc à quelques moyens de traverser la mer salée; car, une fois vue de vos yeux la Mithilienne, vous aurez accompli tout l'objet de votre mission. Je désire maintenant que vos grandeurs me conduisent vers l'humide empire de Varouna; je veux offrir l'eau funèbre aux mânes de mon frère, ce magnanime oiseau, qui s'en est allé dans les demeures célestes.»

À ces mots, les singes mènent Sampâti dans une place unie sur le rivage, et soutiennent le volatile aux ailes brûlées pour descendre dans la mer, souveraine des rivières et des fleuves; puis, la cérémonie de l'eau terminée, le ramènent *au mont Vindhya*, et, l'ayant aidé à remonter *sur le sommet*, ils goûtent en eux-mêmes la joie de posséder ces renseignements *sur l'épouse de Râma*. En ce moment, le vautour, auquel était revenu la sérénité, Sampâti, voyant assis à ses pieds Angada, qu'environnaient les singes, reprit avec joie la parole en ces termes: «Gardez le silence, nobles singes; écoutez avec attention; je vais dire en toute vérité comment je connais la Mithilienne.

«Jadis, brûlé par les rayons du soleil, et les membres enveloppés de souffrances causées par le feu, je tombai du ciel sur la cime du mont Vindhya. Six jours s'écoulent, je reviens enfin à la connaissance, et, malade, chancelant, je parcours tous ces lieux de mes regards, sans que je puisse m'y reconnaître avec certitude. Mais, tandis que j'observais les rivages de cette mer, ce fleuve, ces montagnes, ces bois, ces lacs et ces cascades, peu à peu me revint la mémoire. Ce lieu, où abondent les eaux, les bassins et les cavernes, et que remplissent les bandes joyeuses des oiseaux, ce lieu, pensai-je, est le mont Vindhya, situé sur le rivage de l'Océan méridional.

«Là est un ermitage pur, que les Dieux honorent eux-mêmes, et c'est là que vécut dans la patience de la *plus* effrayante pénitence, un saint, nommé Niçâkara. Il habita cette montagne huit mille années: un siècle ajouté à deux autres s'est écoulé depuis qu'il s'en est allé au ciel et que ce pays est ma demeure. Je fis de nombreux et pénibles efforts, soutenu par le désir de voir l'anachorète; car souvent, Djatâyou et moi, nous étions allés visiter le saint homme.

«Près du pieux ermitage, les vents soufflent d'une haleine suavement parfumée; on n'y voit pas d'arbre qui n'ait des fleurs ou qui n'ait des fruits. Enfin, parvenu à la porte de son ermitage, je m'appuyai contre le pied des arbres et j'attendis là, impatient de voir l'auguste Niçâkara. Ensuite je vis encore loin, mais vis-à-vis de moi, l'invincible rishi, qui revenait dans le nimbe d'une splendeur flamboyante, au sortir de ses ablutions. Des ours, de jeunes daims, des tigres, des éléphants, des lions et des serpents, répandus autour de sa personne, le suivaient comme les êtres animés suivent le créateur. Quand ils virent l'ermite arrivé sur le seuil de sa chaumière, eux alors de se disperser par tous les points de l'espace: telle se rompt l'escorte des troupes et des ministres aussitôt que le monarque est rentré dans son palais.

«Le saint anachorète, m'ayant vu garder le silence, entra dans son ermitage; mais il en sortit après un instant, et me demanda quelle affaire m'avait conduit en ce lieu. «Ta couleur effacée, *me dit-il*, et tes ailes détruites ont empêché d'abord que je ne te reconnusse; mais voici qu'un souvenir me ramène auprès de toi.

«J'ai vu autrefois deux vautours d'une vitesse égale à la rapidité du vent; tous deux ils étaient les rois des vautours, sous les formes de la Mort: l'aîné se nommait Sampâti, le plus jeune s'appelait Djatâyou. Un jour, s'étant revêtus de la forme humaine, ils vinrent ici toucher mes pieds.

«Quelle maladie est tombée sur toi? Comment est venue la chute de tes ailes? Qui t'a donc infligé ce châtiment? Je veux savoir cela dans la vérité.»

«À ce langage, que m'avait tenu cette âme juste, mon visage se remplit un peu de larmes au souvenir de mon frère. Mais, arrêtant bientôt le torrent de ces pleurs, que m'arrachait l'amour fraternel, je réunis mes deux pattes en forme d'anjali et j'instruisis le grand anachorète de ce qu'il désirait connaître: «Vénérable saint, retenu et *comme* abattu par la confusion que tu m'inspires, il m'est impossible de te raconter cela: *vois!* ma bouche est obstruée par les pleurs. Sache, bienheureux, que tu vois en moi Sampâti et que j'ai commis une faute: *oui!* je suis le frère aîné du vautour Djatâyou, ce héros que j'aime!

Comment cette difformité a-t-elle remplacé mes deux ailes brûlées? je vais t'en exposer la cause: grand saint, daigne écouter.

«Djatâyou et moi, jadis tombés sous le pouvoir de la mort, nous fîmes une gageure, en face des anachorètes, sur la cime du Vindhya, et nous mîmes pour enjeu le royaume des vautours. L'objet du pari, nous sommes-nous dit, c'est de suivre le soleil depuis l'orient jusqu'à l'occident! À ces mots, de nous lancer dans les routes du vent, et voici que les différentes surfaces de la terre se déroulent sous nos yeux.

«Suivant le chemin du soleil, nous allions une extrême vitesse, regardant le spectacle qui s'étalait en bas. La terre, je me rappelle, ornée d'un jeune et frais gazon, semblait alors un champ de lotus par ses montagnes, plantées sur toute la surface.

«Les fleuves apparaissaient à nos yeux comme des sillons tracés par la charrue.

«Enfin, une violente fatigue, une chaleur dévorante, la plus extrême langueur, une fièvre délirante pèsent à la fois sur nous et la crainte agite nos *cœurs*.

«En effet, on ne distinguait plus aucun des points cardinaux: tout n'était qu'un foyer rempli par les flammes du soleil, comme si le feu consumait l'univers dans l'époque fatale où se termine un youga. Le soleil, tout rouge, n'est plus qu'une masse de feu au milieu du ciel, et l'on discerne avec peine son vaste corps dans l'incendie général. L'astre du jour, que j'observais dans le ciel avec de grands efforts, me parut d'une ampleur égale à celle de la terre.

«Mais soudain voici que Djatâyou, ne s'inquiétant plus de me *disputer la victoire*, se laisse tomber, la face tournée vers la terre; et moi, à la vue de sa chute, je me précipitai en bas du ciel rapidement. J'étendis sur lui mes ailes comme un abri, et Djatâyou ne fut pas brûlé; mais le soleil fit sur moi un hideux ravage, et je tombai, précipité des routes du vent. Je tombai sur le Vindhya, mes ailes brûlées, mon âme frappée de stupeur, et Djatâyou, comme je l'ai ouï dire, tomba dans le Djanasthâna. S'il ne m'était resté quelque chose du mérite acquis par mes bonnes œuvres, j'eusse été plongé dans la mer; ou j'eusse trouvé la mort, soit au milieu des airs, soit sur les âpres sommets de la montagne.

«Privé de mon royaume, séparé de mon frère, dépouillé de mes ailes, désarmé de ma vigueur, j'ai tous les motifs pour désirer la mort. Je veux me précipiter du faîte de la montagne! À quoi bon maintenant la vie pour un oiseau qui n'a plus d'ailes, qui ne peut marcher sans un aide, qui est devenu semblable au morceau de bois ou tel que la motte de terre?»

«Après que j'eus parlé ainsi, en pleurant et dans une vive douleur, au plus vertueux des anachorètes, je versai des larmes, qui ruisselèrent de mes yeux, comme une rivière descend de la montagne. À la vue de ces pleurs, qui baignaient mon visage, le grand saint, touché de compassion, réfléchit un moment et sa révérence me tint ce langage: «D'autres ailes, souverain des oiseaux, te reviendront un jour, et tu dois recouvrer avec elles ta puissance de vision, ta plénitude de vie, ton intelligence, ton courage et ta force. Au temps passé, j'ai ouï dire que tu aurais à faire une grande œuvre; je l'ai même déjà vue par les *yeux* de ma pénitence: apprends donc ceci, qui est la vérité.

«Il est un monarque, issu d'Iskshwâkou et nommé Daçaratha: il aura un fils d'une splendeur éclatante, appelé Râma. Ce prince d'un héroïsme infaillible, obéissant à l'ordre de son père dans une chose inutile à raconter, s'en ira dans les forêts, accompagné de son épouse et de son frère. Un roi de tous les Rakshasas, qui a nom Râvana, invulnérable aux Démons et même aux Dieux, lui ravira son épouse dans le Djanasthâna.

«Des singes, messagers de Râma, viendront ici dans la recherche de sa royale épouse: je te confie le soin de leur indiquer en quel pays ils doivent trouver la fille du roi Djanaka.

«Tu ne dois pas quitter ces lieux sous aucun prétexte: où d'ailleurs irais-tu en l'état où tu es? Un jour, on te rendra tes ailes; attends ainsi le moment!

«Depuis lors, consumé par la douleur, mais docile aux paroles du solitaire, je n'ai pas voulu déserter mon corps, soutenu que j'étais par l'espérance de voir le *plus noble des* Raghouides. *Chaque jour*, sorti de ma caverne et marchant à pas bien lents, je gravissais péniblement la montagne et là j'attendais l'arrivée de vos seigneuries. Aujourd'hui trois siècles complets d'années ont coulé depuis le jour que j'ai mis dans mon cœur ces paroles de l'anachorète et que j'observe curieusement les temps et les lieux.

«Mon fils me nourrit ici avec les uns ou les autres des aliments les plus divers. Un jour, il s'en était allé au mont Himâlaya faire une visite à sa mère. Il rencontra le Démon, qui enlevait la Mithilienne: ses ailes fermaient le passage à Râvana; mais, considérant ma triste condition et ne s'attachant qu'à son devoir de fils, il ne voulut pas engager un combat avec lui. Quoique je connusse bien toute la vigueur du cruel Démon, je blâmai *Soupârçwa*, mon fils, avec des paroles *sévères*: «Comment, lui dis-je, n'as-tu pas sauvé la Mithilienne?»

Il dit; et les chefs des quadrumanes sentent leur joie doublée à ces paroles, que le roi des vautours avait distillées de sa bouche avec une saveur d'ambroisie.

Alors que Sampâti causait de cette manière avec eux, il repoussa des ailes au magnanime volatile en présence de ces hôtes des bois. À la vue des rames aériennes qui soudain lui étaient nées, enveloppant tout son corps de leurs plumes, le vautour à la grande vigueur fut rempli avec son fils d'une joie sans égale.

Le monarque des oiseaux, voulant connaître jusqu'où ses ailes pouvaient s'élever, déploya son essor du sommet de la montagne; et tous les singes de suivre, les regards tournés vers la cime du mont, Sampâti dans son vol sublime, avec des yeux que l'admiration tenait tout grands ouverts. Puis, l'oiseau vint se reposer sur le faîte et reprit de nouveau la parole en ces termes, d'une voix que sa joie avait épanouie dans les plus suaves modulations:

«Singes, vous voyez tous quel est ce miracle du rishi Niçâkara, en qui la pénitence avait consumé entièrement la matière!

«N'épargnez aucun effort! vous arriverez *bientôt* à découvrir Sîtâ; *le saint* n'a fait renaître mes ailes sous vos yeux que pour vous en donner l'assurance!

«Il vous faut diriger vos pas, singes, vers la haute montagne au vaste sommet, qui est située au nord pour la mer du Midi: une faible distance la sépare du mont Malaya. Là, confiez tous la charge de sauter par-dessus la mer à ce héros, qui parmi vous est capable de franchir cent yodjanas sans trouver ni rocher, ni terre où il puisse mettre un instant son pied!» À ces mots, il dit adieu aux quadrumanes et, s'étant plongé au milieu des airs, il partit d'un essor rapide comme les ailes de Garouda.

À cette vue de l'oiseau que son vol emportait au loin, Angada, le fils de Bâli, au comble de la joie dit aux princes joyeux des singes: «Maintenant qu'il nous a transmis les nouvelles de la Vidéhaine et sauvé les singes de la mort, l'oiseau Sampâti retourne à sa demeure, l'âme satisfaite. Venez donc! marchons vers la montagne située au nord pour la mer du Midi. Quand nous serons arrivés sur le rivage, nous penserons au moyen de traverser le vaste Océan.»

Alors, d'un pas égal à celui du vent, les singes, dans une résolution bien arrêtée, s'avancent, l'âme contente, vers la plage désirée, sur laquelle préside le *noir* souverain des morts.

À la vue de cette mer sans rivage ultérieur comme le ciel, ceux-ci parmi les singes tombèrent dans l'abattement, ceux-là tressaillirent de joie. Dans le but de ranimer leur courage, le fils de Târâ, voyant le visage consterné de quelques singes, *Angada* leur tint ce langage, après qu'il eut salué les grands et sollicité d'un mot l'attention des autres:

«Quadrumanes à l'héroïque vigueur, il ne faut pas vous abandonner au découragement; car l'homme découragé ne peut mettre fin à son affaire. L'homme qui, s'armant d'énergie en face d'un obstacle, résiste à son découragement, ne laisse jamais derrière lui son œuvre imparfaite.

«Qui pourrait aller d'ici à Lankâ et revenir en deux bonds vigoureux? Qu'il réfléchisse mûrement et qu'il parle, celui qui possède en lui-même ce don merveilleux de franchir une distance! celui grâces auquel, revenus un jour d'ici, heureux et couronnés du succès, nous reverrons nos fortunes, nos épouses et nos fils!»

À ces paroles d'Angada, qui que ce fût parmi les singes ne répondit un seul mot, et les chefs du peuple restèrent là tous immobiles.

Gaya dit ces mots le premier: «Je puis nager dix yodjanas.»—«Et moi, dit Gavâksha, j'irai plus loin, jusqu'à vingt yodjanas!»—«Quant à moi, dit Gavaya, je peux franchir dans un seul jour trente yodjanas!» Ainsi parla dans cette assemblée des singes ce quadrumane vigoureux et cher à la fortune. Après lui, Çarabha, le singe d'une valeur incomparable, d'une bien grande vigueur et d'un aspect semblable au sommet d'une montagne, répondit ces mots aux paroles d'Angada: «Je puis aller quarante yodjanas dans un même jour!»

«Parcourir cinquante yodjanas, ce m'est chose facile, nobles singes!» dit ensuite Gandhamâdana, le fortuné singe à la couleur d'or. Puis Maînda, pareil au mont Himâlaya, tint ce langage: «Ma force est capable de soutenir une marche de soixante yodjanas!»—«Et moi j'irai sans doute jusqu'à soixante-dix,» répondit au *bel* Angada Dwivida à la grande splendeur.

Après celui-ci: «Singes, fit le sage Nîla, fils d'Agni, je puis nager quatre-vingts yodjanas!»—«Je pourrais bien fournir quatre-vingt-dix yodjanas complets!» dit avec assurance le fortuné Nala, ce noble singe de qui Viçvakarma fut le père. «Et moi, quatre-vingt-douze!» répond à son tour le vigoureux Târa, d'une force et d'un courage immenses. Profond comme l'Océan et rapide comme le vent, semblable au Mandara par sa taille et d'une splendeur égale à celle du soleil ou du feu, le singe Djâmbavat, saluant tous les chefs des quadrumanes, dit avec un sourire en présence des plus nobles simiens:

«Certes! ni pour le saut, ni même pour la marche, ma force, ma vigueur et mon courage ne sont plus ce qu'ils étaient dans les jours de ma jeunesse, au temps de mes jeunes années!

«Trois et trois fois, Djatâyou et moi nous décrivîmes un pradakshina autour de l'éternel Vishnou dans le sacrifice de Bali et pendant qu'il opérait ses trois pas célèbres. Je calcule où peut aller maintenant ma puissance de marcher: ce doit être sans doute jusqu'à cent yodjanas, moins neuf ou dix. Et cette force ne paraît pas suffisante pour atteindre le but proposé.»

Tandis que Djâmbavat parlait en ces termes pleins de sens et de raison, le fils du Vent, Hanoûmat, semblable à une montagne, ne dit rien alors de sa force et de son courage. Mais, ayant salué ce grand singe, le magnanime Djâmbavat, Angada lui répondit ces belles et magnifiques paroles: «Je pourrais bien marcher cent yodjanas, il n'est aucun doute, singes; mais je ne pourrais supporter la fatigue d'un prompt retour. À cause de mon jeune âge et par son attention à tenir mon existence éloignée de la douleur, mon père, sans considérer mes défauts ou mes qualités, m'a toujours élevé dans les délices, et sa tendresse ne m'a jamais accoutumé à la fatigue.»

Djâmbavat à la grande sagesse lui dit ces mots en souriant: «Il ne convient pas à toi, héros, de parler ainsi dans l'assemblée des singes. Nous savons tous, roi de la jeunesse, quelle est ta vigueur; tu peux revenir, ayant passé et repassé cent fois le grand Océan.

«Tu es notre maître et le fils de notre maître, ô le plus grand des singes: réunis autour de ta grandeur, elle nous inspire dans la discussion des affaires. Il est donc impossible à toi de nous quitter pour t'en aller quelque part, comme il ne convient pas à nous-mêmes de te laisser aller seul, prince héroïque des simiens.»

À ces paroles du noble pasteur des singes, Djâmbavat à l'éminente sagesse, Angada fit cette réponse d'un visage que la joie se partageait avec la tristesse:

«Si je ne vais pas moi-même, ou si un autre chef ne va pas vite à Lankâ, nous courons tous un affreux danger! Certes! il nous faudra nous asseoir une seconde fois dans le jeûne de la mort; car, si nous revenons dans nos patries sans avoir effectué l'ordre que nous a donné le prudent monarque des singes, je n'y vois pas un moyen de sauver notre vie! Mais, si je vais *à Lankâ*, mon retour n'est qu'incertain. «Or, dit-on, un trépas douteux vaut mieux qu'une mort assurée.»

Alors que le roi de la jeunesse, Angada, eut prononcé de telles paroles, tous les singes, portant les mains en coupe à leurs tempes, de s'écrier aussitôt: «Il est impossible que ta grandeur s'en aille d'ici nulle part à la distance d'un seul pas! À ta vue, nous croyons tous posséder Bâli même de nos yeux! Nous souffrirons tous avec toi ce qui peut t'arriver de Sougrîva, le bien ou le mal, le plaisir ou la douleur!»

À ces belles paroles que les chefs des simiens adressaient au prince héréditaire, Djâmbavat aux longs bras passe les quadrumanes en revue dans sa pensée et répond, orateur disert, au fils de Bâli:

«Prince des singes, je connais le héros quadrumane qui peut franchir cent yodjanas et revenir couronné du succès.»

Quand il eut parcouru de ses regards cette armée abattue des singes, qui formait plusieurs centaines de milliers, Djâmbavat s'avança vers Hanoûmat, couché à part, sans mot dire, lui, habile dans toutes les matières des Çâstras et l'un des principaux de l'armée quadrumane: «Pourquoi, lui dit-il, pourquoi ne parles-tu pas, Hanoûmat?

«Je suis vieux aujourd'hui, ma vigueur s'est évanouie; la saison où me voici maintenant est celle de la mort; tous les dons au contraire accompagnant l'âge dont jouit ta grandeur. Déploie donc, héros, déploie donc tes moyens! N'es-tu pas en effet le plus excellent des singes? De même que tous les êtres suivent le Dieu qui dispense la pluie; de même la vie du monde tend vers ce magnanime, qui toujours, dans une difficulté survenue, attaque l'obstacle avec énergie; car la chose de l'homme, n'est-ce pas l'exercice du courage?»

Excité par le plus vénérable des singes, le fils du Vent, ce guerrier d'une vitesse renommée, se fit soudain une forme allongée propre à naviguer dans les airs, spectacle qui ravit alors toute l'armée des simiens.

Tandis que l'intelligent quadrumane se gonflait, son visage enflammé brillait, semblable au *soleil*, roi du ciel, ou tel qu'un feu sans fumée. Il se leva du milieu des singes, et, le poil hérissé, il s'inclina devant les grands et leur tint ce langage: «Qu'il en soit ainsi! Je passerai la mer, en déployant ma vigueur, et je reviendrai, ma mission accomplie: ayez, singes, ayez foi tous en moi!

«Veuillez écouter quel est mon courage, quelle est ma force, quel fut mon auguste père, et *prêter l'oreille à* toute cette aventure de ma mère. Si je vous entretiens de ma race, c'est pour vous inspirer de la confiance en mon héroïque vigueur: ce n'est pas l'envie d'exciter l'admiration, ni l'orgueil, ni le penchant naturel à parler, qui m'ouvre la bouche.

«Il est un limpide tîrtha de la mer occidentale, piscine renommée, où les saints anachorètes viennent se baigner avec recueillement: il est nommé Prabhâsa. Là, vivait un éléphant des plages célestes, appelé Dhavala: intrépide, méchant, doué d'une force épouvantable, il donnait sans pitié la mort à tous les solitaires. Ce monstre fondit un jour sur le saint anachorète Bharadwâdja, vénéré de tous les rishis et qui s'en allait dévotement se baigner dans les eaux du tîrtha.

«Mon père, tel que la cime d'une montagne, se fit à la hâte une forme d'une affreuse épouvante et s'élança tout à coup sur l'impétueux pachyderme. Le terrible monarque des singes aussitôt de lui déchirer avec acharnement les yeux de ses dents et de ses ongles aux pointes finement acérées. Puis, fondant sur lui d'un bond rapide, mon père lui arracha de la bouche, quoi qu'il fît, ses deux longues défenses, et, lui en assénant deux coups rapides, le tua avec ses propres armes. Le *monstrueux* éléphant tomba sans vie sur la montagne, comme une autre montagne *qui s'écroule*.

«Quand *il vit* tué ce terrible animal, l'anachorète prit mon père avec lui et s'en fut annoncer aux solitaires que le monstre n'était plus: «Cet éléphant, dont la rage dévasta entièrement le saint tîrtha, il est tombé *leur dit-il*, sous les coups de ce roi des singes aux prouesses infatigables!» *À cette nouvelle*, la société joyeuse des anachorètes de se rassembler tous les uns avec les autres et de résoudre: «Qu'il faut accorder à l'héroïque singe la grâce qu'il désire.» Tous ces ermites, les plus savants des hommes instruits dans les Védas, laissèrent donc à mon bien magnanime père de choisir lui-même cette faveur. «Je voudrais obtenir, fit-il, déclarant son choix, je voudrais obtenir, s'il plaît à la bienveillance des brahmes, un fils immortel, d'une beauté comme on peut la souhaiter, et d'une force qui fût celle de Mâroute même!»

«Certainement, grand singe! lui répondirent les anachorètes satisfaits, il te naîtra un fils tel que tu le demandes!» Ils dirent; et, joyeux de cette grâce obtenue, mon père, à la force héroïque, vécut à sa fantaisie dans les bois aux senteurs de miel.

«Ensuite de cette aventure, il arriva qu'Andjanâ, ma mère, se promenait un jour au temps de sa jeunesse. Cette beauté charmante, que le Malaya vit croître sous les ombrages de sa montagne céleste, était la fille du magnanime Koundjara, le monarque des singes. Parée de sandal rouge, elle venait de baigner sa tête dans la mer, et, laissant flotter ses cheveux humides, elle se tenait alors sur la cime du Malaya. Mâroute la vit en ce moment toute florissante de jeunesse et de beauté, l'étreignit dans ses bras, et, joignant ses mains en coupe, lui dit:

«Belle aux grands yeux, je suis Mâroute, le souffle de toutes les âmes. Mon union, *toute mystique avec toi*, femme au charmant visage, ne peut te souiller d'une faute: il naîtra de toi un fils, qui sera d'une force immense et le monarque des singes. Beauté, splendeur, force, courage: tels que ces dons mêmes sont en moi, tels on les verra bientôt réunis dans ton fils.»

«Il dit; et c'est ainsi que ma mère a jadis reçu la chaste faveur du beau Mâroute, ce vent, l'ami du feu, ce souffle rapide, impossible à mesurer, qui habite dans la région des airs et qui prête la respiration à tous les animaux. Je suis le propre fils de ce Mâroute à la course rapide, de ce magnanime à la terrifiante vélocité: je n'ai pas d'égal qui me le dispute à franchir une distance.

«Tous les singes, auxquels Angada commande, je suffirai seul, en traversant moi-même la grande mer, à les délivrer de la crainte *qui les tourmente* comme à repousser d'eux la colère de Sougrîva.

«Tel que Garouda, les ailes déployées, enlève un long serpent; tel je vais d'un vol rapide m'emparer du ciel, séjour des oiseaux. Vous, nobles singes, attendez-moi tous dans ces lieux; je vais franchir en courant les cent yodjanas.

«Réjouissez-vous donc, singes! je verrai la Vidéhaine: mes pressentiments me le disent et je la vois déjà même avec les yeux de ma pensée.»

À ce plus héroïque des singes, à ce fils du Vent, qui proclamait si haut sa puissance, l'habile Angada répondit en ces belles paroles: «Héros, singe rempli de vigueur, issu de Mâroute et fils de Kéçarin, tu viens d'étouffer dans le sein de tes pareils un chagrin bien cuisant. Les principaux des singes, réunis de concert, ces grands, qui tous aspirent au triomphe de ta mission, adresseront ici des vœux au ciel pour le succès de ton voyage.

«Nous resterons ici tant que va durer ton voyage, notre pied *comme* enraciné dans le même vestige: en effet, c'est de toi, *noble* singe, que dépendent les existences de nous tous.» À peine eut-il recueilli ce langage, que lui tenaient Angada et l'assemblée des quadrumanes, le grand singe ayant salué ceux à qui cet hommage était dû, se mit à dilater ses proportions naturelles.

Ce fortuné prince, de qui la main terrassa toujours ses ennemis, Hanoûmat, environné des singes, monta sur le Mahéndra.

Quand le singe pressa de ses deux pieds la noble montagne, elle rendit un mugissement: tel, dans sa colère, un grand éléphant qu'un lion a blessé. Les hauteurs brisées du sommet vomirent des ruisseaux pleins d'écume, les éléphants et les singes tremblèrent, la tige des grands arbres fut ébranlée. Écrasés dans le creux des rochers, où ils repairent, les serpents au venin mortel jettent de leur gueule un feu mêlé de fumée et une flamme épouvantable.

Le noble singe, debout sur le sommet de la montagne, brillait alors, tel que Vishnou sur le point de franchir le monde en trois pas. Là, désireux de voir cette merveille et conduits par une vive curiosité, se rassemblent de tous côtés les Dieux, les Gandharvas, les Siddhas et les saints du plus haut rang, les animaux qui vivent sur la terre, ceux qui habitent au sein des mers, ceux qui nichent sur le tronc des arbres et ceux qui repairent dans le creux des rochers.

Pour obtenir une bonne traversée de la grande mer, le singe aux longs bras de s'incliner avec recueillement, ses mains réunies aux tempes, en l'honneur des Immortels, du soleil et de la lune, de Mahéndra, du Vent, de Çiva, de Swayambhou, de Skanda, *le Dieu qui préside à la guerre*, d'Yama et de Varouna, de Râma, de Lakshmana, de Sîtâ même et du magnanime Sougrîva, des Bhoûtas, des Rishis, des Mânes et de *Kouvéra*, le sage monarque des Yakshas. Puis il embrassa les siens, et, les ayant salués d'un pradakshina, il s'élança dans la route pure et sans écueil, habitée par le vent. «Au retour!» s'écrièrent tous les singes. À cet adieu, il étendit ses longs bras et se tint la face tournée vers Lankâ.

Il affermit ses pieds sur le sol rocheux et le grand mont vacilla. Au moment qu'il appuya son pas sur la montagne, une liqueur rouge comme le sandal stilla des arbres embaumés de fleurs et parsemés de jeunes pousses.

L'eau suinte en bulles de mousse blanche par tous les côtés du grand mont, pressé sous le talon du singe vigoureux. Aussitôt qu'il assura le pied sur sa base, on vit chanceler soudain les belles cimes aimées des Siddhas et des Tchâranas, ces promenades chéries des Kinnaras. Toutes les fleurs tombèrent, secouées de la tête fleurie des arbres. À cette jonchée de fleurs aux suaves odeurs et qui, tombées de chaque arbre, couvraient le sol de tous côtés, on eût dit que la montagne était faite de fleurs. Quand il eut appuyé ferme ses pieds et baissé les deux oreilles, le noble singe, Hanoûmat de s'élancer avec toute sa grande vigueur.

Ses deux bras, allongés dans les champs du ciel, resplendissaient pareils à deux cimeterres sans tache ou semblables à deux serpents vêtus d'une peau nouvelle.

En quelque lieu de la mer que passe le grand singe, on voit les ondes entrer comme en furie, soulevées par l'air que déplace son corps. À la vue de ce tigre-simien, qui nage en plein ciel, les reptiles, qui ont leurs habitations dans la mer, pensent que c'est Garouda lui-même. Les poissons de tomber dans la stupeur, en voyant l'ombre de ce roi des singes couvrir dix yodjanas de sa largeur, et trois fois plus avec sa longueur. La grande ombre, en suivant le fils du Vent, se dessinait sur les ondes salées comme une file de nuages dans un ciel blanc, ou comme le fils de Vinatâ quand il courut enlever l'ambroisie.

Les grands nuages, labourés par les bras du singe, éclataient de couleur pourpre, blanche, rouge et noire dans l'espace illuminé de foudres, enflammé d'éclairs et que la chute des tonnerres festonnait avec des guirlandes de feu. On le voit à différentes fois entrer dans la masse des nuages ou sortir, et tantôt se montrer aux yeux, tantôt se dérober comme la lune.

Tandis que le singe nageait ainsi dans l'espace, cette pensée vint à l'esprit d'une vieille Rakshasî, nommée Sinhikâ, qui pouvait se revêtir à son gré de toutes les formes: «Aujourd'hui, après un long temps, je vais apaiser ma faim; car je vois là dans les airs un bien grand animal, qui tombe enfin sous ma puissance!» Quand elle eut roulé dans son esprit cette pensée, elle saisit l'ombre comme un vêtement; et le singe, voyant qu'elle arrêtait son ombre, de songer en lui-même: «Oh! oh! me voilà secoué vivement, tel qu'une montagne dans un tremblement de terre, ou comme un grand navire battu dans l'Océan par un vent contraire!»

Alors jetant les yeux en bas, en haut, de côté, le fils de Mâroute vit ce grand être qui s'élevait hors des ondes salées. «C'est là, on n'en peut douter, *se dit-il*, cette créature qu'on voit dans la grande mer happer l'ombre, ainsi que je l'ai ouï dire au monarque des singes.» À peine eut-il conjecturé de cette manière avec justesse que c'était Sinhikâ, le quadrumane ingénieux de gonfler soudain son corps, tel que le nuage dans la saison des pluies. Aussitôt qu'elle vit s'augmenter les proportions du grand singe, elle ouvrit démesurément une bouche pareille aux enfers. L'officieux et rusé quadrumane observe alors cette furie, ses membres *énormes* et sa vaste gueule toute grande ouverte.

Le singe à l'immense vigueur se ramasse peu à peu, et, le corps devenu comme la foudre, il se plonge dans cette gueule béante; puis il déchire avec ses ongles acérés les entrailles de la Rakshasî et s'échappe rapidement, lui, qui possédait la vitesse du vent et celle de la pensée.

Grâces à la sûreté de son coup d'œil, à sa force, à son adresse, à sa fermeté, à son audace, le singe maître de lui-même fit son retour au dehors avec une promptitude merveilleuse. Tuée par cet Indra des singes à la prodigieuse légèreté, à la rapidité du vent ou de la pensée, la Rakshasî tomba dans le grand bassin des eaux.

Et, voyant la furie tombée morte sous les coups d'Hanoûmat, les Bhoûtas, ces Génies, habitants des airs:

«Tu viens d'accomplir, mon ami, dirent-ils au noble singe, une prouesse épouvantable, en immolant cette colossale créature. Ta force a terrassé la furie, dont la crainte avait banni de cette région les Tchâranas, les Dieux et le roi même des Immortels. La sécurité est rendue à ces routes, où les habitants de l'air pourront aller maintenant à leur gré.

«Mets à fin l'œuvre que tu as résolue: va donc, singe, et va sans péril!»

Au milieu de ces applaudissements, le grand et docte singe, qui avait réussi dans sa ruse, se replongea entre les routes de l'air et continua son voyage d'un vol accéléré.

Parvenu tout à fait sur le rivage ultérieur, ayant tourné ses regards sur lui-même, qui, semblable à un grand nuage, offusquait, pour ainsi dire, le ciel entièrement, le singe, toujours maître de son âme, fit cette réflexion:

«J'exciterais à coup sûr, je pense, la curiosité des Rakshasas, s'ils me voyaient entrer dans leur ville avec ces membres démesurés.»

Le singe alors diminua extrêmement son corps, et, pour se mettre à couvert *de la curiosité*, il revint à son état naturel, comme Vishnou, quand il eut opéré ses trois pas.

Il s'avança vers Lankâ, ceinte de tous les côtés, *en haut*, par des remparts semblables à des masses blanches; en bas, par des fossés remplis d'eaux intarissables et bien profondes; cette ville, qu'environnait un grand retranchement fait d'or; cette ville, dont l'imagination ne peut se créer une idée; elle, jadis la résidence accoutumée de Kouvéra; elle, dont jadis le séjour était la récompense des bonnes œuvres. Pavoisée d'étendards et de drapeaux, ornée de balcons, les uns de cristal, les autres d'or, elle se couronnait avec des centaines de belvédères surétageant le faîte de ses maisons. Fondées sur le sol même du retranchement, on voyait des colonnes d'émeraude et de lapis-lazuli, si brillantes qu'elles semblaient aux yeux des centaines de lunes et de soleils, élever sur leurs chapitaux de *magnifiques* arcades.

Hanoûmat, le fils du Vent, roula ces nouvelles pensées en lui-même: «Par quel moyen verrai-je la Mithilienne, *auguste* fille du *roi* Djanaka, sans être vu de Râvana, ce cruel monarque des Rakshasas?

«Confiées aux mains d'un messager sans prudence, les affaires succombent sous les difficultés des lieux et des temps, comme les ténèbres s'évanouissent au lever du soleil.

«Ici le vent, je pense, ici le vent lui-même ne pourrait aller incognito; car il n'est rien qui puisse échapper à la connaissance de ces indomptables Rakshasas! Si je me tiens ici, revêtu de la forme qui m'est propre, je cours vite à ma perte et l'affaire de mon seigneur échoue. Aussi vais-je me réduire à des proportions minimes dans cette forme elle-même et courir cette nuit à Lankâ pour exécuter les commissions de Râma.

Aussitôt faites ces réflexions, Hanoûmat de gagner un bois vers le coucher du soleil et de s'y tenir caché dans l'attente du moment où il puisse tromper l'œil des Rakshasas. Ensuite, quand le jour a disparu, le vigoureux fils du Vent, qui doit pénétrer la nuit dans Lankâ, se réduit à la grosseur d'un chat, et, sautant sur le boulevard, il se met à contempler cette ville entière, fondée sur la cime d'un mont, qui semblait tenir *en* elle *son épouse*, couchée dans son sein.

Tel que le ciel brille de ses constellations, elle étincelait de magnifiques palais, hauts comme la cime du Kêlâsa, blancs comme les nuages d'automne; palais de corail, de marbre, d'argent, d'or, de perles et de lapis-lazuli, aux védikas de lapis et de perles, aux portes d'or, au sol pavé de corail, aux étages desservis par des escaliers de pierreries. Elle s'en allait, pour ainsi dire, espionner les *secrets du* ciel par ses hautes maisons élancées dans les airs.

Quand il eut observé la superbe cité du monarque des Rakshasas, cette Lankâ, si grande et si riche: «Il n'est pas d'ennemi, pensa le singe en lui-même, qui puisse enlever d'assaut cette ville, défendue, les armes levées à la main, par les forces de Râvana. Mais, quand je considère l'héroïque valeur de Râma aux longs bras et celle de Lakshmana, je renais à l'espérance.» Ensuite, revenu à la confiance, l'intelligent et sage fils du Vent s'élança d'un bond rapide à l'heure où le soir étend ses voiles, et pénétra dans la ville de Lankâ aux grandes rues bien distribuées.

Alors, dans les demeures des Rakshasas, les rires, les cris et les causeries, sur lesquels dominait le son des instruments de musique; alors, *dis-je*, tous ces bruits se mêlaient ensemble pour former en quelque sorte la seule voix de Lankâ.

Arrivé dans la grande rue, embaumée du parfum que l'éléphant amoureux distille de ses tempes, il vint cette pensée à l'esprit du singe intelligent, qui promenait ses regards de tous les côtés: «Je vais inspecter l'une après l'autre toutes les entrées de ces maisons princières qui ont l'éclat des constellations ou des planètes, et qui montent, pour ainsi dire, jusqu'au ciel.»

La lune, comme si elle eût prêté son ministère au singe, s'était levée, environnée par les bataillons des étoiles; et, brillante avec plusieurs milliers de rayons, elle fouillait dans les mondes par l'expansion de sa lumière. Le héros illustre des singes vit monter avec la splendeur de la nacre cet astre illuminant les régions éthérées dans la nuit, et qui, blanc comme le lait ou comme les fibres du lotus, nageait dans les deux, tel qu'un cygne dans un lac. Ce héros vit ensuite la splendide et radieuse planète, arrivée entre les deux moitiés de sa carrière, verser dans le ciel une abondante expansion de sa lumière et se promener *dans le troupeau des étoiles*, comme un taureau enflammé d'amour au milieu du parc aux génisses. Il vit l'astre aux rayons froids éteindre en s'élevant les chaleurs dont le monde avait souffert pendant le jour, enfler même les eaux de la grande mer, éclairer enfin toutes les créatures.

Il était semblable aux *soirs du* Paradis, cet heureux soir, qui répandait tant de charmes dans la nuit par le *magnifique* lever de la lune éclatante; cette nuit où circulent et les Rakshasas et les animaux carnassiers, mais dans laquelle Râma envoyait *alors* ses pensées vers sa gracieuse épouse. Le singe intelligent voit dans ses courses les maisons pleines de gens ivres ou somnolents, de trônes, de chars, de chevaux, et remplies même des dépouilles conquises par la main des héros. Ils se rabaissent les uns les autres dans leurs discours, ils jettent à droite et à gauche leurs bras énormes, ils sèment de part et d'autre les propos obscènes et se provoquent mutuellement comme des gens ivres.

Le singe vit encore là maintes sortes d'Yâtoudas d'une intelligence supérieure, d'une brillante nature, pleins de loi, riches en trésors de pénitence et l'âme recueillie dans la lecture des Védas. La vue des Rakshasas difformes lui inspira le dégoût; mais il vit avec plaisir ceux qui étaient doués d'une jolie forme, ceux qui étaient dignes, ceux qui avaient de la conduite et de la décence, ceux que distinguaient plusieurs bonnes qualités et qui n'étaient pas en désaccord avec leur noble origine. Il vit aussi leurs femmes de penchants bien purs, d'une haute majesté, épouses assorties aux maris, brillantes à l'égal des étoiles et dont le cœur était lié au cœur de leurs époux.

Il vit là de nouvelles mariées, flamboyantes de beauté et que les oiseaux de leurs parures couvraient comme de fleurs[4]: elles tenaient embrassés leurs époux, telles que des lianes attachées récemment à des troncs de xanthocyme.

Note 4:

On sait que les jeunes filles de l'Inde se font des pendeloques et des atours avec ces brillants oiseaux-mouches, qui semblent des fleurs à la vivacité de leurs couleurs.

Tandis que le prince des singes promenait ainsi tour à tour ses yeux dans chaque maison, il y remarqua des femmes jolies, gracieuses, enivrantes de gaieté, suavement parées de fleurs. Mais il ne vit point Sîtâ, issue d'une origine miraculeuse, née dans la famille des rois et de qui le pied ne déviait jamais de sa route; cette princesse bien née, à la taille svelte comme une liane en fleurs, et qui n'avait pas encore vu couler de nombreuses années depuis le jour de sa naissance: cette femme distinguée, vertueuse plus que les plus vertueuses; elle, qui marchait dans la voie éternelle; elle, de qui l'image habitait dans le cœur de son époux et qui, pleine de son amour, appelait Râma de tous ses vœux.

Voyant qu'il n'avait aperçu nulle part l'épouse de Râma, le plus grand des victorieux et le souverain des enfants de Manou, il demeura longtemps frappé de tristesse, mais enfin son âme revint à la sérénité.

Le grand singe, aimé de la fortune, s'approcha de la demeure habitée par le monarque des Rakshasas.

Un haut rempart couleur de soleil environnait son château, décoré, *non moins que défendu*, par des fossés, auxquels des masses de nélumbos formaient comme des pendeloques. Le singe en fit le tour, examinant ce palais aux arcades faites d'or, toutes semées de perles et de pierreries, aux enceintes d'argent, aux colonnes massives d'or. Alentour, se tenaient des héros infatigables, invincibles, à la grande âme, à la haute taille, habitués à monter des coursiers ou des chars d'or, d'argent ou d'ivoire, tapissés de riches pelleteries, soit de tigres, soit de lions.

Dans la demeure de Râvana, le noble singe vit tout émerveillé des chevaux marqués de signes heureux, avec la tête du perroquet, avec les ailes du héron, avec les yeux pareils au jasmin d'Arabie. Ils avaient le regard louche et les jambes longues: ils étaient d'une grande légèreté ou d'une vitesse égale à celle de la pensée. Il y en avait de rouges, de jaunes, de blancs, de noirs, de bais, de verts, de cramoisis et d'un rouge pâle, ou d'un pelage tacheté comme la peau de l'antilope aux pieds blancs. Les pays d'Aratta, de Vâlhi et de Kamboge les ont vus naître.

Il contempla ce palais sublime, hérissé par les hampes des étendards, troublé par le cri des paons et semblable au mont appelé Mandara; cette demeure peuplée en tous lieux de quadrupèdes et de volatiles variés, admirables à voir, des plus nobles espèces et par nombreux milliers. Ce palais, éclairé d'une lumière incessante par l'éclat des pierreries les plus fines et la splendeur même de Râvana, comme le soleil brille de ses rayons, et desservi, suivant les règles de l'étiquette, par de nobles dames et *par les* femmes du plus haut rang; ce palais, tout stillant de rhum et de liqueurs spiritueuses; ce palais regorgeant de vases en pierreries.

Vêtus en habit de femmes avec des manières de femme, on y voyait courir çà et là des animaux charmants, le corps et le sein radieux.

Ensuite il entendit un son de tambour, de conques, d'instruments à cordes, mêlé au son des instruments de musique à vent.

Il s'avança vers ce lieu, d'où partaient les accords, et vit le char nommé Poushpaka, resplendissant comme l'or. Il avait un demi-yodjana de long; sa largeur s'étendait égale à sa longueur[5]: il était soutenu sur des colonnes d'or avec des portes d'or et de pierres fines. Brillant, couvert de perles en multitude et planté d'arbres, où l'on cueillait du fruit au gré de tous les désirs, on y trouvait du plaisir en toutes les saisons, et sa douce atmosphère se balançait entre l'excès du chaud et du froid.

Note 5:

L'yodjana fait cinq milles anglais, de 1609 mètres chacun: le char avait donc 4 kilomètres 22 mètres ½ de long sur autant de large.

À la vue de ce grand char Poushpaka, aux arcades incrustées de corail, le noble singe monta dans cette voiture céleste et douée même d'un mouvement spontané. Le fils du Vent, Hanoûmat, vit au milieu d'elle un palais magnifique, long et large, tout à fait spacieux, embelli par beaucoup de bâtiments et couvert dans son pourtour de fenêtres en or, avec des portes, les unes d'or, les autres de lapis-lazuli: la présence du monarque ou de l'Indra même des Rakshasas en assurait la défense.

Là, soufflait une senteur exquise, enivrante, céleste, exhalée des breuvages, des onguents de toilette et des bouquets de fleurs. La suave odeur montait, et, parente, elle disait çà et là au singe magnanime, son parent, comme si elle était Mâroute lui-même, revêtu d'une forme: «Approche! approche-toi!»

Hanoûmat s'avance donc: il admire cette grande et resplendissante habitation, aussi chère au cœur de Râvana qu'une noble femme adorée; ce palais rayonnant de ses treillis d'or, au sol pavé de cristal, aux murs couverts de lambris d'ivoire, aux étages duquel on montait par des escaliers de pierreries.

«N'est-ce point ici le Swarga? Ne serait-ce point ici le monde des Dieux? ou le séjour de la perfection suprême?» pensait Hanoûmat, observant mainte et mainte fois ce palais. Il vit là des lampes d'or, qui semblaient méditer, pensives comme des joueurs vaincus au jeu par des joueurs plus habiles. Il vit là des femmes d'une éclatante splendeur, assises par milliers sur des tapis dans une *grande* variété de costumes avec des bouquets et des robes de toutes les couleurs. Tombé sous l'empire du sommeil et de l'ivresse, quand la nuit fut arrivée au milieu de sa carrière, ce troupeau de femmes, renonçant au plaisir de ses jeux, s'endormit alors en mille attitudes. En ce moment, dans le sommeil des oiseaux, dans le silence des robes et des parures, la salle parut comme une forêt de lotus, où se taisent les abeilles et les cygnes.

Alors cette pensée vint à l'esprit du singe: «Voilà sans doute les étoiles qu'on voit tomber de temps en temps, rejetées du ciel, et qui sont venues toutes se rassembler ici!» En effet, ces femmes rayonnaient là manifestement de la même couleur, du même éclat, de la même sérénité que les grandes étoiles à la splendeur éclatante.

Là, sur des panavas, des tambours, des cymbales, des siéges, des lits magnifiques et de riches tapis, des femmes dorment fatiguées, celles-ci des jeux, celles-là du chant, les autres de la danse.

Ici, un bras mis sur la tête et posé sous de fins tissus, sommeillent d'autres femmes, parées de bracelets d'or ou de coquillages. Celle-ci dort sur l'estomac d'une autre, celle-là sur un sein de la première: elles ont comme oreillers les cuisses, les flancs, les hanches et le dos les unes des autres.

Ces belles à la taille svelte semblaient, par le tissu de leurs bras enlacés, une guirlande tressée de femmes; guirlande aussi brillante qu'au mois de Mâdhava, un bouquet de lianes en fleurs tressées dans un feston, autour duquel voltigent des abeilles enivrées.

Ces dames étaient les filles des hommes, des Nâgas, des Asouras, des Daîtyas, des Gandharvas et des Rakshasas: telle se composait la cour de Râvana. Ainsi que resplendit le ciel par le troupeau des étoiles, ainsi brillait ce chariot *divin* par les visages, semblables à l'astre des nuits, et les pendeloques étincelantes, qui se jouaient à l'oreille de ces femmes.

Tandis qu'il parcourait tout des yeux, Hanoûmat vit un siége éminent de cristal, orné de pierreries et semblable au trône des Immortels.

Il vit, tel que l'astre des nuits, monarque des étoiles, un parasol blanc, orné de tous les côtés par les plus belles guirlandes suspendues à des rubans. Là, semblable à un nuage et revêtu d'une longue robe en argent, avec des bracelets d'or bruni, ses yeux rouges, ses vastes bras, tous ses membres oints d'un sandal rouge à l'exquise odeur, tel enfin que la nuée, grosse de foudres, qui rougit le ciel au crépuscule du soir ou du matin; là, couvert de superbes joyaux, plein d'orgueil, capable de revêtir à son gré toutes les formes et pareil au Mandara endormi avec ses riches forêts d'arbres et d'arbustes; là, *dis-je*, éventé par de nobles dames, le chasse-mouche et l'éventail en main, orné des plus belles parures, embaumé de parfums divers et dans les vapeurs du plus suave encens, mais se reposant alors des liqueurs bues et des jeux prolongés dans la nuit, apparut aux yeux du grand singe ce héros, l'amour des filles nées des Naîrritas et la joie des jeunes Rakshasîs, ce monarque souverain des Rakshasas, endormi sur un lit éblouissant de lumière.

Le singe vit couchée dans un lit éclatant, disposé auprès du monarque, une femme charmante, douée admirablement de beauté. Reine du gynœcée, cette blonde favorite, semblable à la nuance de l'or, était là étendue sur un divan superbe: Mandaudarî était son nom.

Hanoûmat la vit, telle que l'éclair flamboyant au sein du sombre nuage, illuminer ce riche palais avec sa beauté et ses parures d'or bruni, enchâssant des pierreries et des perles. Quand le Mâroutide aux longs bras l'eut considérée un moment, sa jeunesse et sa beauté si parfaites lui firent naître cette pensée: «Ce ne peut être que Sîtâ!» Il en fut d'abord saisi d'une grande joie et s'applaudit, émerveillé. Ensuite, le fils du Vent écarte cette conjecture et son esprit sage, embrassant une autre opinion, s'arrête à cette idée sur la princesse du Vidéha:

«Cette dame,pensa-t-il, ne doit, séparée qu'elle est de Râma, ni dormir, ni manger, ni se parer, ni goûter à quelque breuvage. Elle ne doit pas se tenir à côté d'un autre homme, fût-ce Indra, le roi des Immortels! En effet, parmi les Dieux mêmes, il n'existe personne qui soit égal à Râma.»

Il dit; et le prudent fils de Mâroute, promenant sur elle un nouveau regard, observa tels et tels gestes, d'où il conclut que ce n'était point Sîtâ.

Le singe à la grande vigueur fouilla tout le palais de Râvana, sans rien omettre, et ne vit point la Djanakide. Ensuite la crainte d'avoir manqué au devoir lui inspira cette pensée:

«Sans doute cette vue que j'ai promenée dans leur sommeil sur les épouses d'autrui, au milieu de son gynœcée, est une infraction énorme au devoir. En effet, il n'entre pas dans les choses permises à mes yeux de voir les épouses d'un autre, et j'ai parcouru ici de mes regards tout ce gynœcée d'autrui.» Puis il naquit encore cette réflexion dans l'esprit du magnanime, lui de qui la pensée avait pour unique fin sa commission et de qui le regard n'avait pas vu là autre chose que le but de son affaire: «J'ai considéré à mon aise, dans toute son extension, le gynœcée de Râvana, et mon âme n'en a conçu rien d'impur. En effet, la cause d'où procèdent les mouvements de tous les organes des sens est dans les dispositions bonnes ou mauvaises de l'âme, et la mienne est bien disposée. D'ailleurs il m'était impossible de chercher la Vidéhaine autre part: où trouver les femmes que l'on cherche si ce n'est toujours parmi les femmes?»

Ensuite, brûlant de voir Sîtâ, le Mâroutide *Hanoûmat* de continuer ses recherches au milieu du palais, dans les maisons *ou berceaux* de lianes, dans les salles de tableaux, dans les chambres de nuit; mais il ne vit pas encore là cette femme au charmant visage.

Hanoûmat, le fils du Vent, se remet à visiter, montant, descendant, s'arrêtant ici, marchant là, toutes les différentes salles consacrées à boire, les maisons où l'on garde les fleurs, les salles diverses de tableaux, les maisons d'amusements, les places publiques, les chars et les bocages plantés devant les maisons. Le quadrumane à la marche légère, tel qu'un autre Mâroute, le singe, réduit à la taille de quatre pouces, rôdait ainsi partout, ouvrant les portes, secouant les vantaux, entrant ici, sortant de là, d'un côté montant, d'un autre descendant un escalier. Il n'y a pas un endroit où n'aille Hanoûmat; il n'existe rien dans le gynœcée de Râvana où il ne porte ses pas.

Il vit un riant bosquet: «Voilà un grand bocage d'açokas avec des arbres de très-belle taille, pensa Hanoûmat aux longs bras, le sage fils du Vent; il faut que je cherche là, car je n'ai pas encore fouillé ce parage.»

Alors de s'élancer par bonds vers ce clos d'açokas, rapide comme la flèche au moment qu'elle part de la corde. Promptement arrivé là, ce grand, léger et vigoureux singe, fils de Mâroute, pénétra dans ce plantureux bocage, rempli d'arbres et de lianes par centaines.

Tandis qu'il cherchait la vertueuse fille des rois à la taille charmante, le singe réveillait tous les oiseaux dans leur doux sommeil. Des pluies de fleurs tombaient des arbres, odorante averse de plusieurs teintes que les troupes des oiseaux, en s'envolant, soulevaient avec le vent de leurs ailes. Inondé là de ces fleurs, Hanoûmat le Mâroutide, au milieu du bocage d'açokas, brillait tel qu'une montagne faite de fleurs. Aussi, à cette vue du singe entré dans les massifs d'arbres et courant partout çà et là, tous les êtres de s'imaginer que c'était le printemps même.

Le singe remarqua un grand çinçapâ d'or, qui étendait au large ses branches couvertes de nombreuses feuilles et de jeunes rameaux. Le grand singe courut en bondissant vers le çinçapâ au faîte élevé, arbre majestueux né au milieu de ces arbres d'or. Arrivé au pied, le brave Hanoûmat se mit à rouler ces pensées en lui-même: «D'ici je verrai la Mithilienne, qui soupire après la vue de son époux, marcher à son gré çà et là, ses yeux baignés de larmes, son cœur dans la tristesse, captive et toute pantelante, comme une daine séparée de son daim et tombée sous la griffe d'un lion.

Après cette réflexion du magnanime Hanoûmat, soit qu'il cherchât dans le cercle de l'horizon l'épouse du monarque des hommes, soit qu'il jetât ses regards au pied de l'arbre couvert de fleur, Hanoûmat voyait tout, caché lui-même dans l'épaisseur de son feuillage.

L'optimate singe aux longs bras vit des Rakshasîs difformes. Les unes avaient trois oreilles, les autres avaient des oreilles comme le fer d'un épieu; celle-ci avait d'amples oreilles et celle-là n'avait point d'oreilles; certaines n'avaient qu'un œil et certaines qu'une oreille. Telle aurait pu s'envelopper de ses oreilles comme d'une coiffe; telle, sur un cou long et grêle, soutenait sa tête d'une grosseur énorme: l'une avait de beaux cheveux, l'autre était chauve, les cheveux d'une autre lui faisaient comme un voile. Celle-ci était large du front et des oreilles, celle-là portait flasques et pendants le ventre et les mamelles: *beaucoup* avaient les dents saillantes, la bouche rompue, le visage laid et difforme.

Elles avaient la face rébarbative et le teint noir ou tanné: irascibles, amies des rixes, elles tenaient à la main des marteaux, des maillets d'armes et de grandes piques en fer.

Telle avait une gueule de crocodile, telle avait une hure de sanglier; telle cachait une âme sinistre sous un visage heureux; les unes étaient courtes, les autres longues, bossues, naines ou déhanchées. Certaines avaient les pieds d'un éléphant, d'un cane ou d'un chameau; celles-ci avaient le muffle soit d'un tigre, soit d'un buffle; celles-là une tête de serpent, d'âne, de cheval ou d'éléphant; d'autres avaient le nez campé sur le sommet du crâne. Il y en avait de bipèdes, de tripèdes, de quadrupèdes: celles-ci avaient de larges pieds, celles-là un cou et d'autres les mamelles d'une longueur démesurée. En voici avec une bouche et des yeux d'une grandeur immense; en voilà avec une langue et des ongles excessivement longs: telle avait le faciès d'une chèvre; telle autre le faciès d'une cavale; telle est vache par sa tête et telle autre a son cou emmanché avec le chef d'une truie. Certaine a le muffle d'une hyène et *sa compagne* celui d'une bourrique. Toutes ces Rakshasîs ont une force épouvantable. Le nez de celle-ci est court et le nez de celle-là prodigieusement long: telle a son nez de travers; le nez manque à telle autre.

Elles tiennent des lances, des épées, des maillets d'armes; elles se repaissent de chair; elles ont les mains et la face ointes de graisse, elles ont tous leurs membres souillés de chair et de sang. Avides de graisse et de viande, elles boivent et mangent continuellement; elles font aliment de tout; mais, quoiqu'elles mangent toujours, elles ne sont jamais rassasiées.

Le singe joyeux et le poil hérissé de plaisir vit enfin dans le cercle des Rakshasîs, telle que Rohinî dans la gueule de Râhoû, cette reine infortunée qui étreignait dans ses bras, comme une liane en fleurs, cet arbre sur les branches duquel Hanoûmat se tenait accroupi.

Le singe vit cette charmante femme s'asseoir, pleine de sa tristesse, à la racine de l'arbre sisô, le visage troublé comme le croissant de la lune, *voilé par un nuage*, au commencement de sa quinzaine blanche.

Dépouillée de ses parures et néanmoins telle encore que Lakshmî sans lotus à la main, accablée de honte, consumée par la douleur, pleine de langueur et le corps exténué, elle semblait Rohinî sous l'oppression de la planète Lohitânga; elle paraissait comme la richesse tombée; comme la mémoire quand elle s'affaisse dans l'incertitude; comme une espérance, qui s'est envolée; comme un ordre qui n'est plus soutenu par la puissance. Désolée, amaigrie par l'abstinence, baignant sa face de larmes, faible, très-délicate, l'âme épuisée de chagrins et le corps de souffrances, elle jetait épouvantée de nombreux et longs soupirs, comme l'épouse du roi des serpents.

À l'aspect de cette femme souillée de taches et de poussière, triste et non parée, elle si digne des parures, et telle que la reine des constellations quand sa lumière est obscurcie par de sombres nuages, l'incertitude assiégea l'esprit du singe dans ses investigations.

Le fils du Vent, Hanoûmat, la reconnut avec peine: aussi douteuse revient à l'homme dans un moment, où sa pensée n'y est pas attentive, la science qu'il doit à ses lectures.

Après que le vigoureux quadrumane eut médité un instant, il tourna vers la Mithilienne ses yeux noyés de larmes et se mit à gémir dans une vive douleur. «C'est là, *se dit-il*, c'est là cette femme inébranlable dans sa fidélité à son époux, Sîtâ, la fille du magnanime Djanaka, ce roi de Mithila, si dévoué à son devoir! Elle, qui fendit la terre et sortit du champ déchiré par le soc de la charrue;

elle, qui fut produite par la poussière jaune du guéret, pareille au pollen des lotus.

«Délaissant tous ses plaisirs, entraînée par la force de sa piété conjugale, elle était, sans tenir compte des peines, entrée dans la forêt déserte. Là, contente de manger les fruits *sauvages* et les racines, heureuse d'obéir à son époux, elle goûtait dans les bois tout le bonheur qu'elle eût jamais goûté dans son palais. Cette princesse à la couleur d'or, qui accompagnait toutes ses paroles d'un sourire, infortunée, sans appui, elle endure ici un supplice épouvantable! Cette magnifique robe jaune, qui brille sur elle avec la teinte de l'or, est la même que j'ai vue avec les singes ce jour qu'elle fit tomber sur la montagne son vêtement supérieur.

«Mais je veux interroger cette vertueuse Mithilienne, troublée par l'odieux Râvana, comme une fontaine par un homme altéré. Elle ne brille plus aujourd'hui, comme un lotus souillé de boue, cette femme en deuil, que le monstre aux dix têtes arracha violemment à ce lac d'Ikshwâkou! Elle, à cause de qui Râma est tourmenté de quatre sentiments: la pitié, la tendresse, le chagrin et l'amour. À cette pensée: «Ma femme est perdue!» sa pitié s'émeut; «elle pense à moi!» sa tendresse; «épouse fidèle!» son chagrin; «épouse adorée!» son amour.»

S'étant réveillé au temps opportun, le puissant monarque des Rakshasas, sa robe et ses guirlandes tombées, *la tête* encore échauffée par l'ivresse, tourna sa pensée vers la Vidéhaine.

Car, enchaîné fortement à Sîtâ, enivré d'amour jusqu'à la fureur, il ne pouvait cacher la passion effrénée dont son âme était consumée pour elle. Brûlant de voir la Mithilienne, il sortit de son palais: il était paré de tous ses joyaux et portait une magnificence incomparable.

Une centaine de femmes seulement suivaient Râvana dans sa marche, comme les femmes des Gandharvas et des Dieux suivent Kouvéra, le rejeton de Poulastya. Là, ces femmes portaient, les unes des lampes d'or et de formes diverses, les autres un chasse-mouche fait avec la queue du gayal, celles-là des éventails. Celles-ci d'une politesse *distinguée* marchaient, tenant à leur main droite des vases massifs d'or et pleins de maints breuvages.

Le fils du Vent alors entendit le son des noûpouras et des ceintures, qui gazouillaient aux pieds et sur les flancs de ces femmes du plus haut parage.

Brillant de tous les côtés par l'éclat de plusieurs lampes, où brûlaient, portés devant lui, des parfums et des huiles de sésame, Râvana, plein d'ivresse, d'orgueil et de luxure, semblait au regard oblique de ses grands yeux rouges l'Amour, qui s'avance irrité sans arc à la main.

À la vue de la splendeur infinie qu'il semait de tous les côtés: «C'est le monarque aux longs bras!» pensa le singe vigoureux à la grande énergie. L'intelligent quadrumane s'élance à terre et, gagnant une autre branche cachée au milieu des feuilles et des arbrisseaux, il s'y tient, désireux de voir ce que va faire le monstre aux dix têtes.

À l'aspect de Râvana, l'auguste femme trembla, comme un bananier battu par le vent.

Le Démon aux dix têtes vit l'infortunée Vidéhaine gardée par les troupes des Rakshasîs, en proie à sa douleur et submergée dans le chagrin, comme un vaisseau dans la grande mer. Il vit, inébranlable dans la foi jurée à son époux, il vit la *triste* captive assise alors sur la terre nue: telle une liane coupée de l'arbre conjugal et tombée sur le sol.

Il vit, privée de l'usage des bains et des parfums, les membres hâlés, sa personne non parée, elle si digne de toute parure: il vit telle qu'une statue faite de l'or le plus pur, mais souillée de poussière, il vit Sîtâ fuir dans le char de ses désirs attelé avec les coursiers de la pensée vers le *grand et sage* Râma, ce lion des rois, qui possédait la science de son âme.

Il la vit saisie de mouvements convulsifs à son approche.

Elle parut à ses yeux comme une gloire, qui se dément, comme la foi en butte au mépris, comme une postérité détruite, comme une espérance envolée, comme une Déesse tombée du ciel, comme un ordre foulé aux pieds.

Comme un autel souillé, comme la flamme éteinte du feu, comme le croissant de la lune, dont le rayon tombe du ciel sur la terre sans nous apporter de lumière.

Il la vit accablée par sa douleur, poussant des soupirs et telle que l'épouse du roi des éléphants, qui, séparée du chef de son troupeau et tombée captive, est gardée dans un peloton *de chasseurs*.

Consumée par le jeûne, le chagrin, la rêverie et la crainte, maigre, triste, se refusant la nourriture, se faisant, *pour ainsi dire*, un trésor de macérations, en proie à la douleur et ses mains jointes à ses tempes, comme une Déesse, elle demandait continuellement au ciel de conserver la vie à Râma et d'envoyer la mort à son persécuteur.

Râvana tint ce langage avec amour à l'infortunée Sîtâ, cette femme sans joie, macérant son corps et fidèle à son époux: «À mon aspect, te cachant çà et là dans ta crainte, tu voudrais te plonger au sein de l'invisibilité. Il n'est ici, noble dame, ni hommes quelconques, ni Rakshasas mêmes: bannis donc la terreur, Sîtâ, que t'inspire ma présence. Prendre les femmes de force et les ravir avec violence, ce fut de toutes manières et dans tous les temps notre métier, dame craintive, à nous autres Démons Rakshasas.

«Je t'aime, femme aux grands yeux! Sache enfin m'apprécier, ma bien-aimée, ô toi, en qui sont réunies toutes les perfections du corps, et qui es l'enchantement de tous les mondes! Ainsi, je ne te verrais plus armée de cette haine contre moi, noble dame. Reine, tu n'as rien à craindre ici; aie confiance en moi: accorde-moi ton amour, chère Vidéhaine, et ne reste point ainsi plongée dans le chagrin. Ces cheveux, que tu portes liés dans une seule tresse, *comme les veuves*, cette rêverie, cette robe souillée, cet éloignement des bains, le jeûne: ce ne sont pas là des choses qui siéent pour toi.

«Ce qu'il te faut, ce sont les guirlandes variées, les parfums d'aloès et de sandal, les robes de toute espèce, les célestes parures, les plus riches bouquets de fleurs, des lits précieux, de magnifiques siéges, et le chant, et la danse, et les instruments de musique: car *je* t'égale à moi, princesse du Vidéha. Tu es la perle des femmes; revêts donc tes membres de leurs parures: comment peux-tu, noble dame, toi, femme de haut parage, te montrer ainsi devant mes yeux?

«Elle passera cette jeunesse que tu pares avec tant de beauté; ce rapide fleuve du temps est comme l'eau; une fois écoulé, il ne revient plus!

«Viçvakarma, l'artiste en belles choses, après qu'il t'eut faite, n'en a plus fait d'autre, je pense; car il n'existe pas, Mithilienne, une seconde femme qui te soit égale en beauté. À la vue de la jeunesse et des charmes dont tu es si bien douée, quel homme venu près de toi voudrait s'éloigner de ta présence, fût-il Brahma lui-même?

«Mithilienne, sois mon épouse; abandonne cette folie: sois mon épouse favorite, à la tête de mes nombreuses femmes les plus distinguées. Les joyaux que j'ai ravis aux mondes avec violence, ils sont tous à toi, dame craintive, et ce royaume et moi-même. À cause de toi, je veux conquérir toute la terre, femme coquette, et la donner à Djanaka, ton père, avec les villes nombreuses qui en couvrent l'étendue.

«Témoignes-en le désir, et l'on va te faire à l'instant une magnifique parure. Que les plus brillants joyaux étincellent, attachés sur ta personne! Que je voie, femme bien faite, la parure orner tes jolies formes, et ta *grâce* polie orner la parure même.

«Jouis des pierreries diverses qui appartenaient au fils de Viçravas; jouis à ton gré, femme ravissante, de Lankâ et de moi. Râma n'est pas mon égal, Sîtâ, ni pour les austérités de la pénitence, ni pour les richesses, ni pour la rapidité même des pas: il ne m'égale ni en force, ni en valeur, ni en renommée. Jouis, dame craintive, ô toi, de qui la personne est embellie par ce brillant collier d'or, jouis donc avec moi du plaisir de ces forêts, nées sur les rivages de l'Océan, percées d'avenues et couvertes par une multitude d'arbres à la cime fleurie.»

Après qu'elle eut écouté ce langage du Rakshasa terrible, Sîtâ oppressée, abattue, d'une voix triste, lui répondit ces mots prononcés avec lenteur: «*C'est* une chose honteuse, *que* je ne dois pas faire, moi, vertueuse épouse, entrée dans une famille pure et née dans une illustre famille.»

Quand elle eut parlé de cette manière à l'Indra des Rakshasas, la chaste Vidéhaine au charmant visage tourna le dos à Râvana et lui dit encore ces paroles: «Je suis l'épouse d'un autre, je ne puis donc être une épouse convenable pour toi; allons! jette les yeux sur le devoir; allons! suis le sentier du bien! De même que tu défends tes épouses, ainsi dois-tu, nocturne Génie, défendre les épouses des autres.

«Ou les gens de bien manquent ici, ou tu n'es pas l'exemple des gens de bien: ce métier, dont tu parles, c'est ce que les sages nomment le crime. Bientôt Lankâ, couverte par des masses de pierreries, Lankâ, pour la faute de toi seul, va périr, malheureuse de ce qu'elle eut pour maître un insensé. À la vue du malheur tombé sur ton âme scélérate: «Quel bonheur! s'écrieront avec joie tous les hommes; ce monstre aux actions féroces a donc enfin trouvé la mort!»

«Ni ton empire, ni tes richesses ne peuvent me séduire: je n'appartiens qu'à Râma, comme la lumière n'appartient qu'à l'astre du jour!

«Ne fus-je pas légalement unie pour son épouse à ce bien magnanime, comme la science est unie au brahme, qui a dompté son âme et reçu l'initiation après le bain cérémoniel? Allons, Râvana! allons! rends-moi à Râma dans ma douleur, comme la femelle chérie d'un noble éléphant, qu'on ramène à son époux amoureux dans la grande forêt.

«La raison te commande, Râvana, de sauver ta ville et de gagner l'amitié du vaillant Raghouide, à moins que tu ne désires une mort épouvantable.

«Avant peu le Raghouide, mon époux, qui dompte ses ennemis; avant peu Râma, fondant sur toi, son odieux rival, m'arrachera de tes mains comme Vishnou aux trois pas ravit aux Asouras sa Lakshmî enflammée de splendeur.»

À ces paroles de la Mithilienne, le monarque irrité des Rakshasas lui répondit ces mots dans une colère montée jusqu'à la fureur: «Tu crois sans doute que ta condition de femme te met à l'abri du supplice, et c'est là ce qui t'excite à me tenir sans crainte ce langage outrageant. Il n'est pas convenable de jeter une injure ni même des paroles qui déplaisent dans l'oreille d'un roi, surtout au milieu de grandes et d'éminentes personnes. Assurément, dit-on, une politesse distinguée est la parure des femmes; c'est un avantage, noble dame, qu'il ne t'est pas facile d'acquérir. Comment peux-tu conserver ici le désir de ton époux?

«Au point où ma colère est montée, amassée comme elle est sur ta tête, il faudra bien que je t'envoie à la mort! Si tu vis maintenant, c'est grâce à ce que tu es une femme!»

Indignée de ce langage, Sîtâ répondit avec colère au monarque des Rakshasas, comme la gloire pure qui s'adresse à la honte: «À la nouvelle du carnage que Râma fit dans le Djanasthâna, à la nouvelle qu'il avait tué Doûshana et Khara même, ta première pensée fut pour la vengeance, et tu m'as conduite ici.

«Car notre habitation était vide alors de ces deux héroïques et nobles frères, sortis pour la chasse, tels que deux lions *d'une caverne.*

«Les forces ne seront pas égales dans cette guerre, prête à fondre ici entre eux et toi. Bientôt accompagné du Soumitride, Râma s'en ira de ces lieux, emportant avec la tienne les vies de ton armée, comme le soleil passe, ayant tari une flaque d'eau.»

Le monarque des Rakshasas, quand il eut ouï ces paroles amères de Sîtâ, répondit en ce langage odieux à cette femme d'un aspect aimable: «J'ai toujours été avec toi comme un flatteur, esclave des femmes; mais, à chaque fois, tu m'as traité comme un être à qui l'on paye en mépris la douceur de ses paroles.

«Pour chacune des paroles outrageantes que tu m'as dites, Mithilienne, une horrible mort ne serait qu'un juste châtiment. Mais il me faut patienter encore deux mois: je t'accorde ce temps: puis, monte dans ma couche, femme aux yeux enivrants. Passé le terme de ces deux mois, si tu refuses de m'accepter pour ton époux, mes cuisiniers te couperont en morceaux pour mon déjeuner!

«Râma ne pourra jamais te reconquérir, Mithilienne, comme Hiranyakaçipou ne put enlever Poulakshmî venue dans les mains d'Indra.»

À la vue de cette *belle* Djanakide ainsi menacée par le monstre aux dix têtes, les jeunes filles aux grands yeux des Gandharvas et des Dieux furent saisies par la douleur. Résolues à la défendre, elles se mirent, avec les mouvements de leurs yeux obliques et les signes de leurs visages à rassurer Sîtâ contre les menaces du hideux Rakshasa.

Raffermie par elles, Sîtâ, justement fière de sa belle conduite, tint ce langage utile pour lui-même à ce Râvana, qui fit verser tant de larmes au monde:

«Il n'existe assurément aucun être, dévoué au soin d'acquérir la béatitude, qui ne veuille détourner tes pas de cette action criminelle. Il n'est, certes! pas dans les trois mondes un autre que toi pour oser même de pensée arrêter son désir sur moi, l'épouse du sage Râma, non plus qu'il n'oserait désirer Çatchî, l'épouse de *l'immortel* Indra. Après que tu m'as tenu un langage tel à moi, la femme de Râma, tu verras bientôt, vil Rakshasa, quelle résolution a prise ce héros d'une vigueur sans mesure! De même qu'un lièvre n'est pas l'égal d'un fier éléphant pour le combat: de même Râma est tel qu'un éléphant vis-à-vis de toi, et l'on te regarde, toi! comme un vil lièvre à côté de lui.

«Quand tu viens rabaisser ainsi le rejeton d'Ikshwâkou, tu ne penses pas *ce que tu dis*; car tu ne saurais tenir le pied ferme dans la région de sa vue le temps *qu'a duré ta jactance.*

«On ne peut m'ôter au vaillant Râma, tant qu'il vit; mais si le Destin a voulu disposer les choses comme elles sont, ce fut pour ta mort, sans aucun doute.»

Après ces mots, Râvana, qui fait répandre tant de larmes au monde, impose un ordre à toutes les Rakshasîs épouvantables à la vue.

«Rakshasîs, leur dit-il, faites ce qu'il faut, sans balancer, à l'ordre que je vous donne ici, pour que Sîtâ la Djanakide sache bientôt obéir à ma volonté! Employez pour la rompre tous les moyens, les présents et les caresses, les flatteries et les menaces: faites-la s'incliner vers moi à force de travaux mêmes et par de nombreux châtiments!»

Quand il eut donné ce commandement aux furies, le monarque des Rakshasas, l'âme pleine de colère et d'amour, *sortit* abandonnant la Djanakide.

Le monarque des Rakshasas était à peine sorti et retourné dans son gynœcée, que les Rakshasîs aux formes épouvantables s'élancèrent toutes vers Sîtâ. Ces furies aux visages difformes commencent par se moquer de leur captive; ensuite elles couvrent à l'envi de paroles choquantes et d'injures cette infortunée, à qui des louanges seules étaient si bien dues.

«Quoi! Sîtâ, tu n'es pas heureuse d'habiter ce gynœcée, meublé de couches somptueuses et doué complétement des choses que l'on peut désirer? Pourquoi donc es-tu fière d'avoir un époux de condition humaine? Détourne ta pensée de Râma; tu ne dois plus jamais retourner vers lui!

«Pourquoi ne veux-tu pas être l'épouse du monarque des Naîrritas, lui, de qui le bras a vaincu les trente-trois Dieux et le roi des Immortels? Pourquoi, ma belle, toi, simple humaine, ne pas élever ton ambition au-dessus d'un humain, ce Râma, qui ne jouit pas d'une heureuse fortune, qui est exilé de sa famille, qui vit dans le trouble, qui est enfin tombé du trône?»

À ces mots des Rakshasîs, la Djanakide au visage de lotus répondit en ces termes, les yeux remplis de larmes: «Mon âme repousse comme un péché ce langage sorti de votre bouche, ces affreuses paroles, exécrées du monde. Qu'il soit malheureux ou banni de son royaume, l'homme qui est mon époux est l'homme que je dois vénérer, comme l'épouse de Bhrigou ne cessa point d'estimer cet anachorète à la grande vigueur. Il est donc impossible que je renie mon époux: n'est-il pas une divinité pour moi?»

À ces mots de Sîtâ, les Rakshasîs, pleines de colère, se mettent à menacer çà et là avec des paroles féroces la malheureuse Vidéhaine. Hanoûmat, caché dans les branches du çinçapâ, entendit ces discours menaçants, que les furies déversaient à l'envi sur elle.

Les Rakshasîs irritées se penchent de tous les côtés sur la tremblante Vidéhaine, lèchent avidement Sîtâ avec ces hideuses langues, dont leur grande bouche est couverte; et, saisissant leurs épées, empoignant leurs bipennes, lui disent, enflammées de courroux: «Si tu ne veux pas de Râvana pour ton époux, tu vas périr: n'en doute pas!»

À ces menaces, elle de s'enfuir et de se réfugier, baignée de larmes, au tronc du çinçapâ. Là, harcelée de nouveau par les furies épouvantables, cette noble dame aux grands yeux se tient, noyée dans sa douleur, au pied du grand arbre; mais, de tous les côtés, les Rakshasîs n'en continuent pas moins d'effrayer la Vidéhaine maigre, le visage abattu, le corps vêtu d'une robe souillée.

Ensuite une Rakshasî à l'aspect épouvantable, les dents longues, le ventre saillant, les formes encolérées, Vinatâ *ou la courbée*, c'est ainsi qu'elle était nommée, lui dit: «Il suffit de cette preuve, Sîtâ, que tu aimes ton époux. En tous lieux, ce qui passe la mesure est un malheur. Je suis contente de toi, noble dame: ce qu'on peut faire humainement, tu l'as fait! Mais écoute la parole de vérité que je vais dire, Mithilienne. Accepte comme époux Râvana, le souverain de tous les Rakshasas; ce Démon vaillant, beau, poli, qui sait dire à chacun des mots aimables; lui, *si* noble de caractère, égal dans les combats au grand Indra lui-même. Abandonne Râma, un malheureux, un homme! et que ton cœur incline vers Daçagrîva. Embaumée d'un onguent céleste et parée de célestes atours, sois désormais la souveraine de tous les mondes, comme Swâhâ est l'épouse du Feu et Çatchî l'épouse de *l'auguste* Indra.

«Que veux-tu faire de ce Râma, un misérable, qui, *pour ainsi dire*, n'est déjà plus? Accepte Râvana comme un époux qui est tout dévoué à toi et de qui les pensées, belle dame sont toutes pour toi! Si tu ne suis pas ce conseil, que, moi! je te donne ici, nous allons toutes, à cette heure même, te manger!»

Une autre furie, horrible à la vue et nommée la Déhanchée, dit en vociférant, les formes toutes courroucées et levant son poing: «C'est trop de paroles inconvenantes, que notre douceur et notre bienveillance pour toi nous ont fait écouter patiemment! À cause de toi, ma jeune enfant, nous sommes accablées de peines et de soins: à quoi bon tarder, Sîtâ? Aime Râvana, ou meurs! Si tu ne fais pas ce que je dis là, toutes les Rakshasîs vont te manger à cette heure même, n'en doute pas!»

Ensuite Tête-de-cheval, rôdeuse épouvantable des nuits, la bouche en feu et les yeux enflammés dit, la tête penchée sur la poitrine, ces mots avec colère à l'épouse de Râma: «Longtemps nous avons mêlé nos caresses aux avis que nous t'avons donnés, Mithilienne, et cependant tu n'as pas encore suivi nos paroles salutaires et dites à propos. Tu fus amenée sur le rivage ultérieur de la mer inabordable pour d'autres, et tu es entrée, Mithilienne, dans le gynœcée terrible de Râvana. C'est assez verser de larmes! abandonne cet inutile chagrin! Le Dieu même qui brisa les cités *volantes* ne pourrait te délivrer, enfermée dans le sérail de Râvana et bien gardée ici par nous toutes. Suis donc le salutaire conseil, Mithilienne, qui t'est donné par moi. Cultive le plaisir et la joie, dépouille ce chagrin continuel. Tu ne sais pas, toi! Sîtâ, combien la jeunesse d'une femme est incertaine: savoure donc le plaisir, tandis que tu la tiens encore. Ivre de vin, parcours avec le monarque des Rakshasas ses délicieux jardins et ses bois d'agrément sur la pente des montagnes. Sept milliers de femmes se tiendront, Mithilienne, attentives à tes ordres. Accepte pour ton époux Râvana, le souverain de tous les Rakshasas: ou bien, si tu n'obéis pas comme il faut à la parole que j'ai dite, nous allons t'arracher le cœur et nous le mangerons!»

Après elle, une Rakshasî d'un horrible aspect et nommée *Ventre-de-tonnerre* jeta ces mots, brandissant une grande pique: «Alors que je vis cette femme, devenue la proie de Râvana; elle de qui les yeux se jouaient comme une onde et le sein palpitait de crainte, il me vint une grande envie *de la manger*. Quel régal, pensais-je, de savourer son foie, sa croupe, sa poitrine, ses entrailles, sa tête et son cœur tout dégouttant de *sang* liquide!»

La Rakshasî, nommée la Déhanchée prit de nouveau la parole: «Étranglons Sîtâ, fit-elle, et nous irons annoncer qu'elle est morte *de soi-même*. En effet, quand il aura vu cette femme sans respiration et passée dans l'empire d'Yama: «*Eh bien!* mangez-la!» nous dira le maître; je n'en doute pas.»

«—Partageons-la donc entre nous toutes, car je n'aime pas les disputes;» lui répondit une Rakshasî, qui avait nom Tête-de-chèvre.

«—J'approuve ce que vient de nous dire ici Tête-de-chèvre. Qu'on apporte vite, reprit Çoûrpanakhâ, la furie aux ongles, dont chaque aurait pu faire un van[6]; qu'on apporte ici des liqueurs enivrantes et beaucoup de guirlandes variées. Quand nous aurons bien dîné avec la chair humaine, nous danserons sur la place où l'on brûle les victimes! Si elle ne veut pas faire comme il fut dit par nous, eh bien! mettons un genou sur elle et mangeons-la de compagnie!»

Note 6:

C'est la traduction du nom propre, *Çoûrpanakhâ*.

À de telles menaces, que lui jettent à l'envi ces Rakshasîs très-épouvantables, la fermeté échappe à Sîtâ, et cette femme, semblable à une fille des Dieux, se met à pleurer.

Accablée par tant d'invectives effrayantes, que vomissaient toutes ces furies hideuses, la fille du roi Djanaka versait des larmes, baignant ses larges seins avec l'eau dont ses yeux répandaient les torrents; et, plongée dans sa triste rêverie, elle ne pouvait aborder nulle part à la fin de cette douleur. En ce moment les femmes de Râvana, qui avaient tenté Sîtâ par tous les artifices et rempli de concert les injonctions du maître avec le *plus grand* soin, firent silence autour d'elle.

Aux paroles des Rakshasîs, la sage Vidéhaine répondit, effrayée au plus haut point et d'une voix que ses larmes rendaient bégayante: «Il ne sied pas qu'une femme de condition humaine soit l'épouse d'un Rakshasa: mangez toutes mon corps, si vous voulez; je ne ferai pas ce que vous dites!»

Elle s'appuya sur une longue branche fleurie d'açoka, et là, brisée par le chagrin, l'âme en quelque sorte exhalée, elle reporta une pensée vers son époux: «Hélas! Râma!» s'écria-t-elle, assaillie par la douleur;» Hâ! Lakshmana!» fit-elle encore: «Hélas! Kâauçalyâ, ma belle-mère! Hélas! noble Soumitrâ!

«Heureux les regards qui voient ce rejeton de Kakoutstha, à l'âme reconnaissante, aux paroles aimables, aux yeux teints comme les pétales du lotus, au cœur doué avec le courage des lions. De quel crime jadis mon âme dans un autre corps s'est-elle donc souillée, pour que je doive subir un tel chagrin et cette horrible torture! Honte à la condition humaine! Honte à celle de l'esclave, puisqu'il m'est impossible de rejeter la vie à ma volonté! Puisque Yama ne m'entraîne pas dans son empire, moi, ballottée dans une douleur sans rivage!»

Tandis que la fille du roi Djanaka parlait ainsi, des larmes ruisselaient à son visage; et, malade, vivement affligée, la tête baissée à terre, la jeune femme se lamentait comme une égarée ou telle qu'une insensée; tantôt, comme engourdie au fond d'une tristesse inerte; tantôt, se débattant sur le sol comme une pouliche qui se roule dans la poussière.

«Si Râma savait que je suis captive ici dans le palais de Râvana, sa main irritée enverrait aujourd'hui ses flèches dépeupler tout Lankâ de Rakshasas; il tarirait sa grande mer et renverserait la ville même!

«Rien n'y serait épargné, en premier lieu, dans la race impure du vil Râvana; ensuite, dans chaque maison des Rakshasîs, qui tomberaient elles-mêmes sur leurs époux immolés; et la cité résonnerait alors de mes chants, comme elle retentit à cette heure de mes plaintes larmoyantes! Oui! Râma, secondé par Lakshmana; viderait tout Lankâ de Rakshasas, et l'on chercherait un jour la ville *sur la terre où maintenant elle s'élève!*

À ce langage de Sîtâ, ses gardiennes sont remplies de colère: les unes s'en vont rapporter ses discours au cruel Râvana; les autres, furieuses à l'aspect épouvantable, s'approchent d'elle et recommencent à l'accabler de paroles outrageantes et même de paroles sinistres: «O bonheur! c'est maintenant, ignoble Sîtâ, puisque tu choisis un parti funeste; c'est maintenant que les Rakshasîs vont manger les chairs arrachées de tous les côtés sur tes membres!»

Or, en ce moment, parlait un oiseau perché sur une branche, adressant à l'affligée mainte et mainte consolation puissante; corneille *fortunée*, elle envoyait à la captive sa douce parole de «bonjour,» et semblait annoncer à Sîtâ la *prochaine* arrivée de son époux.

Le vaillant Hanoûmat entendit, sans que rien lui échappât, toutes ces paroles; le fils du Vent regarda cette reine *malheureuse* comme il eût regardé une Déesse elle-même au sein du Nandana; ensuite, il se mit à rouler dans son esprit mainte espèce de pensées: «Celle que les singes par milliers, par millions et par centaines de millions cherchent dans tous les points de l'espace, c'est moi, qui l'ai trouvée!

«Les convenances m'imposent de rassurer une épouse qui aspire à la vue de son époux, ce *héros* doué véritablement d'une âme sans mesure. Elle ne trouve pas une fin à sa douleur, elle, qui jusqu'ici n'en avait pas connu les angoisses.

«Si je m'en retourne sans avoir consolé dans son abandon cette infortunée, de qui l'âme est plongée dans la tristesse, cet oubli sera blâmé fortement comme une faute. Il m'est impossible de m'entretenir avec elle en présence de ces rôdeuses impures des nuits. Comment donc faire? se disait Hanoûmat, enfoncé dans ses réflexions. Si je ne la rassure pas entièrement aujourd'hui, elle abandonnera la vie, je ne puis en douter nullement. Et si Râma vient à me demander: «Qu'est-ce que t'a dit ma bien-aimée?» que lui répondrai-je, moi, qui n'aurai pas causé avec cette femme d'une taille ravissante?»

Il dit; et, s'étant recueilli dans ses réflexions, le singe intelligent adopte enfin cette idée:

«Je vais lui nommer Râma aux travaux infatigables, et lui parler dans un langage sanscrit, mais comme on le trouve sur les lèvres d'un homme *qui n'est pas un brahme*. De cette manière, je ne puis effrayer cette *infortunée*, de qui l'âme est allée dans sa pensée rejoindre son époux.»

Le grand singe fit tomber ces mots avec lenteur dans l'oreille de Sîtâ: «Reine, que vit naître le Vidéha, ton époux Râma te dit *par ma bouche* ce qu'il y a de plus heureux; et le jeune frère de ton mari, Lakshmana, le héros, te souhaite la félicité!» Quand il eut dit ces mots, Hanoûmat, le fils du Vent, cessa; et la Djanakide, à ces douces paroles, ouvrit son cœur au plaisir et se réjouit. Ensuite, elle, de qui l'âme était assiégée par les soucis, elle de lever craintive sa tête aux jolis cheveux annelés et de regarder en haut sur le çinçapâ. Tremblante alors et l'âme tout émue, la modeste Sîtâ vit, assis au milieu des branches, un singe d'un aspect aimable. À la vue du noble quadrumane posé dans une attitude respectueuse: «Ce *que j'ai cru entendre* n'était qu'un songe;» pensa la dame de Mithila.

Mais, ne voyant pas autre chose qu'un singe, son âme défaillit: elle resta longtemps comme une personne évanouie; et, quand elle eut enfin recouvré sa connaissance, cette femme aux grands yeux, Sîtâ de rouler ces pensées en elle-même: «C'est un songe! je me suis endormie un instant, épuisée de terreur et de chagrin; car il n'est plus de sommeil pour moi, depuis que j'ai perdu celui de qui le visage ressemble à la reine des nuits! En effet, toute mon âme s'en est allée vers lui; l'amour que je porte à mon époux égare souvent mon esprit; et, pensant à lui sans cesse, c'est lui que je vois, c'est lui que j'entends, au milieu de ma rêverie.

«... Mais quelle est donc cette chose? car un songe n'a point de corps, et c'est un corps bien manifeste qui me parle ici! Adoration soit rendue à Çiva, au Dieu qui tient la foudre, à l'Être-existant-par-lui-même! Adoration soit rendue même au Feu! S'il y a quelque chose de réel dans ce que dit là cet habitant des bois, daignent ces Dieux faire que toutes les paroles en soient véritables!»

Ensuite, Hanoûmat adressa une seconde fois la parole à Sîtâ, et, portant à sa tête les deux mains réunies, il rendit cet hommage à la Djanakide et lui dit: «Qui es-tu, femme aux yeux en pétales de lotus, à la robe de soie jaune, toi qui te tiens appuyée sur une branche de cet arbre et qui appartiens sans doute à la classe des Immortels?

«Si tu es Sîtâ la Vidéhaine, que Râvana put un jour enlever de force dans le Djanasthâna, dis-moi, noble dame, la vérité.»

Quand elle eut ouï ces paroles d'Hanoûmat, la Vidéhaine, que le nom de son époux avait remplie de joie, répondit en ces termes au grand singe, qui était venu se placer dans le milieu du çinçapâ: «Je suis la fille du magnanime Djanaka, le roi du Vidéha: on m'appelle Sîtâ, et je suis l'épouse du sage Râma.»

À ces paroles de Sîtâ, le noble singe Hanoûmat lui répondit en ces termes, l'âme partagée entre la douleur et le plaisir:

«C'est l'ordre même de Râma qui m'envoie ici vers toi en qualité de messager: Râma est bien portant, belle Vidéhaine; il te souhaite ce qu'il y a de plus heureux. Lakshmana aux longs bras, la joie de Soumitrâ, sa mère, te salue, inclinant sa tête devant toi, mais consumée par la douleur, car tu es toujours présente à la pensée de ton fils[7], comme un fils est toujours présent à la pensée de sa mère. Ce Démon, qui, un jour, dans la forêt, *te fait dire ici Lakshmana par ma bouche*; ce Démon, qui avait séduit tes regards, reine, sous la forme empruntée d'une gazelle ravissante au pelage d'or, mon frère aîné, qui pour moi est égal à un père, Râma aux yeux beaux comme des lotus, Râma, à qui le devoir est connu dans sa vraie nature, l'a tué avec justice en lui décochant une grande flèche aux nœuds droits.

Note 7:

Il est comme le fils de Sîtâ, par suite de son mariage avec Râma. Nos lecteurs n'ont sans doute pas oublié cette maxime répétée mainte fois dans le cours du poëme: un frère aîné est comme le père de son frère puîné; le frère puîné est comme le fils de son frère aîné.

«Mârîtcha, en tombant, a jeté son cri au loin.

«Le vertueux Lakshmana, pour te faire plaisir, obéit docilement aux paroles mordantes que tu lui fis entendre à cette occasion; car ton jeune beau-frère est pour toi, reine, toujours plein d'une respectueuse soumission...»

À ces mots, le singe de s'incliner devant elle et Sîtâ de pousser à cette vue un long et brûlant soupir: «Si tu es Râvana lui-même, qui, aidé par la puissance de la magie, vient ajouter une nouvelle douleur à mon chagrin, lui dit cette femme au visage brillant comme la lune, tu ne fais pas une belle action. Mais salut à toi, noble singe, si tu es un messager envoyé par mon époux! Je demande que tu me fasses de lui un récit qui me ravira de plaisir. Raconte-moi les vertus de mon bien-aimé Râma: tu entraînes mon âme, beau singe, comme la saison chaude emporte la rive du fleuve. Mais ceci n'est, hélas! qu'un songe! c'est un songe qui présente le singe à mes yeux! car ce rêve, il m'enivre d'une grande béatitude, et la béatitude n'est donnée à personne ici-bas.

«Oh! qu'il y a de charmes en toi, songe! puisque, dans mon triste abandon même, je te vois sous mes yeux comme un habitant des bois, qui m'est envoyé par le noble enfant de Raghou!

«Cette vision aurait-elle sa cause dans le trouble de mon esprit? est-ce délire, hallucination, folie? ou n'est-ce qu'un effet du mirage?

«Ou plutôt ce n'est pas égarement, ni délire, ou signe d'un trouble dans mon esprit: je vois bien que le singe est ici une réalité.»

Ensuite, la fille du roi Djanaka eut le désir de connaître mieux le singe, et, cette pensée conçue, la Mithilienne de lui parler en ces termes:

«Puisque tu es le messager de Râma, veuille bien encore, ô le meilleur des singes, me dire avec le secours des comparaisons quel est ce Râma, *allié des singes*, habitants des bois?»

À ces paroles de Sîtâ, l'auguste fils du Vent lui répondit en ces mots doux à l'oreille:

«Ce prince vertueux, qui a l'énergie de la vérité, qui est le Devoir même incarné, qui trouve son plaisir dans le bonheur de toutes les créatures, qui est le défenseur et le donateur de tous les biens, vigoureux comme le vent, invincible comme le grand Indra, aimé du monde comme la lune et resplendissant comme le soleil; ce roi, chéri de tout l'univers, semblable à Kouvéra, et qui possède autant de courage qu'il en est dans Vishnou à la force immense; ce monarque, sur la bouche duquel réside la vérité; ce Râma à la voix douce comme celle de Vrihaspati, et beau, joli, charmant comme l'Amour, qui s'est revêtu d'un corps; ce magnanime, qui a dompté la colère en lui-même, c'est le plus intrépide guerrier et le plus grand héros du monde!

Sous l'ombre de son bras l'univers entier repose, et, dans un prochain combat il va tuer de ses dards enflammés de fureur, comme des serpents gonflés de leurs poisons, ce Râvana par qui tu fus enlevée de ton ermitage vide, un jour qu'il en eut fait écarter ce vigoureux fils de Raghou, sous les apparences mensongères d'une gazelle! Tu verras donc bientôt ce méchant goûter le fruit de son action! Envoyé par ton époux, je me présente ici devant tes yeux en qualité de son messager: ta séparation d'avec lui brûle son cœur de chagrin; il te souhaite une bonne santé!

«Sous peu de temps, accompagné de Lakshmana et de Sougrîva, tu verras venir ici ton Râma au milieu des singes par dix millions comme Indra au milieu des Maroutes. Je suis le singe appelé Hanoûmat, le conseiller de Sougrîva et le messager de Râma, ce héros infatigable et ce lion des rois. J'ai franchi la grande mer et je suis entré dans la cité de Lankâ.

«Je ne suis pas ce que tu penses, reine: abandonne ce doute, crois-en ma parole, Mithilienne, car jamais un mensonge n'a souillé ma bouche.»

«Comme tu ne vois en moi qu'un singe, c'est évident! et non pas autre chose, reçois donc cet anneau, sur lequel est écrit le nom de Râma; car il me fut donné par ce magnanime comme un signe *qui devait m'accréditer.*

«Râma sur cet anneau d'or, auguste reine, a gravé lui-même ces mots: «D'or, d'or, d'or!»»

Les membres palpitants de joie et la face baignée de larmes, la royale captive reçut alors cet anneau et le mit sur sa tête. À peine entendues les paroles que Râma lui envoyait, à peine vu l'anneau, elle versa de ses yeux noirs et charmants l'eau dont la source est dans la joie. Son visage pur aux belles dents et doué avec les dons les plus charmants parut comme l'astre des nuits, quand son disque sort affranchi de la gueule du *serpent* Râhou.

La femme aux yeux de gazelle dit alors ces douces paroles au singe d'une voix suffoquée par ses larmes, mais où la joie se mêlait avec le chagrin:

«Je veux offrir au temps convenable un sacrifice aux Dieux en reconnaissance de cet *événement*, ô le plus grand des singes. Quel bonheur! mon époux jouit encore de la vie! Lakshmana, oh! bonheur! vit encore! Je suis toute satisfaite d'apprendre ici par ton récit, après tant de jours écoulés, que mon époux et le héros Lakshmana se portent bien l'un et l'autre.»

Elle dit ensuite au fils du Vent: «Je suis contente de toi, singe, puisses-tu jouir d'une longue vie! Sois heureux! toi, par qui me fut annoncé que mon époux est en bonne santé avec son frère puîné. Certes! je ne crois pas, noble singe, que tu sois un quadrumane vulgaire, toi, à qui ce Râvana n'inspire ni terreur, ni frémissement! Tu es bien digne de converser avec moi, ô le plus excellent des singes, puisque tu viens, envoyé par mon époux, qui a la science de son âme. Il est sûr que Râma n'eût pas envoyé, surtout en ma présence, un affidé qu'il n'aurait pas étudié et dont il n'eût pas expérimenté le courage!

«Râma n'est-il pas dans le trouble? N'est-il pas rongé de chagrin?

«Emploie-t-il sa main à des actions viriles et même à des œuvres divines? Est-ce que l'absence n'a point effacé *mon* amour dans le cœur de ce noble héros? *Non!* c'est lui, qui doit m'arracher de cette horrible calamité, lui, toujours digne des biens et jamais digne des maux!

«Plongé dans une douleur profonde, Râma ne s'y noie donc pas? On le verra donc bientôt, singe, venir à cause de moi dans ces lieux, ce rejeton auguste de Raghou, ce Râma, fils du monarque des hommes!

«Puissé-je vivre, Hanoûmat, jusqu'au temps où mon époux ait reçu tes nouvelles! Viendra-t-elle bientôt à cause de moi l'armée complète, l'épouvantable armée du magnanime Bharata, commandée par ses généraux et rassemblée sous les étendards? Est-ce que les singes à la force terrible viendront ici? Le beau Lakshmana, ce fils, qui est la joie de Soumitrâ, va-t-il de sa main habile à tirer l'arc jeter l'épouvante chez les Rakshasas avec la multitude de ses flèches? Mon vœu est que je puisse voir bientôt Râvana tué dans un combat, lui, ses parents, ses conjoints et ses fils, sous la main de Râma si terrible avec son arc sans égal!»

À ces belles paroles de Sîtâ, le fils du Vent lui répondit en ces termes d'une voix douce et les mains réunies en coupe à ses tempes: «Reine, *ton* Raghouide ne sait pas encore que tu es ici: à mon retour, ses flèches consumeront bientôt cette ville.

«Là, si la Mort, si les habitants du ciel avec Indra osent tenir pied devant lui, ce noble fils de Kakoutstha leur fait mordre à tous la poussière du champ de bataille!

«Plongé dans une grande affliction par ton absence de ses yeux, Râma ne trouve de calme nulle part, comme un taureau assailli par un lion.

«Troublé de ce chagrin, né du malheur qui le sépare de toi, il ne pense ni à l'héroïsme, ni à l'exercice des armes, ni à la volupté, ni aux festins. Le seul plaisir qu'il trouve est celui, Vidéhaine, que lui donne son âme en se reportant vers toi: il gémit sans cesse, femme craintive; il se plonge mainte fois dans sa douleur profonde.

«Son âme toujours avec toi n'a pas d'autre pensée: il rêve de toi dans le sommeil; à son réveil, il pense encore à toi. «Sîtâ!» dit le prince d'une voix douce à l'aspect, ou d'un fruit, ou d'une fleur, ou d'un autre objet qui ravit le cœur des femmes; et, *courant* saisir *la jolie* chose: «Ah! mon épouse!» fait-il, s'imaginant que c'est toi-même! «ah! Sîtâ! ah! femme au corps séduisant! ah! toi, de qui la vue est la merveille de mes yeux! où demeures-tu, Vidéhaine? où es-tu?» s'écrie-t-il en pleurant toujours. Du moment qu'il a vu dans les nuits se lever le charme de la nature, cette lune, ravissante par l'immense réseau de ses rayons froids, les yeux de Râma ne cessent point d'accompagner jusqu'au mont Asta la reine des étoiles, car l'amour, dont il est esclave, chasse le sommeil de ses paupières!»

Quand elle eut écouté ce discours, Sîtâ, au visage beau comme la lune dans sa pléoménie, répondit au singe Hanoûmat ces paroles, où le juste se mariait à l'utile: «Ce langage que tu m'as tenu est de l'ambroisie mêlée à du poison, car si d'un côté Râma n'a pas une pensée dont je ne sois l'objet, son amour d'une autre part le rend malheureux.

«Je l'espère, ô le meilleur des singes, mon époux viendra bientôt; car mon âme est pure et de nombreuses qualités sont en lui. Persévérance, force, énergie, courage, activité, reconnaissance, majesté: voilà, singe, les qualités de mon noble Raghouide.

«Quand donc Râma, ce héros, *ou plutôt* ce soleil qui sème en guise de rayons un réseau de flèches, dissipera-t-il avec colère ces ténèbres que Râvana fit naître *sur notre ciel?*»

À Sîtâ, qui parlait ainsi, consumée de chagrin par l'absence de Râma et le visage baigné de larmes, le noble singe répondit en ces termes: «Je vais aujourd'hui même te porter sur le sein de Râma, Mithilienne aux beaux cheveux annelés, comme le feu porte aux Dieux l'offrande sacrifice sur leurs autels.

«Viens! monte sur mon dos, reine; assure tes mains dans ma crinière! Je te ferai voir ton Râma aujourd'hui même, regarde-moi bien! *oui!* ton Râma à la grande vigueur, assis, comme Pourandara, sur le front d'une montagne-reine, où il se tient dans un ermitage, les efforts de son âme tendus pour atteindre jusqu'à ta vue. Assise sur mon échine, traverse l'Océan par la voie des airs, comme la Déesse Pârvatî, montée sur le taureau. En effet, quand je fuirai, t'emportant avec moi, reine au charmant visage, tous les habitants de Lankâ ne sont point capables de suivre ma route.

«Ou bien, si tu crains de monter sur mon dos, reine, de quel volatile ou quadrupède vivant sur la terre me faut-il emprunter la forme?»

À ces paroles agréables du terrible singe Hanoûmat à la vigueur épouvantable, la Mithilienne en ces termes lui dit avec modestie: «Comment pourrais-tu, noble singe, toi de qui le corps est si petit, me porter de ces lieux jusqu'en présence de mon époux, le monarque des enfants de Manou?»

Hanoûmat répondit à ces mots de Sîtâ: «Eh bien! Vidéhaine, vois seulement la forme que je vais prendre maintenant!» Alors, ce tigre des singes à la grande énergie, lui, auquel était donné de changer sa forme à volonté, il s'augmenta dans ses membres.

Devenu semblable à un sombre nuage, le prince des quadrumanes se mit en face de Sîtâ et lui tint ce langage: «J'ai la force de porter Lankâ même avec ses chevaux et ses éléphants, ses arcades, ses palais et ses remparts, ses parcs, ses bois et ses montagnes!»

Quand la fille du roi Djanaka vit semblable à une montagne le propre fils du Vent, cette princesse aux yeux grands comme les pétales des nymphées lui dit:

«Je sais que tu as la force, singe, de me porter dans cette course; mais il est essentiel de voir si l'affaire peut arriver sans naufrage au succès. Il est impossible que j'aille avec toi par les airs, ô le meilleur des singes: ton impétueuse vitesse, égale à toute la fougue du vent, me ferait tomber. Ensuite, il ne sied pas que l'épouse de ce Râma, aux yeux de qui le devoir siège avant tout, monte sur le dos même d'un être que l'on appelle d'un nom affecté au sexe mâle. Si autrefois, sans protecteur, esclave et n'étant pas la maîtresse de mes actes, il est arrivé que j'ai touché malgré moi le corps de Râvana, est-ce un motif pour que je fasse *librement* la même chose à *présent*?»

À ce langage, le singe Mâroutide, aux louables qualités, répondit à Sîtâ: «Ce que tu dis, reine à l'aspect charmant, est d'une forme convenable; ce discours est assorti au caractère d'une femme qui siége au rang des *plus* vertueuses; il est digne enfin de tes vœux.

«Tous ces détails, reine, et ce que tu as fait, et ce que tu as dit en face de moi, tout sera conté, sans que rien soit omis, au rejeton de Kakoutstha.

«Si tu ne peux venir avec moi par la voie des airs, donne-moi un signe que Râma sache reconnaître.»

À ces paroles d'Hanoûmat, la jeune Sîtâ, semblable à une fille des Dieux, lui répondit ces mots d'une voix que ses larmes rendaient balbutiante: «Dis au roi des hommes: «Sîtâ la Djanakide, vouée au soin de conserver ta faveur, est couchée, en proie à la douleur, au pied d'un açoka et dort sur la terre nue. Les membres pantelants de chagrin, aspirant de tout son cœur à ta vue, Sîtâ est plongée dans un océan de tristesse; daigne l'en retirer. Maître de la terre, tu es plein de vigueur, tu as des flèches, tu as des armes; et Râvana qui mérite le trépas vit encore! Que ne te réveilles-tu?

«Un héros, toi! ceux qui le disent ne parlent pas avec justesse: en effet, quiconque a souillé l'épouse d'un héros ne peut garder la vie. Le héros défend son épouse et l'épouse sert le héros! Mais toi, héros, tu ne me défends pas: quel signe est-ce d'héroïsme?»

«Tu lui diras ces choses et d'autres encore de manière à toucher son cœur de compassion pour moi, car le feu *ne* brûle *pas* une forêt, s'il *n'*est agité par le vent.»

Quand elle eut ainsi donné fin à ces candides et justes paroles, Sîtâ, levant son visage pareil à l'astre des nuits, regarda une seconde fois dans le çinçapâ fait d'or. Cette noble dame vit, assis au milieu des branches avec sa taille d'un empan, le singe au langage aimable, tenant les deux mains réunies en coupe à ses tempes. À sa vue, la chaste Sîtâ, le cœur affligé, poussant un long soupir, adressa une seconde fois la parole au singe, qui se tenait là *dans cette respectueuse attitude*:

«Raconte à mon époux ces *deux faits de notre vie intime*, ce qui sera *pour toi* le meilleur des signes *devant lui*: «Au pied du mont Tchitrakoûta, rempli confusément d'arbres et de lianes, dans les massifs des bocages, embaumés par les senteurs de fleurs variées, au temps que j'habitais avec toi un ermitage de pénitents, non loin du fleuve Mandâkinî et dans un lieu vanté des saints anachorètes, un jour, que j'avais recueilli au milieu des bois les racines et les fruits, je m'assis, humide du bain, sur ta cuisse, où tu m'avais attirée. Alors tu pris en jouant de l'arsenic rouge et tu me fis sur le front un tilaka, qui, *dans un embrassement*, fut imprimé sur ta poitrine.

«Une autre fois, que j'avais étalé des viandes de cerf devant la porte de l'ermitage, une corneille voulut en dérober; mais je l'en empêchai, lui jetant des mottes de terre. La corneille s'irritant vient alors me frapper de tous côtés: en colère, à *mon tour*, je lève ma robe, *comme un bouclier*, contre les assauts du volatile. L'oiseau enlève de force, il mange la chair, que j'avais semée en l'honneur de tous les êtres; et toi, Râma, tu n'eus aucun souci que j'eusse perdu ma robe dans cette lutte. Furieuse, moquée de toi, fuyant çà et là, j'étais vaincue de tous côtés par la vigueur de l'oiseau, avide de nourriture. Enfin, épuisée de force, je courus à toi, *insoucieusement* assis, et je me réfugiai sur ton sein dans une colère que tu pris soin de calmer, toi, que cette *petite guerre* avait amusé.

«Là, fondant sur moi à tire d'aile, le volatile me frappa encore aux deux seins. Tu me vis alors désolée, irritée par la corneille, essuyant mes yeux sur mon visage baigné de larmes; et ta main secourable, tirant une flèche *du carquois*, l'envoya contre l'oiseau. C'était l'arme de Brahma, que tu avais encochée: le trait flamboya dans les airs; et la corneille, visée par toi, s'enfuit, prenant des routes différentes. Dans son vol, que précipite la crainte, elle suit le tour de ce globe: tantôt elle se joue au sein du nuage pluvieux, tantôt au milieu des gazelles; mais le dard que tu as lancé la suit comme son ombre. Enfin n'ayant pu trouver la paix dans les mondes, c'est auprès de toi-même qu'elle vient chercher un asile.

«Triste et consternée, elle reçut de toi ces paroles: «La flèche, que j'ai décochée, ne l'est jamais en vain. Quel membre veux-tu qu'elle détruise en toi?» L'oiseau choisit de perdre un œil, que le trait fit périr à l'instant. Tu n'as pas craint de lancer à cause de moi la flèche de Brahma lui-même sur une chétive corneille; et tu peux, maître du monde, épargner le *Démon* qui m'a ravie de tes bras! Courageux et fort, comme tu l'es, fils de Raghou, pourquoi ne décoches-tu point ta flèche au milieu des Rakshasas, toi, le plus adroit parmi tous ceux qui savent manier l'arc? Chef des hommes, aie donc, héros du grand arc, aie donc pitié de moi!»

À ces paroles de Sîtâ, Hanoûmat répondit en ces termes: «Ton époux accomplira tout ce qui fut dit par toi, Mithilienne. Veuille me confier, noble dame, un signe, que Râma connaisse et qui mette la joie dans son cœur.»

À ces mots, Sîtâ, regardant tout le gracieux tissu de ses cheveux entrelacés dans une tresse, délia sa longue natte et donna au singe Hanoûmat le joyau *qui retenait la chevelure attachée*. «Donne-le à Râma,» dit cette femme, semblable à une fille des Immortels. Le noble singe reçut le bijou, s'inclina pour saluer, décrivit un pradakshina autour de Sîtâ et se tint à côté, les mains réunies aux tempes. «Adieu! lui dit-il, femme aux grands yeux; ne veuille pas t'abandonner au chagrin!»

Salué, au moment de son départ, avec des paroles heureuses, quand le singe eut incliné sa tête devant Sîtâ et se fut éloigné d'elle, il fit ces réflexions: «Il reste peu de chose dans cette affaire; j'ai vu la *princesse* aux yeux noirs: mettant de côté les trois moyens[8], qui sont dans l'ordre avant le quatrième, c'est à mes yeux celui-là que je dois employer.

Note 8:

Oupâyas, moyens de succès au nombre de quatre pour réduire l'ennemi: l'action de semer la division, la conciliation, les présents et les mesures de rigueur.

«*Oui?* Je ne vois que l'énergie maintenant pour dénouer ce nœud: après que j'aurai tué *quelque* héros éminent des Rakshasas, viendra ensuite, de manière ou d'autre, le tour des moyens amiables.

«Je détruirai donc, comme le feu dévore une forêt sèche, tout le magnifique bocage de ce roi féroce; bocage, riche de lianes et d'arbres variés; bocage, le charme de l'âme et des yeux, semblable au Nandana lui-même! Et ce parc dévasté allumera contre moi la colère du monarque.»

À ces mots, le vaillant Hanoûmat de saccager ce bosquet royal, peuplé de maintes gazelles et rempli d'éléphants ivres d'amour. Bientôt ce bocage n'offrit plus aux regards que des formes hideuses par ses arbres cassés, ses bassins d'eau rompus, et ses montagnes réduites en poussière.

Quand le grand singe, *émissaire* de l'auguste et sage monarque des hommes eut achevé cet immense dégât, il s'avança vers la porte en arcade, ambitieux de combattre seul contre les nombreuses et puissantes armées des Rakshasas.

Cependant le cri du singe et le brisement de la forêt avaient jeté le trouble et l'épouvante chez tous les habitants de Lankâ. Aussitôt que le sommeil eut abandonné leurs paupières, les Rakshasîs aux hideuses figures virent ce bocage dévasté et le géant héros des quadrumanes.

Elles, à l'aspect du vigoureux simien, le corps démesuré, tel enfin qu'un nuage, de s'enquérir à la fille du roi Djanaka: «Qui est-il? De qui est-il né? D'où vient-il? Quel sujet l'a conduit ici? Et comment, fille de roi, se fait-il qu'il tienne ici conversation avec toi?»

Alors, cette fille des rois, belle en toute sa personne: «Je ne crois pas le connaître, dit Sîtâ, parce qu'il est donné aux Rakshasas de prendre toutes les formes qu'ils veulent. Mais vous connaissez, vous! ce qu'il est et ce qu'il fait, car le serpent doit connaître les pas du serpent: il n'y a pas de doute!»

À ces paroles de Sîtâ, les Rakshasîs furent saisies d'étonnement: les unes de rester là, les autres de s'en aller raconter cet événement à Râvana. Les mains réunies en coupe à leurs tempes, courbant leurs têtes jusqu'à terre, pleines d'effroi et les yeux égarés: «Roi, lui dirent-elles, un singe au corps épouvantable et d'une vigueur outre mesure se tient au milieu du bocage d'açokas, où il s'est entretenu avec Sîtâ. Nous avons interrogé la Djanakide plusieurs fois, *mais en vain*; cette femme aux yeux de gazelle ne veut pas nous révéler ce qu'il est. Ce doit être, soit un messager d'Indra, soit un émissaire de Kouvéra; ou Râma peut-être l'envoie à la recherche de Sîtâ. En peu de temps, sire, il a brisé tout le bocage; mais il n'a point saccagé la partie du bois où Sîtâ la Djanakide est assise. Est-ce par ménagement pour Sîtâ ou par fatigue? On ne sait; mais comment cette violence aurait-elle pu le fatiguer? Et d'ailleurs il *semble* garder la Djanakide. Il défend l'abord d'un çinçapâ aux branches semées de charmants boutons, arbre majestueux, dont Sîtâ s'est approchée. Veuille bien ordonner, sire, le châtiment de cet audacieux aux actes criminels, qui osa converser avec Sîtâ et dévaster le bocage.»

À ces mots des furies, le souverain des Rakshasas, les yeux rouges de colère, flamboya comme le feu, qui dévore une oblation; et le monarque à la grande splendeur commanda sur-le-champ de saisir Hanoûmat.

Aussitôt un héros au cœur généreux, de qui l'âme avait déjà précédé le corps au combat; ce héros, égal en puissance au fils de Daksha même, décrivit un pradakshina autour de son père; et, cet hommage rendu, l'invincible Indradjit monta dans son char, auquel un *art merveilleux* avait adapté une irrésistible impétuosité. Quatre lions aux dents aiguës et tranchantes le traînaient d'une vitesse épouvantable et pareille au vol de *Garouda*, le monarque des oiseaux.

Le héros, maître du char, le plus adroit des archers, le plus habile de ceux qui savent manier les armes, courut sur le singe avec son chariot couleur du soleil. Le noble quadrumane se réjouit, dès qu'il entendit retentir son char, résonner son arc et vibrer sa corde. À la vue du héros Indradjit, qui s'avançait dans son véhicule, le singe poussa un effroyable cri, et rapide il grossit la masse de son corps. Indradjit, monté sur le céleste char, tenant son arc admirable dans sa main, le brandit avec un son égal au fracas du tonnerre.

Alors ces deux héros à la grande force, à l'ardente fougue dans l'action, *au cœur* dur au milieu des combats, le singe et le fils du monarque des Rakshasas en vinrent aux mains comme deux rois des Dieux et des Démons, entre lesquels s'est allumée la guerre.

Ensuite le singe démesuré, ne songeant pas combien étaient rapides les flèches du guerrier au grand char, excellent archer et le plus habile de ceux qui manient les armes, s'élança *tout à coup* dans les routes de son père. Là, Hanoûmat, qui avait la vitesse et la force du vent, se tint devant les flèches du héros et s'en moqua. Doués également de rapidité, experts l'un et l'autre dans les choses de la guerre, alors ces deux athlètes d'engager un combat terrible, qui retint enchaînées les âmes de tous les êtres. Le Rakshasa ne connaît pas le côté faible d'Hanoûmat et le Mâroutide ne connaît pas celui du Rakshasa: objets mutuels de leurs pensées, ils se tenaient donc l'un en face de l'autre, semblables à deux serpents qui ne sont point armés de poisons. Ensuite il vint cette pensée au fils du roi des Rakshasas touchant le plus grand héros des singes: «J'ai vu que cet animal est immortel; ainsi de quels moyens n'userai-je pas, *comme inutiles*, pour me saisir de lui?»

Indradjit, à ces mots, de lier son rival avec la flèche de Brahma. Le singe devint au même instant incapable de tout mouvement et tomba sur la face de la terre. Maltraité par les Rakshasas, accablé par une nuée de projectiles, Hanoûmat ne savait comment se dégager du lien dont ce trait *puissant* le tenait garrotté.

Quand le singe eut reconnu la puissance du trait *enchanté*, il songea que la grâce de Brahma lui avait donné un charme pour s'en délivrer: il récita donc la formule que lui avait enseignée le père des créatures. Mais, tout doué qu'il fût de vigueur, le Mâroutide ne put même s'affranchir de cette flèche avec les chants mystiques, dont il devait la science à la faveur de Brahma. «Hélas! s'écria-t-il, il n'est pas de remède contre ce dard lancé par les Rakshasas! Où vint frapper la flèche de Brahma, nulle autre n'en peut détruire l'effet: nous voilà tombés dans un grand péril!»

Quand ils virent le Mâroutide enchaîné par ce trait merveilleux, aussitôt les Rakshasas de l'attacher avec des cordes multipliées de chanvre et des liens faits du liber enroulé des grands végétaux.

À l'aspect de ce héros, le plus vaillant des quadrumanes, lié fortement avec l'écorce des arbres, Indradjit lui ôta son dard, lien formidable, dont la délivrance n'était pas connue au noble singe.

Hanoûmat se résigna donc malgré lui à ses liens et au mépris des Rakshasas, ses ennemis: «Si du moins la curiosité, pensa-t-il, inspirait l'envie de me voir au monarque des Rakshasas!» Battu à coups de poings et de bâtons par ces cruels Démons, le Mâroutide fut, *ce qu'il désirait*, introduit en la présence du monarque des nocturnes Génies.

Le fils du Vent aperçut le monstre aux dix visages, les yeux rouges et tout pleins de colère, assis dans un siége moelleux et dictant ses ordres aux principaux de ses ministres, distingués par l'âge, les bonnes mœurs et la famille. Alors ce magnanime prince des singes, fils de Mâroute, abordant le souverain à la grande vigueur, de s'annoncer à lui dans ces termes: «Je viens ici en qualité de messager, envoyé de sa présence par le monarque des singes.»

Saisi d'un grand courroux à la vue du singe aux longs bras, aux yeux jaunes nuancés de noir, qui se tenait en face de lui, Râvana au vaste courage, les yeux rouges de sa colère allumée, dit à Prahasta, le plus éminent des Rakshasas, ces mots dictés par la circonstance: «Interroge ce méchant! Qui est-il? Quelle raison nous l'amène? Pour quel motif a-t-il brisé mon bocage? Pourquoi ses menaces contre les Rakshasas?»

À ces paroles du monarque: «Rassure-toi! dit Prahasta: salut à toi, singe! Tu n'as rien à craindre ici? Est-ce Indra qui t'envoie maintenant chez les Rakshasas? Dis la vérité; n'aie pas d'inquiétude, singe, tu seras mis en liberté. Es-tu l'envoyé de Kouvéra? ou d'Yama? ou de Varouna? N'as-tu pris cette forme épouvantable *que* pour entrer dans cette ville? Viens-tu même envoyé par Vishnou, ambitieux de conquérir Lankâ? car ta vigueur n'est pas d'un quadrumane et tu n'as du singe que la forme! Conte-nous la vérité maintenant, et tu seras mis en liberté; mais si tu nous dis un mensonge, il te sera difficile de sauver ici ta vie!»

À ces mots, le singe doué de la parole, le quadrumane à la grande vitesse, Hanoûmat, fils du Vent, tourna les yeux vers le monarque des Rakshasas et, lui parlant d'une âme ferme, il se fit connaître au Démon: «Je ne suis pas l'envoyé de Çakra, ni celui d'Yama, ni le messager de Varouna. Aucune alliance ne m'unit, soit au Dieu qui donne les richesses, soit à Vishnou: aucun d'eux ne m'a donc envoyé. Cette forme est la mienne, et c'est comme singe que je viens ici. Il ne m'était pas facile d'obtenir cette vue du monarque des Rakshasas; et, si j'ai détruit son bocage, c'est afin d'être amené en sa présence.

«Il est impossible qu'une arme *fée* m'enchaîne avec ses liens, quelque longs même qu'ils soient, car jadis le père des créatures m'accorda cette faveur éminente. Mais, comme j'avais envie de voir ici le roi, j'ai permis à cette arme de m'attacher: «*Qu'importe!* ce fut là ma pensée; puisque j'ai le pouvoir de m'en délivrer!» Et j'ai subi même ces liens vils, non assurément par faiblesse, roi, mais, sache-le, pour atteindre au but de mon désir. Je suis venu dans ces lieux comme le messager du *plus grand des* Raghouides à la force sans mesure: écoute donc, sire, les paroles convenables, que je vais t'adresser ici en *cette qualité*.»

Le prince courageux des singes regarda le Démon à la grande âme et lui tint sans trouble ce langage plein de sens: «Je suis venu dans ton palais suivant les ordres de Sougrîva. L'Indra des singes, ton frère, Indra des Rakshasas, te souhaite une bonne santé. Écoute les instructions que m'a données le magnanime Sougrîva, ton frère; paroles où le juste se marie à l'utile, paroles séantes, convenables ici et partout ailleurs.

«Il fut un potentat, nommé Daçaratha, le roi des coursiers, des éléphants et des hommes: il était comme le père du monde entier; il égalait en splendeur le monarque des Immortels. Son fils aîné, prince charmant, aux longs bras et *de qui la vue* inspirait la joie, sortit de la ville aux ordres de son père et s'exila dans la forêt Dandaka. Accompagné de Lakshmana, son frère, et de Sîtâ, son épouse, il entra dans le sentier du devoir que suivent les grands saints. Il perdit au milieu de la forêt sa femme, la chaste Sîtâ, fille du magnanime Djanaka, roi du Vidéha.

«Tandis qu'il cherchait la reine, ce fils du roi *Daçaratha* vint avec son frère puîné au mont Rishyamoûka, et là il eut une conférence avec Sougrîva. Celui-ci promit à celui-là de chercher Sîtâ, et l'autre s'engageait à rétablir Sougrîva dans le royaume des singes. Sougrîva fut ainsi réinstallé sur le trône, comme roi de tous les peuples singes, par la main de Râma, qui tua Bâli, ton ami, dans un combat. Enchaîné à la vérité et pressé d'acquitter sa promesse, le nouveau roi des quadrumanes a donc envoyé des singes par tous les points de l'espace à la recherche de Sîtâ. Des milliers de simiens, des myriades même et des centaines de millions la cherchent aujourd'hui en toutes les régions, sur la terre et dans le ciel. Moi, j'ai pour nom Hanoûmat, je suis le propre fils du Vent, et j'ai franchi légèrement à cause de Sîtâ *votre mer de* cent yodjanas.

«Écoute entièrement le message que je t'apporte ici, grand roi: utile dans ce monde-ci, il peut même te procurer le bonheur dans l'autre monde. Ta majesté connaît la dévotion, le juste et l'utile; elle a ses propres femmes: il ne te sied donc pas, monarque à la grande sagesse, de faire violence aux épouses d'autrui. Si tu estimes cet avis utile pour toi, si tu le crois digne de tes amis et de toi-même, rends, héros, la Djanakide au roi des hommes.

«J'ai vu cette reine; je suis parvenu à la chose où il était si difficile de parvenir chez toi: pour ce qui reste à faire en dernier lieu, c'est à Râma de l'exécuter ici. Je l'ai vue plongée dans le chagrin, cette reine aux grands yeux. Quand tu enlevas cette femme pour ta concubine royale, comment n'as-tu pas senti que tu prenais une lionne *pour te dévorer*? Le Dieu qui brisa les villes, *Indra même*, s'il commettait une offense à la face de Râma, ne goûtera plus désormais de bonheur: combien davantage un être de ta condition! Cette femme qui se tient ici charmante et de laquelle tu dis: «*Voilà donc* Sîtâ!» sache que c'est Kâlarâtri[2] elle-même pour tous les habitants de Lankâ!

Note 9:

Une forme de *Kâli* ou *Dourgâ*, femme de Çiva et déesse de la destruction.

«Certes! mon bras fût-il seul, peut facilement détruire Lankâ, ses éléphants, ses chars et ses coursiers; mais ce n'est pas là que gît le point de la question. Râma, il en a fait la promesse en face du roi des singes, tranchera la vie du rival odieux par qui sa Mithilienne lui fut ravie. Rejette donc ce lacet de la mort que tu as lié toi-même à ton cou; rejette ce lacet dissimulé sous les formes charmantes de Sîtâ, et pense au moyen qui peut seul te sauver!»

Enflammé de colère à ces mots du singe, le monarque des Rakshasas ordonne qu'il soit conduit à la mort.

Quand Râvana eut commandé le supplice d'Hanoûmat, Vibhîshana lui tint ce langage afin de l'en détourner. Informé que le roi était en colère et de quelle affaire il s'agissait, le *vertueux* Rakshasa d'examiner la chose d'après ses règles mêmes.

Ensuite il honora le monarque avec politesse, et, versé dans l'art de manier un discours, il adressa au Poulastide assis dans sa résolution ce langage d'une extrême justesse: «Il n'est pas digne de toi, héros, d'envoyer ce singe à la mort: en effet, le devoir s'y oppose; c'est un acte blâmé dans cette vie et dans l'autre monde. Ce quadrumane est un grand ennemi, nul doute en cela; son crime est odieux, il est infini; mais, disent les sages, on doit respecter la vie des ambassadeurs. Il est plusieurs autres peines desquelles on peut user envers eux. Il est permis de les mutiler dans les membres, de faire tomber le fouet *sur leurs épaules*, de raser leurs cheveux, d'arracher même leurs insignes: le hérault de qui les paroles sont blessantes mérite de telles punitions; mais on ne voit pas que la mort de l'envoyé soit portée au nombre des châtiments.

«O toi qui réjouis l'âme des Naîrritas, le héros né de Raghou ne peut lutter sur un champ de bataille avec toi, si plein de génie, de persévérance, de courage, si difficile à vaincre aux Asouras, et, qui plus est, aux Dieux. Il est même à toi des guerriers nombreux, attentifs, intelligents, bons soldats, héros même, les meilleurs de ceux qui manient les armes et nés dans les familles les mieux douées en grandes qualités. Tu combattras, sire, accompagné de leurs bataillons rassemblés contre ces deux fils de roi: que le singe aille donc libre vers eux, et fais promptement défier au combat ces deux hommes qui me semblent déjà morts!»

Quand il eut ouï ce discours, le monarque puissant répondit à son frère en ces mots conformes aux circonstances du temps et du lieu: «Ta grandeur vient de parler avec justesse: on est blâmé pour donner la mort à des ambassadeurs; nécessairement, il faut infliger à celui-ci une peine autre que la mort. Les singes tiennent leur queue en grande estime; ils disent qu'elle est une parure: eh bien! qu'on mette sans tarder le feu à la queue de celui-ci, et qu'il s'en retourne avec sa queue brûlée! Que ses conjoints, ses parents, ses alliés, ses amis et le monarque des singes le voient tous vexé par la difformité de ce membre!»

À ces mots les Rakshasas, de qui la colère avait accru la méchanceté, enveloppent sa queue avec de vieilles étoffes en coton. À mesure que l'on entourait sa queue de ces matières combustibles, le grand singe d'augmenter ses proportions, comme un incendie allumé dans les forêts quand la flamme s'attache au bois sec.

Le prudent singe de rouler en lui-même beaucoup de pensées assorties aux circonstances du moment et du lieu: «Il est sûr que ces rôdeurs impurs des nuits sont trop faibles contre moi, tout lié que je suis; combien moins ne pourraient-ils m'arrêter si je voulais rompre ces liens et fuir, m'élançant *au milieu des airs*. Mais il faut nécessairement que je voie Lankâ éclairée par le jour.»

Quand Hanoûmat, zélé pour le bien de Râma, eut ainsi arrêté sa résolution, le noble singe endura ces avanies, tout fort qu'il fût *pour les empêcher*. Ensuite, pleins de fureur et l'ayant arrosée d'huile, ces Démons à l'âme féroce attachent solidement la flamme à sa queue. Ils empoignent Hanoûmat, l'entraînent hors du palais et se font un jeu cruel de promener le grand singe, sa queue enflammée, dans toute la ville, qu'ils remplissent çà et là de bruit avec le son des conques et des tambourins.

Tandis qu'ils montrent Hanoûmat dans la ville avec la flamme au bout de sa queue, les Rakshasîs de s'en aller vite porter cette nouvelle à Sîtâ: «Ce singe à la face rouge qui eut un entretien avec toi, Sîtâ, lui disent-elles, voici que *nos* Rakshasas ont mis le feu à sa queue et le traînent ainsi partout!» À ces paroles cruelles et qui, pour ainsi dire, lui donnaient la mort, Sîtâ la Djanakide tourna son visage vers le grand singe et conjura le feu par ses incantations puissantes.

Cette femme aux grands yeux adora le feu d'une âme recueillie: «Si j'ai signalé mon obéissance à l'égard de mon vénérable, dit-elle; si j'ai cultivé la pénitence ou si même je n'ai violé jamais la fidélité à mon époux, Feu, sois bon pour Hanoûmat! S'il est dans ce quadrumane intelligent quelque sensibilité pour moi, ou s'il me reste quelque bonheur, Feu, sois bon pour Hanoûmat! S'il a vu, ce *quadrumane* à l'âme juste, que ma conduite est sage et que mon cœur suit le chemin de la vertu, Feu, sois bon pour Hanoûmat!»

À ces mots, un feu pur de toute fumée et d'une lumière suave flamboya dans un pradakshina autour de cette femme aux yeux doux comme ceux du faon de la gazelle, et sa flamme semblait ainsi lui dire: «Je suis bon pour Hanoûmat!»

Ces pensées vinrent à l'esprit du singe dans cet embrasement de sa queue: «Voici le feu allumé; pourquoi son ardeur ne me brûle-t-elle pas? Je vois une grande flamme; pourquoi n'en éprouvé-je aucune douleur? Un ruisseau de fraîcheur circule même dans ma queue! C'est là, je pense, une chose merveilleuse!

«Si le feu ne me brûle pas, c'est une faveur, que je dois sans doute à la bonté de Sîtâ, à la splendeur de Râma, à l'amitié, qui unit le feu au *vent*, mon père!»

Le grand singe, marchant vers la porte de la ville, s'approche alors de cette *magnifique* entrée, qui s'élevait comme l'Himâlaya et d'où tombaient les faisceaux divisés de ses rayons éblouissants. Là, toujours maître de lui-même, le simien se rend aussi grand qu'une montagne; puis, il se ramasse tout à coup dans une extrême petitesse, fait tomber ses liens et, sitôt qu'il en est sorti, le fortuné singe redevient au même instant pareil à une montagne. Ses yeux, observant tout, virent une massue arborée dessus l'arcade: aussitôt le singe aux longs bras saisit l'arme solide toute en fer, et broya de ses coups les gardes mêmes de la porte.

Les Rakshasas, échappés au carnage, de courir sans jeter un seul regard derrière eux, comme des gazelles épouvantées qu'un tigre chasse devant lui.

Le grand singe avec sa queue toute en flammes se promena dans Lankâ sur les toits des palais, tel qu'un nuage d'où jaillissent les éclairs. Hanoûmat semait le feu, qui semblait, comme un fils, prêter au singe le concours zélé de sa flamme; et le Vent, qui aimait son fils, de souffler *en même temps* l'incendie allumé sur tous les palais. Aussi voyait-on le feu, d'une fureur augmentée par son alliance avec le vent, dévorer les habitations comme le feu de la mort.

Les palais superbes, incrustés de gemmes, périssaient avec leurs treillis d'or, avec leurs pavés de perles et de pierreries; et les œils-de-bœuf en éclats tombaient sur le sol de la terre, comme les chars des saints tombent du ciel, quand ils ont *un jour* épuisé la récompense due à leurs bonnes œuvres. Hanoûmat vit en flammes tous les quartiers des palais admirables aux ornements d'argent, de corail, de perles, de lapis-lazuli et de diamants.

Le feu est insatiable de bois, le noble singe est insatiable de feu, et la terre ne peut se rassasier de Rakshasas morts, que lui jette Hanoûmat. Le fils du Vent semait çà et là ses brûlantes guirlandes de flammes, et le feu *toujours* plus intense dévorait Lankâ avec ses Rakshasas.

Effrayés par le bruit et vaincus par le feu, ces grands, ces terribles Démons à la force épouvantable, armés de traits divers, se précipitent sur le singe. Ils fondent sur lui avec des flèches pareilles en éclat aux rayons du soleil, et l'on voit cette multitude de Rakshasas envelopper le plus vaillant des quadrumanes comme un vaste et profond tourbillon dans les eaux du Gange. Les Démons nocturnes jettent à l'envi contre Hanoûmat des lances étincelantes, des traits barbelés, une grêle de haches; mais soudain le fils irrité du Vent se donne une forme épouvantable, arrache d'un palais une colonne incrustée d'or, la fait pirouetter cent fois, proclame autant de fois son nom, et, tel qu'Indra sous les coups de sa foudre abat les Asouras, il assomme les horribles Rakshasas.

Vaincue par la force de sa colère, Lankâ, toute flamboyante de feux, enveloppée de flammes, les plus vaillants héros tués, les guerriers taillés en pièces, Lankâ semblait en ce moment frappée d'une malédiction.

Après qu'il eut ruiné la ville, porté le trouble au cœur de Râvana, signalé sa force épouvantable et salué Sîtâ, ce vaillant meurtrier des ennemis, ce tigre des singes, brûlant de revoir enfin son maître, escalada le grand mont Arishta; montagne à la surface boisée, ténébreuse, couverte d'arbres en grand nombre et plantée de padmakas élevés, d'acwakarnas, de palmiers et de vigoureux sâlas.

De la cime où il était monté, le héros, fils du Vent, contempla cette mer épouvantable, séjour des reptiles et des poissons. Tel que Mâroute au milieu des airs, le tigre des simiens, ce propre fils du Vent, s'élança dans la route la plus haute de son père. Accablée sous le poids du singe, la grande montagne alors poussa un gémissement, et, secouée par lui, elle semblait danser avec ses hautes cimes, les unes ébranlées, les autres même s'écroulant.

On entendit un bruit épouvantable, pareil au fracas des nuées orageuses: c'était le rugissement des lions à la grande force écrasés au milieu des cavernes, leurs tanières.

De nombreux serpents aux venins subtils, aux langues enflammées, à l'immense longueur, se débattent et se tordent, le cou et la tête écrasés.

La belle montagne, foulée par le grand singe, fit jaillir, ici, un torrent d'eau; là, un ruisseau de sang; ailleurs, différents métaux; et, sous les pieds du quadrumane vigoureux, elle entra dans le sein de la terre avec ses arbres et ses hautes cimes.

Hanoûmat non fatigué, de qui la voix était pareille au bruit des nuages tonnants, poussa un long cri et se plongea dans le lac sans rivage du ciel; *ce lac* pur, dont les nuées sont le jeune gazon et la vallisnérie, dont les étoiles de l'arcture sont les cygnes qui en sillonnent la surface.

Dès qu'ils eurent ouï ce cri épouvantable d'Hanoûmat, la joie remplit aussitôt l'âme des singes impatients de revoir ce noble ami.

Djâmbavat, le plus vertueux des quadrumanes, adressant la parole à tous les simiens, ainsi qu'à leur chef Angada, prononce alors ces mots, le cœur ému de plaisir: «C'est Hanoûmat qui a complétement réussi dans sa mission; il n'y a là nul doute; car, s'il avait échoué dans son entreprise, il n'aurait pas un tel empressement!» À peine entendu ce cri du magnanime avec le battement fougueux de ses bras et de ses cuisses, les singes contents de s'élancer *à l'envi* de tous les côtés.

Déployant sa plus grande légèreté et d'une vigueur que doublait sa joie, Hanoûmat, à la vive splendeur, traversa de nouveau l'Océan par le milieu.

Le grand et fortuné quadrumane, voyageur aérien, s'avançait ainsi dans le ciel même, séjour accoutumé du vent, et *sa fougue* arrachait, pour ainsi dire, les *bornes* aux dix points de l'espace.

Remuant les masses de nuages et les traversant mainte et mainte fois, on le voit comme la lune, tantôt il apparaît à découvert, et tantôt il disparaît caché.

À la vue du grand singe, qui semblable à une masse de feu précipitait sa course vers eux, tous les simiens alors se tinrent, les mains réunies en coupe à leurs tempes. Descendu sur la haute montagne avec une rapidité extrême, le Mâroutide prit enfin pied sur la cime, hérissée de grands arbres. Alors tous les chefs des singes environnent le magnanime Hanoûmat et se tiennent auprès de lui, tous d'une âme joyeuse. Ils honorent le singe très-distingué, fils naturel du Vent, et lui offrent des présents, du miel et des fruits. Les uns d'éclater en joyeux applaudissements; *les autres* poussent des cris de plaisir, ceux-là se balancent de contentement sur les branches des arbres.

Hanoûmat à la puissante vigueur salua, inclinant son corps, le grand singe Djâmbavat à la vieillesse reculée et le prince de la jeunesse Angada.

Quand il eut reçu d'eux les révérences et les honneurs, qu'il méritait justement, le vaillant quadrumane leur annonça brièvement sa nouvelle: «J'ai vu la reine!» À ces mots du fils de Mâroute: «J'ai vu la reine;» ces mots si heureux et semblables en douceur à l'ambroisie même, le *cœur des* singes fut *tout* rempli de joie.

Le fils de Bâli, Angada le serre dans ses bras avec étreinte; il prend sa main dans la sienne; puis il s'asseoit. Tous les singes font cercle autour de lui dans ces bois charmants du grand mont de Mahéndra et se livrent à la joie la plus vive.

Accroupis aux pieds du Mâroutide sur les grands blocs de la montagne, les principaux des singes, impatients de l'entendre conter de quelle manière il avait traversé la mer, comment il avait pu voir, et Lankâ, et Sîtâ, et Râvana, se tiennent de toutes parts autour de lui, et tous, les mains réunies en coupe à leurs tempes. Les yeux brillants de joie, ils demeurent tous en silence, attentifs, recueillis, et le visage dressé vers les paroles qu'allait dire Hanoûmat.

Après qu'il eut raconté toutes ses aventures, Hanoûmat, le fils du Vent, prit de nouveau la parole dans le plus beau langage: «La victoire de Râma, le zèle de Sougrîva et ma grande natation aérienne pour aller vers la chaste Sîtâ, ont porté des fruits. Telles que sont les œuvres de cette noble dame, sa pénitence peut sauver les mondes, chefs des singes, ou les brûler même dans sa colère.

«La puissance de Râvana, ce grand monarque des Rakshasas, est infinie de toute manière, puisqu'il a touché cette femme vertueuse et que son corps n'est point éclaté en cent morceaux! La flamme du feu, touchée avec la main, ne ferait pas elle-même ce que peut faire la fille du roi Djanaka, quand son âme est émue de colère. Environnée de Rakshasîs, cette dame charmante est accablée sous le poids du chagrin, et cependant c'est une fille des rois et la plus chaste des femmes qui gardent saintement la foi du mariage.

«Au milieu des Rakshasîs mêmes, je ramenai la confiance dans le cœur de cette femme aux yeux tels, pour ainsi dire, que ceux du faon de la gazelle, aux cheveux noués d'une seule tresse, *comme les veuves*, environnée dans ce bocage délicieux par des Rakshasîs difformes, en butte à leurs menaces, infortunée *captive*, affermie dans la résolution de mourir, n'ayant pour couche que la terre, les membres sans couleur comme un étang de lotus à l'arrivée des neiges, l'âme détournée avec horreur de *l'impie* Râvana et tout absorbée dans la pensée de son époux. J'eus un entretien avec elle, je l'instruisis des choses dans la vérité. Apprenant que Râma s'était uni par une alliance avec Sougrîva, elle en fut ravie de joie, cette magnanime dame, qui, malgré ses douleurs, ne s'écarte pas de ses vœux, de sa résolution, de sa rare piété conjugale.»

«Décidons maintenant tout ce qui est à faire dans la conjoncture.»

Après qu'il eut ouï son discours: «Puisque la chose est ainsi et qu'on vous l'a racontée comme elle est arrivée, dit le fils de Bâli à tous ses compagnons, quel autre parmi vous a besoin de voir la Vidéhaine, fille du roi *Djanaka*? Moi, fussé-je même sans aide, je suis capable de renverser dans un instant cette Lankâ, avec son peuple de Rakshasas, et d'exterminer le noctivague Râvana: combien plus, si j'étais accompagné de toutes vos grandeurs aux âmes parfaites, aux bonds vigoureux?

«Ce qui retient ici mon courage, c'est le congé que j'attends de vos grandeurs.

«N'est-ce pas quand nous aurons délivré cette reine aux yeux noirs et reconquis cette fille du roi Djanaka, qu'il nous sied d'aller nous montrer sous les yeux du magnanime fils de Raghou? *Autrement*, que diriez-vous là? «On a vu Sîtâ, mais on ne l'a pas ramenée!» parole honteuse pour des gens qui ont du cœur, du courage et de la vigueur!

«*Quoi!* chacun ici est capable de franchir la mer, et pas un ne le serait d'héroïsme, quand vous n'avez pas d'égal dans les mondes, nobles singes, ni parmi les Daîtyas, ni même entre les Immortels!

«Une fois Lankâ vaincue avec ses multitudes de Rakshasas, une fois Sîtâ enlevée de force à Râvana tué, alors nous, l'âme joyeuse et notre mission accomplie, nous ramènerons la fille du *roi* Djanaka au milieu de Râma et de Lakshmana!»

Djâmbavat, à ce langage d'Angada, répondit en ces termes: «La pensée, héros aux longs bras, que tu viens d'exprimer ici n'est pas la mienne, prince à la grande sagesse. Fouillez, nous a-t-on dit, l'immense plage méridionale;» mais ni le roi des singes ni le sage Râma n'ont parlé de conquérir.

«Comment pourrait-il vouloir que Sîtâ fût reconquise par nous? *S'il en était ainsi*, le Raghouide, ce roi le plus grand des rois, il renierait donc son illustre famille! Après que *notre* monarque s'est engagé lui-même, en face de tous les principaux des singes, à faire de sa personne la conquête de Sîtâ, comment pourrait-il abjurer sa promesse? Cette grande chose mise à fin ne lui donnerait aucune satisfaction, et vous auriez en vain fait montre d'héroïsme, ô les plus excellents des singes! Rendons-nous donc aux lieux où Râma nous attend avec Lakshmana et Sougrîva aux longs bras: portons cet événement à leurs oreilles.»

«Bien!» lui répondent tous les singes; et, ce mot dit, ils aspirent au départ; ils s'élancent de la cime du Mahéndra et nagent de tous les côtés au sein des airs.

Tous les chefs des singes avaient mis le Mâroutide à leur tête et ne pouvaient rassasier leurs yeux de contempler cet illustre Hanoûmat à l'éminente force; *Hanoûmat*, le plus excellent des simiens, que saluaient *à son passage* toutes les créatures.

Ils arrivèrent près d'un bois couvert d'arbres et de lianes, semblable au Nandana et nommé le Bois-du-Miel. Cette forêt, bien disposée, appartenait à Sougrîva; elle ravissait l'âme de toutes les créatures, mais elle était infranchissable à tous les êtres. Le singe Dadhimoukha aux longs bras, oncle du magnanime Sougrîva, le monarque des simiens, veillait continuellement sur le bois.

Nos voyageurs abordent ce parc du souverain des quadrumanes, lieu fortuné, délicieux, aimé du cœur, et sont transportés de joie à sa vue. Puis, enchantés à l'aspect de ce grand Bois-du-Miel, les singes, Djâmbavat à leur tête, de prier Hanoûmat, qui s'approche d'Angada et lui parle en ces termes: «Daigne nous accorder une faveur, à nous, qui avons réussi dans notre mission.»

Le jeune prince loua d'une voix gracieuse Hanoûmat et lui répondit ces mots avec amitié: «Que désires-tu? parle!»

À ces paroles, le fils du Vent, accompagné de ses proches, Hanoûmat reprit avec joie: «Fils du roi des simiens, daigne accorder en don aux chefs des singes le *Bois-du-Miel*, qui fut jadis à ton père; cette forêt inexpugnable, bien gardée, sans pareille, dont l'accès nous est défendu.»

À peine eut-il entendu ce langage d'Hanoûmat: «*Eh bien!* lui répondit Angada, le plus éminent des simiens, que les singes boivent le miel! Après qu'Hanoûmat a *si bien* rempli sa mission, l'on ne peut se dispenser de satisfaire à sa demande, fût-elle même impossible: à plus forte raison, quand la chose est telle qu'est celle-ci.» À ces paroles tombées de la bouche d'Angada, les singes joyeux de s'écrier: «Bien! bien!» et d'honorer cet *auguste prince*.

Les singes envahirent les arbres pleins des sucs du miel; ils remuèrent mainte et mainte fois toute la forêt; ils prenaient dans leurs bras des rayons tels, qu'un drona les eût à peine contenus, les jetaient joyeux par terre, et mangeaient et buvaient. Le plaisir de manger ces miels savoureux et bien parfumés les mit tous dans la joie et tous ils en devinrent *comme* fous d'ivresse.

De ces quadrumanes à face ridée, les uns maltraitaient après boire les préposés à la garde des rayons, ceux-là se frappaient dans l'ivresse les uns les autres avec un reste de miel. Ici, des singes se roulent aux pieds des arbres; là, gorgés de mets, ils se font un lit de feuilles et dorment accablés d'ivresse. On voit des chefs de troupeaux quadrumanes arracher les arbres et *casser* la forêt: on en voit qui, le corps tout basané par le miel, boivent dans les rayons d'une soif insatiable. Les uns chantent, les autres déclament, en voici qui dansent, en voilà qui rient; ceux-ci boivent, ceux-là causent; tels dorment et tels racontent. Les uns se laissent tomber ivres de la cime des arbres; les autres, d'un rapide essor, s'élancent du sol de la terre et s'envolent de nouveau sur le sommet des branches. Tel en riant lutte avec un rival, tel fond en volant sur un autre, qui dort; tel s'élance à l'improviste devant tel autre qui s'avance;

celui-ci vient en pleurant vers celui-là qui pleure. Il n'y avait pas un simien qui ne fût ivre; il n'y en avait pas un qui ne fût rassasié.

Les singes empêchés ne tinrent pas compte alors de tous ceux que Dadhimoukha avait mis là par son ordre pour défendre le miel. On les tira par les bras, on leur fit voir les chemins du ciel; et, frappés, ils s'enfuirent épouvantés à tous les points de l'espace. Ils arrivent tremblants vers Dadhimoukha et lui disent: «Singe, Hanoûmat, Angada et les autres ont détruit le Bois-du-miel. Que ta grandeur veuille donc faire immédiatement ce qui doit l'être dans la circonstance! On nous a tirés par les genoux; on nous a fait voir la route des airs.»

Aussitôt que le chef des surveillants, Dadhimoukha eut appris, enflammé de colère, que l'on avait saccagé le Bois-du-Miel, il se mit à ranimer le courage de ces quadrumanes: «Allez donc! marchons, *leur dit-il*; empêchons à toute force les singes d'un orgueil excessif, qui mangent ce miel exquis.»

À ces mots, les héros, chefs des singes, retournent au Bois-du-Miel, où Dadhimoukha les accompagne. Il prend au milieu d'eux un arbre énorme et court avec furie, escorté par les plus grands des singes. Ceux-ci alors s'arment de pierres, d'arbres et même de lianes; ils se précipitent, bouillants de colère, où sont les nobles singes, *compagnons d'Hanoûmat*.

Les vaillants singes, Hanoûmat à leur tête, voyant s'avancer Dadhimoukha furieux, de fondre sur lui dans une égale colère.

Irrité, le vigoureux Angada saisit par les deux bras ce héros impétueux qui accourait avec son arbre; mais, tout aveuglé qu'il fût par l'ivresse, il en eut pitié: «C'est un *vieillard* vénérable!» et, ce disant, il se contenta de lui frotter les membres sur le sol de la terre.

S'étant un peu débarrassé des singes, le noble quadrumane se rapprocha tout à fait des serviteurs, qui étaient accourus avec lui, et leur dit: «Singes, venez avec moi! allons où est notre maître, Sougrîva au long cou, avec le sage Râma. Car ces insensés, qui foulent aux pieds les ordres mêmes du souverain, ont mérité la mort; et Sougrîva, irrité de leurs violences, ôtera la vie à tous.» Quand Dadhimoukha, le garde vigoureux du bois, eut parlé de cette manière, il partit à la tête de tous les singes qui formaient son bataillon. Dans l'intervalle que mesure un clin d'œil, ce coureur des bois atteignit ces lieux où Sougrîva se tenait assis avec Râma et Lakshmana. Le singe Dadhimoukha, le chef aux longs bras des préposés à la surveillance du bois, descendit alors, environné de tous ses gardes forestiers. Là, d'un visage consterné, joignant les mains en coupe à ses tempes, il pressa du front les pieds fortunés de Sougrîva.

Ensuite le monarque des simiens, ayant vu ce *noble* singe, le cœur dans le trouble et le front humilié, lui tint ce langage: «Relève-toi! relève-toi! pourquoi te vois-je prosterné à mes pieds? Tu n'as rien à craindre; je t'en donne l'assurance.

«Dis-moi ce que tu veux au fond de ta pensée. La paix règne-t-elle dans le Bois-du-Miel? Singe, je désire le savoir.»

Ainsi encouragé par le magnanime Sougrîva, le sage Dadhimoukha se lève et lui répond en ces termes: «Les singes ont détruit ce bois, que n'avaient pu surmonter jusqu'ici le monarque des ours, ni toi, bien-aimé *neveu*, ni Bâli même. Environné de tous ses compagnons, Hanoûmat à leur tête, le singe Angada, à la vue des rayons, nous a chassés tous et les a mangés.»

Quand le singe eut informé Sougrîva de ces nouvelles, l'immolateur des héros ennemis, Lakshmana à la grande sagesse fit cette demande au monarque des simiens: «Sire, quelle affaire amène ce singe qui garde ton bois? Il vient de t'annoncer quelque chose d'un air affligé: quelle parole est-ce qu'il a dite?»

À cette question, le monarque habile dans l'art de parler, Sougrîva de répondre en ces termes au magnanime Lakshmana: «Mon Bois-du-Miel fut saccagé par les chefs valeureux des bataillons quadrumanes, qui sont allés, sous la conduite d'Angada, scruter la plage méridionale.

«Si Angada est entré sans aucun égard avec tous les singes, Hanoûmat à leur tête, dans mon Bois-du-Miel, c'est qu'il a vu la reine, je pense, ô fils, qui ajoute sans cesse à la joie de Soumitrâ, ta mère. C'est là, sans doute, ce qui a rendu les singes si osés d'envahir ma forêt et d'y boire le miel.»

Ensuite, quand il eut ouï cette délicieuse parole, tombée des lèvres de Sougrîva, le vertueux Lakshmana s'en réjouit avec le *plus grand des* Raghouides. Sougrîva joyeux lui-même tint ce langage à Dadhimoukha: «Je suis content; n'aie pas d'inquiétude! Le singe a *bien* rempli sa mission: je dois pardonner cette faute d'un *serviteur*, qui a réussi dans son expédition. Retourne vite au Bois-du-Miel, continue à le garder comme il convient, et hâte-toi de m'envoyer tous les singes, Hanoûmat à leur tête.»

Le fortuné s'en alla rapide, comme il était venu; il abaissa du haut des airs son vol sur la terre et pénétra dans la forêt. Entré dans le Bois-du-Miel, il vit les chefs des bataillons singes désenivrés, debout et tremblants tous de crainte maintenant que l'ivresse était dissipée.

Le héros s'approcha d'eux, tenant ses mains réunies en coupe à ses tempes, et, d'un air joyeux, il dit ces paroles caressantes au *noble* Angada: «Gentil *singe*, l'obstacle que ces gens ont mis à ta marche ne doit pas allumer ta colère: il n'est personne qui ne pèche à son insu ou sciemment.

«Je suis allé, noble singe, vers ton oncle et je lui ai dit, mon seigneur, l'arrivée de vous tous dans ces lieux. À la nouvelle que tu étais venu ici avec ces chefs de bataillons quadrumanes, à la nouvelle même que son bois fut envahi, c'est de la joie qu'il en ressentit, et non de la colère. «Hâte-toi de me les envoyer tous!» m'a dit Sougrîva, ton oncle, ce puissant roi des simiens. Allez donc à votre désir!»

À ce langage affectueux que lui tient Dadhimoukha, le fils de Bâli adresse à tous les principaux des singes ces réjouissantes paroles: «Le roi, je m'en doutais, nobles singes, vient d'apprendre cet événement: c'est une joie *franche* qui fait parler ce quadrumane, et c'est la cause qui en porte ici la nouvelle à notre connaissance. Vous avez bu tous à souhait du miel jusqu'à l'ivresse: aussi convient-il maintenant de nous rendre aux lieux où le singe Sougrîva nous attend. Vos excellences doivent agir de telle manière, illustres chefs, qu'elles soient ma règle; car je ne suis qu'un serviteur au milieu de vos excellences. Suis-je vraiment le prince héréditaire? En ce cas, j'aurais le pouvoir de commander: mais il vous convient de me suivre, puisque vous avez terminé votre expédition.»

À peine ont-ils ouï Angada émettre une aussi noble parole, tous les singes à la grande vigueur de s'écrier, l'âme ravie de joie: «Qui parlera jamais de cette manière, s'il tient le sceptre, ô le plus éminent des singes? En effet, aveuglé par l'ivresse de la puissance: «Je suis tout!» Voilà quelle est toujours la pensée d'un roi.»

«Bien! fit Angada; je pars!» et, cela dit, le singe prit son essor au milieu des airs. Tous les principaux des singes mirent leur vol à la suite de son vol, et, comme une nuée de pierres lancée par des machines, ils dérobaient aux yeux l'atmosphère.

Quand Sougrîva, le monarque des simiens, eut appris l'arrivée des singes, il dit à *son allié* Râma aux yeux de lotus, au cœur battu par le chagrin: «Console-toi, s'il te plaît! on a vu Sîtâ! *autrement*, il serait impossible que les singes revinssent ici, après qu'ils sont restés absents au delà du temps prescrit.

«Console-toi, Râma, fils charmant de Kâauçalyâ! ne t'abandonne pas au chagrin! On a vu ta Sîtâ, le fait est certain, et ce n'est pas un autre qu'Hanoûmat!»

Dans ce moment, l'on entendit au sein des cieux retentir de joyeuses clameurs: c'étaient les singes, qui, fiers des exploits d'Hanoûmat et criant, s'avançaient vers Kishkindhyâ et semblaient ainsi lui envoyer *devant eux* la nouvelle de leur succès. À l'ouïe de ces acclamations, le monarque des simiens releva sa grande queue et sentit la joie inonder son âme.

Arrivés au mont Prasravana, les nobles singes courbent la tête devant Râma et devant le héros Lakshmana; ils se prosternent, le prince héréditaire à leur tête, aux pieds de Sougrîva, et commencent à raconter les nouvelles qu'ils apportent de Sîtâ.

Le Mâroutide éloquent, Hanoûmat exposa de quelle manière il était parvenu à voir l'*auguste princesse*.

«Captive dans le gynœcée de Râvana et sous la garde vigilante des Rakshasîs, la reine Sîtâ, digne de tout plaisir, est toujours ensevelie dans une profonde douleur. Infortunée, elle porte ses cheveux noués dans une seule tresse[10]; elle n'a de pensée que pour toi, son âme est tout absorbée en toi; et, les membres sans couleur, comme un lac de lotus à l'arrivée des neiges, elle n'a pour couche que la terre. L'âme détournée avec horreur de Râvana, elle est résolue de mourir. Telle Sîtâ parut à mes yeux mêmes, rejeton de Kakoutstha, quand j'eus trouvé un moyen pour m'approcher d'elle.»

Note 10:

Signe de deuil, où l'on reconnaît une femme, de qui l'époux est mort ou absent.

Quand Hanoûmat eut donné à Râma la perle d'une beauté céleste et brillante d'une splendeur native, il ajouta, les mains réunies en coupe à ses tempes: «Saisissant une occasion que lui offraient ses Rakshasîs, la charmante Sîtâ me dit ensuite, les yeux noyés dans les pleurs du chagrin:

«Ne manque pas de conter entièrement à Râma, le plus élevé des hommes, ce héros, dont le courage est une vérité, ce que tes yeux ont vu et ce que tes oreilles ont entendu ici de ces *affreuses* Démones: répète-lui, et ces invectives que leur maître a vomies contre moi, et ce langage que m'a tenu, et cette épouvantable menace que m'a faite Râvana lui-même. Je n'ai plus que deux mois à vivre; c'est le terme, dans lequel m'a renfermée ce monarque des Rakshasas.»

À ces mots, que lui adressait Hanoûmat, Râma le Daçarathide, ayant pressé la perle contre son cœur, se mit à pleurer avec Lakshmana. Quand il eut contemplé cette perle, la plus riche des perles, l'*époux infortuné*, bourrelé de chagrins, articula ces mots, les yeux noyés de larmes: «Tel que la vache périt d'amour loin du veau qu'on dérobe à sa tendresse, tel je languis; *mais* la vue de ce joyau est pour moi comme l'aspect de ma Vidéhaine. Cette parure fut donnée à la princesse du Vidéha par le *roi* son beau-père ce jour qu'elle devint sa bru: attachée entre ses tempes, elle brillait alors du plus vif éclat!

«Cette perle, née dans les eaux, était en bien grande vénération; car le sage Indra jadis l'avait donnée au roi, *mon père*, comme un témoignage de la plus haute satisfaction. La vue de cette perle magnifique semblait à mes yeux la vue même de mon père: aujourd'hui, bon *Hanoûmat*, c'est comme la vue de Sîtâ qu'elle vient ici m'offrir avec la sienne!

«Cette perle rare fut portée longtemps par ma bien-aimée: en la revoyant aujourd'hui, il me semble voir Sîtâ même. Que t'a dit ma Vidéhaine, beau singe! Ne te lasse pas de me le dire: verse l'eau de tes paroles sur mon cœur incendié par le feu du chagrin.»

À ces mots de Râma, le noble singe Hanoûmat répondit en racontant de nouveau les événements passés, qu'il avait reçus de Sîtâ comme un signe *pour l'accréditer.*

«Belle reine, dis-je à cette femme d'une taille ravissante, monte sur mon dos, sans balancer. Je ferai voir à tes yeux aujourd'hui même l'auguste Râma, ce maître de la terre, assis entre Lakshmana et Sougrîva: c'est là mon dessein bien arrêté!» «Noble singe, me répondit ensuite la reine, m'asseoir de mon plein gré sur ton dos, ce n'est pas une chose que permette le devoir. Héros, mon corps, *il est vrai*, a touché le corps du Rakshasa; mais je n'étais pas maîtresse *de l'empêcher:* dois-je faire *volontairement* une chose toute semblable à cette heure, que la nécessité ne m'y contraint pas?

«Va donc, tigre des singes, va seul où sont les deux fils du plus noble des hommes!

«Veuille bien agir de telle sorte que mon époux aux longs bras m'arrache bientôt à cette vaste mer de chagrins. *Adieu*, ô le plus héroïque des singes! Que ton voyage soit heureux!»

Quand il eut ouï ce discours, qu'Hanoûmat avait su dire avec *une pleine* convenance, Râma lui répondit en ces mots accompagnés de bienveillance: «Cette affaire si grande, *à jamais* célèbre dans le monde, impossible même de pensée à nul autre sur la face de la terre, Hanoûmat a donc pu l'accomplir! Je ne vois, certes! pas un être qui puisse franchir la vaste mer, excepté Garouda ou le vent, excepté Hanoûmat!

«Mais voici une chose qui désole encore mon âme contristée: je ne puis récompenser le plaisir que m'a fait ce récit, par un don qui fasse un plaisir égal!»

Quand l'Ikshwâkide eut ainsi roulé plusieurs idées en son âme ravie, il fixa bien longtemps des yeux amis sur Hanoûmat et lui tint affectueusement ce langage: «Cet embrassement est toute ma richesse, fils du Vent: reçois donc ce présent assorti au temps et à ma condition.»

À ces mots, embrassant Hanoûmat avec des yeux noyés de larmes, il se plongea derechef au milieu de ses pensées.

Ensuite le héros tint ce discours au singe Hanoûmat: «De toutes les manières, je suis capable de vous passer à la rive ultérieure de cette mer, soit au moyen d'un pont rapidement construit, soit par le desséchement de ses ondes mêmes. Dis-nous suivant la vérité, Hanoûmat, tout ce qu'il y a dans cette ville de Lankâ, sa force, sa grandeur, quels travaux défendent l'approche de ses portes, quels sont, et ses ouvrages fortifiés, et les richesses des Rakshasas; car tu le sais, puisque tu as pu voir là exactement et dans sa vraie nature ce qu'il en est à son égard.»

À ces mots de Râma, Hanoûmat, le fils du Vent et le plus habile entre ceux qui savent manier la parole, lui répondit à l'instant même et dans les termes suivants: «Écoute! et, suivant l'ordre *que tu viens de me tracer*, je vais décrire toutes ses fortifications, comment la ville est défendue et par quelles forces Lankâ est gardée.

«La ville joyeuse vit dans les plaisirs; elle est remplie d'éléphants, tous enivrés pour les combats; elle est fermée de portes liées solidement; elle est environnée de fossés profonds. Elle a quatre portes vastes et très-hautes, sur lesquelles on voit se dresser des machines de guerre, engins formidables d'une grande force et de grande dimension. Ces portes sont barrées avec des poutres épouvantables de fer massif, travaillées avec art; et devant elles sont rangés des çataghnîs par centaines, que les troupes héroïques des Rakshasas ont forgés *de leurs mains*. Elle est immense, pleine de chars et de vigoureux Démons, premier obstacle que rencontre une armée d'ennemis arrivant sous les murs. Là est un rempart de fer, très-élevé, inexpugnable, embelli d'or même, de corail, de lapis-lazuli, de pierreries et de perles. Partout des fossés profonds, aux froides ondes, peuplés de poissons, mais infestés de crocodiles, inspirent l'effroi et portent *au cœur* une *mortelle* épouvante. Dans les portes sont quatre couloirs étroits du fer le plus dur, que défendent des machines de guerre et des archers nombreux, intrépides, à la grande taille. Supposé qu'une armée d'ennemis les franchisse, elle trouve devant elle trois nouveaux défilés, tous remplis d'engins meurtriers, disposés de tous les côtés autour des fossés. Derrière eux vient seul, *mais plus impraticable*, un dernier passage difficile, fort, bien solide, inébranlable, couvert de védikas en or et de nombreuses colonnes faites du même riche métal.

«J'ai rompu ces défilés, comblé ces fossés, incendié toute la cité et fendu les remparts du côté où nous traversons l'empire de Varouna. Songe que la ville de Lankâ est *déjà comme* détruite par les singes!»

Après ce discours d'Hanoûmat, Râma, l'immolateur de ses ennemis, tint ce langage à Sougrîva, le singe au long cou: «Sougrîva, je suis d'avis que nous partions à l'instant même; car c'est une heure convenable pour la victoire: l'astre qui donne le jour est arrivé au milieu de sa carrière. En effet, aujourd'hui l'astérisme Phalgounî est au septentrion, et, demain, il sera joint par la constellation Hasta *ou la main*. Mets-toi donc en route, Sougrîva, entouré de ton armée entière. Les signes qui se révèlent à mes yeux sont tous propices: je ferai mordre la poussière au Démon, c'est évident, et je ramènerai la Mithilienne.

«Que Nîla, environné par cent mille singes rapides, s'en aille visiter la route en avant de cette armée. Général Nîla, obéis à ma voix et conduis promptement les bataillons par un chemin où l'on trouve en suffisance des racines et des fruits, de l'eau et des bois aux frais ombrages!

«Que le singe *nommé* Rishabha, *parce qu'il est* le taureau des singes et *qu'*il règne sur une multitude de simiens, s'avance, commandant l'aile droite de l'armée quadrumane. Non facile à vaincre, comme un éléphant, qui est dans la fièvre du rut, que Gandhamâdana aux pieds rapides se mette en marche, tenant sous ses ordres l'aile gauche de l'armée simienne. Moi, porté sur Hanoûmat, comme le roi des Immortels sur *le céleste éléphant* Aîrâvata, je marcherai au milieu de l'armée pour en diriger tout l'ensemble. Qu'après moi vienne immédiatement Lakshmana, monté sur Angada, comme Bhoutaiça[11] sur le proboscidien éthéré Sârvabhâauma. Que Djâmbavat, Soushéna et Végadarçi, que ces trois singes défendent nos derrières avec le magnanime roi des ours!»

Note 11:

Autrement dit Kouvéra; mais le nom de BHOUTAIÇA, *le seigneur des êtres*, est une dénomination plus ordinairement affectée au Dieu Çiva.

Ensuite Râma, au milieu des hommages que lui rendent et le monarque des quadrumanes et *son frère* Lakshmana, s'avance avec l'armée vers la plage méridionale.

Commandés par Sougrîva, les singes à la vigueur indomptable suivaient les pas de Râma dans les transports de l'enthousiasme et de la joie. Volant, nageant, poussant des cris, badinant, soulevant mille bruits, ils s'avançaient ainsi vers la plage méridionale. Ils mangeaient des racines et des fruits à l'odeur suave; ils portaient, ceux-ci de grands arbres, ceux-là des éclats de montagne. Ivres d'orgueil, ils s'enlèvent brusquement l'un à l'autre sa place, ils s'invectivent; les uns tombent et se relèvent, ceux-là dans leur chute font choir les autres. «Certes! il faut que Râvana tombe sous nos coups avec tous ses noctivagues!» criaient les singes devant l'époux de Sîtâ.

Cette grande et terrible armée des singes, pareille aux vagues de l'Océan, serpentait dans sa route avec un bruit immense, telle qu'une mer, dont la tempête a déchaîné la fougue impétueuse.

Ensuite, d'une voix affectueuse et tout en cheminant sur Angada, le resplendissant Lakshmana dit à Râma ces mots d'une parfaite justesse: «Bientôt, ayant tué Râvana et reconquis la Vidéhaine, qui te fut ravie, tu dois revenir, couronné de succès, dans Ayodhyâ, la ville aux abondantes richesses. Je vois, fils de Raghou, sur la terre et dans le ciel de grands signes, tous heureux et qui te promettent la réussite dans ton expédition. Le vent accompagne les armées d'un souffle bon, agréable, doux, fortuné; ces quadrupèdes et ces volatiles, qui ramagent ou crient, ont des couleurs et des sons parfaits.

«Une ruine certaine menace donc les Rakshasas, que la mort a déjà saisis dans cette heure même: j'en ai pour signes l'oppression des constellations et des planètes, qui leur sont affectées.»

Le Soumitride joyeux parlait ainsi et consolait son frère. L'innombrable armée s'avançait, couvrant toute la surface de la terre: le sol en avait disparu sous la foule de ces héros ours et singes, de qui les armes étaient les ongles et les dents. La poussière, soulevée par les singes avec la pointe de leurs pieds, avec le bout de leurs mains, offusquait la clarté du soleil et dérobait aux yeux le monde terrestre.

Toute la grande armée des simiens ravie, joyeuse, commandée par Sougrîva, cheminait sans relâche jour et nuit. Brûlante de combattre, elle s'avançait d'un pied hâté, par bonds rapides, et, tout impatiente de courir à la délivrance de Sîtâ, elle ne fit halte nulle part un seul instant.

Les singes, ayant franchi et les sommets du Vindhya et ceux du Malaya, cette alpe sourcilleuse, arrivèrent, suivant l'ordre des bataillons, sur les bords de la mer au bruit épouvantable.

Descendu sur la plaine, accompagné de son frère et de son allié, Râma de gagner promptement la majestueuse forêt du rivage; et là, dans cette vaste plage aux franges toutes baignées par les vagues, aux roches nettes et lavées par les ondes, ce héros, le plus aimable de ceux qui savent plaire: «Sougrîva, dit-il au roi des singes, nous voici arrivés au réceptacle des ondes salées.

«Voici le moment venu pour nous de mettre en délibération les moyens de traverser ici la mer. Que personne dans les héros singes, quel qu'il soit et de quelque endroit qu'il vienne, ne quitte son armée pour aller dans ce bois, dont les périls sont cachés et qu'il faut reconnaître!» Ces paroles de Râma entendues, Sougrîva et Lakshmana firent camper l'armée sur les bords de cette mer aux rives plantées d'arbres.

Le camp de l'armée bien attentive et bien en garde fut assis par Nîla dans un lieu favorable et suivant les règles sur le rivage septentrional de la mer. Alors deux généraux des singes, Maînda et Dwivida, battirent de tous côtés la campagne, voltigeant en éclaireurs à l'entour des armées.

Tandis que l'armée était campée sur le bord du souverain des rivières et des fleuves, Râma tint ce discours à Lakshmana, qu'il voyait se tenir à ses côtés:

«Le chagrin s'en va avec le temps qui s'écoule, c'est l'effet constant ici-bas: au contraire, l'absence de ma bien-aimée augmente de jour en jour mon chagrin.

«Quand s'envolera donc la Djanakide, mon épouse, du milieu des Rakshasas dissipés devant elle comme un trait de la foudre, qui a fendu le sombre nuage? Telle que la riante fortune, quand verrai-je donc, victorieux de l'ennemi, la charmante Sîtâ aux yeux grands comme les pétales du lotus?

«Quand me dépouillerai-je au plus vite de cet affreux chagrin que m'inspire l'absence de la Mithilienne, *et me revêtirai-je de la joie* comme d'un autre habit blanc? Cette femme d'une nature infiniment délicate, le jeûne et le chagrin ont dû la rendre plus délicate encore dans la situation où elle est tombée par l'adversité de sa fortune. Quand donc, ayant plongé mes flèches dans la poitrine du monarque des Rakshasas, quand pourrai-je donc ramener *ma* Sîtâ, noyée maintenant sous les vagues furieuses du chagrin?»

Tandis que le judicieux Râma se livrait à ces plaintes, le soleil, dont le jour près de finir avait émoussé les rayons, parvint à la montagne où son astre se couche.

Hanoûmat, à la grande sagesse, était parti de Lankâ, incendiée par lui, quand la mère du monarque des noctivagues Démons, ayant appris, déchirée par la plus vive douleur, ce carnage des Rakshasas terribles, pleins de force et de courage, tint à Vibhîshana, son fils, ce langage dont la plus haute vérité formait la substance: «Hanoûmat fut envoyé ici par le fils de Raghou, versé dans la science de la politique et livré aux soins de chercher son épouse bien-aimée: le messager a vu la captive.

«C'est là, mon fils, un grand écueil pour le monarque des Rakshasas: tu sais, prince à la vaste prévoyance, ce qui doit en résulter à coup sûr dans l'avenir. Car, ô toi, qui sais le devoir, un grand plaisir que l'on goûte en violant son devoir ne manque jamais d'apporter à l'homme une affreuse calamité pour augmenter la joie de ses ennemis.

«Ce qu'a fait ton frère, Démon sans péché, est une action *justement* blâmée: elle produit en moi une douleur telle que si j'avais mangé une nourriture empoisonnée. Car, aussitôt reçue la nouvelle que Sîtâ fut enlevée, Râma, qui est le Devoir en personne, Râma, qui sait tous les chemins des flèches, va consommer un exploit digne de lui. Oui! dans sa colère, ayant saisi son arc, il peut tarir la mer elle-même, ce héros, *si* ferme dans le vœu de la vérité et dans la céleste force de ses flèches!

«Quand je songe à ces grandes qualités dont fut doué ce rejeton du roi Daçaratha, la crainte agite mes sens et mon âme ne trouve point où se reposer dans la tranquillité! Singe aux grands yeux, héros à l'esprit infiniment délié, ne laisse point échapper le moment favorable. Fais aujourd'hui même, ô toi, qui sais manier la parole, fais écouter, si tu peux, à Râvana un langage utile et qui se lève *comme un astre* doux sur le ciel de l'avenir. Car moi, je n'ai pas la force, mon fils, de gouverner cet insensé, ce cœur qui a secoué le frein, cette âme qui a déserté le devoir. Fais entendre, ô le plus éloquent des êtres à qui la voix fut donnée en partage, fais entendre au plus vite ces mots de ta bouche au petit-fils de Poulastya: «Renvoie libre Sîtâ!» car c'est dans cette parole qu'est notre salut.

«Tel qu'un pont enchaîne le vaste bassin des eaux, tel c'est par toi seul et par ta vie sage qu'on est maître de ce peuple enfoncé dans le vice.»

À ces mots, le Démon serra les pieds fortunés de sa mère, joignit ses mains pour l'andjali, prit congé d'elle et s'en alla, impatient de voir le monarque des Rakshasas, non que les délices des sens, *où nageait son frère*, eussent allumé sa jalousie.

Quand le monarque des Rakshasas vit le désastre épouvantable et glaçant de terreur dont le magnanime Hanoûmat, tel que s'il était Indra même, avait frappé sa ville de Lankâ, il dit, ses yeux rouges de fureur et sa tête légèrement inclinée par la colère, à tous les Démons, ses ministres, comme à Vibhîshana lui-même: «Hanoûmat est venu, il est entré dans cette ville, il a pénétré jusque dans mon gynœcée, où ses yeux ont vu la Vidéhaine. Hanoûmat a brisé le faîte de mon palais, il a tué les principaux des Rakshasas, il a bouleversé toute la cité de Lankâ! Que ferons-nous dans la circonstance? Ou que devons-nous faire immédiatement? Dites ce qui vous semble convenable ici pour nous: qu'est-ce que nous avons de mieux à faire dans cette conjoncture? En effet, le conseil, ont dit les nobles sages, est la racine de la victoire: ainsi, Démons à la grande force, veuillez bien délibérer au sujet de Râma.»

À ce langage du monarque des Rakshasas, tous les Démons à la grande force, joignant leurs mains en coupe, répondent à Râvana, l'Indra des Rakshasas: «Le malheur qui est tombé sur ta ville, puissant roi, est le fait d'un être vulgaire; il ne faut pas que tu le prennes à cœur; nous tuerons le Raghouide!

Sire, tu as une bien grande armée, pleine de patticas, d'épées, de lances et de massues: pourquoi ta majesté conçoit-elle de la crainte?

«Reste ici tranquille, puissant monarque! À quoi bon te fatiguer, mon seigneur? Ce guerrier aux longs bras, Indrajit *ton fils*, va broyer ton ennemi!»

Ensuite un Rakshasa, nommé Prahasta, héros, pareil aux sombres nuages et général d'une armée, réunit ses mains en coupe et tint ce langage: «Ni les serpents, les oiseaux ou les vampires, ni les Gandharvas, les Dânavas ou les Dieux mêmes, combien moins les singes, ne pourraient te vaincre dans une bataille! Si Hanoûmat a pu nous tromper, c'est grâce à la négligence, comme à la folle confiance de tous les Rakshasas: autrement, ce coureur de bois n'eût point échappé vivant de nos mains, nous vivants! Que ta majesté nous le commande, et nous allons dépeupler de singes toute la terre, avec ses bois, ses montagnes et ses forêts, jusqu'à la mer, ses limites.»

Tenant à la main son épouvantable massue, affamée de chair et de sang, le Démon Vajradanshtra dit ces paroles au monarque des Rakshasas: «À quoi bon nous occuper, noctivague, du misérable Hanoûmat, quand Sougrîva, Lakshmana et *surtout* l'invincible Râma sont encore debout? Aujourd'hui, je vais commencer, moi! par tuer Râma avec Lakshmana et Sougrîva; puis, je mets en déroute l'armée des singes et j'écrase les ennemis sous les coups de cette massue!»

Un Rakshasa, nommé Triçiras, dit à son tour dans une bouillante colère: «On ne peut tolérer un tel outrage fait à nous tous! C'est une chose épouvantable qu'on ait détruit,—et surtout un vil singe,—le gynœcée de l'Indra fortuné des Rakshasas et sa ville capitale! *Je pars et* je reviens dans cette heure même, couvert du sang des quadrumanes immolés; car je ne puis supporter davantage cette horrible offense que l'on fit à mon seigneur!»

Après lui un Démon, pareil à une montagne et léchant ses lèvres avec sa langue, qu'il promène autour de sa bouche, Yadjnahanou (c'est ainsi qu'il était nommé) jette ces mots dans sa colère: «Que tous les Rakshasas goûtent le plaisir dans la compagnie de leurs épouses: je veux dévorer à moi seul tous les princes des peuples quadrumanes!»

Mais soudain, arrêtant les Démons qui sortent, les armes au poing, Vibhîshana les fait tous rentrer, et, joignant ses mains, adresse au monarque ce langage: «Une marche conduite avec circonspection et suivant les règles, mon ami, aboutit nécessairement à son but. On ne peut évaluer, noctivagues Démons, ni les armées, ni les forces *de ces quadrumanes: d'ailleurs*, il ne faut jamais se hâter de mépriser un ennemi. Râma avait-il commencé lui-même par offenser le roi des Rakshasas, pour que celui-ci vînt enlever dans le Djanasthâna la noble épouse de ce magnanime!

«Si Khara vaincu périt sous les coups de Râma dans une bataille, il y avait nécessité pour celui-ci; car il faut que l'être, à qui la vie fut donnée, emploie toutes ses forces à défendre sa vie.

«Un affreux danger nous menace à cause de cette fille des rois: que Sîtâ soit donc renvoyée à *son époux*! le salut de ta famille l'exige, il n'y a là nul doute.

«Il n'est pas bon pour toi de s'aventurer dans une guerre funeste avec ce héros sage, dévoué à son devoir, plein de vaillance, à l'immense vigueur, à la grande âme, au bras exterminateur de ses ennemis! Pour sauver ta capitale avec ses Rakshasas et ta vie, jetée dans un péril extrême, suis la parole salutaire et vraie de tes amis: rends sa Mithilienne au Daçarathide! Arrache à la mort, et cette ville opulente avec les Rakshasas, et ton splendide gynœcée, Râvana, et tes serviteurs, et ton palais: rends sa Mithilienne au Daçarathide!

«Renonce à la colère, par laquelle on détruit sa gloire et sa race; cultive la vertu, qui ajoute un nouveau lustre à la beauté de la gloire: prête une oreille favorable à ma voix; fais que nous puissions vivre, nous, nos parents, nos fils, et rends sa Mithilienne au Daçarathide!»

À ce langage de Vibhîshana, discours salutaire et dont le devoir même avait inspiré la substance, l'intelligent Râvana se mit à délibérer avec ses ministres. Habile à manier la parole, ce monarque éloquent, superbe, entouré de superbes compagnons, parla en ces termes pleins de justesse: «On appelle sage l'homme qui, d'abord, ayant bien examiné sa force, celle des ennemis, les circonstances des temps et des lieux, ne commence une affaire qu'après *cet examen*.

«Vous n'avez point à délibérer ni à raisonner ici sur le Destin, qui est une chose éternelle. Mais, comme l'inattention ou la vigilance portent des fruits, que tous les êtres animés doivent recueillir dans le monde, il n'est aucune chose humaine dont il ne faille s'occuper ici.

«Quant à ce Destin, bien différent de la puissance humaine, n'y songez pas! Les esprits sensés n'observent que le chemin par où les malheurs peuvent arriver naturellement: *ils savent que* le sort est le maître de tout et les atteint comme il veut!

«En effet, comment eût-il été possible qu'un être, qui n'est pas autre chose qu'un singe, eût fouillé ainsi tout Lankâ, si le Destin ne l'eût permis? Le Destin est donc la plus grande des merveilles!

«Je tiens ici la Vidéhaine à ma discrétion, et je n'en ressens pas d'ivresse: n'est-ce pas *vous* donner ici une preuve assez grande que je suis maître de moi-même. Que des sages austères puissent me blâmer ici pour une offense que j'aurai faite à quelque saint anachorète: c'est une opinion que j'ai déjà conçue moi-même. *Mais* comment un homme, qui porte les insignes des anachorètes, peut-il, un arc, des flèches, une épée dans ses mains, poursuivre les *timides* hôtes des forêts? Où voit-on une seconde femme anachorète, qui demeure comme Sîtâ dans un ermitage et qui porte comme elle des pendeloques en or fin avec une robe de pourpre au tissu délié? Quel enfant de Manou, habitant, par vœu de pénitence au milieu des bois, entendit jamais là un son de noûpouras mêlé au gazouillement des parures et des ceintures de femme?»

Râvana dit, et Prahasta, expert en fait d'héroïsme et de guerre, ses propres sciences, Prahasta d'abord se mit à lui tenir ce langage: «Un homme instruit dans les Çâstras, habile à manier la parole, conciliant, sage, pur et né dans une noble race, voilà celui que les gens de bien estiment pour messager. Mais celui-ci était un espion que Râma nous envoya avec des qualités entièrement opposées! *Un espion*, qui vint jeter le désastre ici pour la ruine de son affaire à lui-même! En effet, seigneur, est-il possible de consentir à la demande d'un homme qui agit d'une telle manière, et, dans l'égarement de son intelligence, s'associe avec un être avide de combats?

«Le voilà donc enfin arrivé ce temps fortuné des batailles, qu'attendent depuis si longtemps *nos* guerriers, toujours affamés de combats! Certes! les massues, les arcs, les haches, les piques de fer ne manquent point ici!

«Les guerriers, de qui la *plus belle* parure est le courage, désirent les porter au milieu des combats!

«La terre aspire à se joncher de cadavres et, tout arrosée de leur sang, comme d'un parfum liquide, à rire en quelque sorte elle-même avec la bouche, *entr'ouverte à son dernier soupir*, de ces guerriers aux belles dents! Que tes ordres soient donc envoyés aujourd'hui même à tous nos combattants!»

Doué de constance, versé dans le devoir et dans les affaires, Vibhîshana, sur un ton doux, prit de nouveau la parole en ces termes: «Les conseils donnés par tes ministres étaient bons, amis, tout à fait en prévision de l'avenir et surtout d'une importance considérable. En effet, un ministre dévoué, rejetant loin de lui ce qui est simplement agréable et s'attachant à tout ce que l'affaire a de plus grave en elle-même, doit toujours dire uniquement ce qui est bien. Aussi vais-je, appuyé sur la confiance que m'inspirent tes grandes qualités, dire une chose que j'ai bien étudiée, roi des rois, dans ma pensée attentive. On poursuit dans ce bas monde les jouissances que procurent l'amour, la richesse et le devoir; mais c'est toujours avec l'œil du devoir qu'il faut examiner ici-bas la richesse et l'amour. Car l'homme qui, désertant le devoir, ne voit dans la richesse que la richesse et dans l'amour que le plaisir de l'amour, n'est pas un homme sage dans ses pensées.

«Quel homme judicieux, s'il prend sa conviction dans la raison, oserait dans les conseils d'un roi donner une fausse couleur à l'attentat commis sur l'épouse d'autrui, et dire: C'est le devoir. Les actions que l'on raconte de Râma ont laissé des vestiges répandus çà et là: eh bien! où voit-on nulle part, dans un de ces vestiges, Râma s'écarter du devoir? Quand Râma sortit de sa demeure un arc dans sa main, quand il décocha même sa flèche contre un kshatrya, a-t-il en cela violé son devoir?

«Suis donc mon avis! et que le vertueux Râma, s'il vient auprès de ta grandeur toute-puissante, reçoive de toi son épouse! Et quel homme, sire, n'eût-il aucune vertu, fût-il d'un rang vulgaire, se présenterait ici, devant ta majesté, remplie de belles qualités, et n'obtiendrait pas d'elle une gracieuse faveur? Si tu veux faire une chose digne de toi-même ou si tu veux observer le devoir, cette noble Sîtâ mérite, ô mon roi, que ta bienveillance lui rende sa liberté.»

À peine le vigoureux monarque eut-il ouï le discours de son frère, que soudain la fureur colora son visage, comme le soleil parvenu à son couchant. Tous les ministres, à qui le caractère *du monarque* était bien connu, sentirent naître la crainte au fond du cœur, en voyant cette fureur violente de l'irascible souverain.

Ensuite, après qu'il a frotté vivement de colère une main dans la paume de l'autre main, Râvana jette à Vibhîshana ces paroles dictées par un amer dépit: «Ce que ta grandeur a dit porte entièrement le sceau d'une pensée funeste pour moi: c'est un langage paré de qualités favorables à mes ennemis et qui n'est coupé nullement sur ma taille. Tu n'as point observé ici les égards que les hommes attentifs et bien nés se doivent mutuellement: il faut mettre le plus grand soin à respecter ces convenances, qui ne sont pas dépourvues de raison.

«En venant ici devant le maître de la terre, tu fais bien voir que tout ce qu'il y a de sottise, de pauvreté, d'idiotisme, d'aveuglement et d'inintelligence au monde est ramassé tout entier dans toi-même. Oui! c'est comme si la sauterelle en se jouant allait follement sauter pour sa perte au milieu du feu: serait-ce donc un signe indubitable d'héroïsme?

«Ce peuple, sans doute, ne savait pas quelle différence existe d'égarer à bien conduire, puisqu'il a reçu *des cieux* le sage Vibhîshana, de qui l'esprit est si dégagé des sens! Si les ennemis sont des héros dans la guerre et si nous sommes, nous, des lâches dans les combats, que n'allons-nous, par couardise et cédant à la force, demander grâce à l'ennemi!

«Voilà ce qui est toujours à l'heure du combat la nature éternelle des gens peureux, étroits de cœur, à l'âme basse, tels enfin que toi-même!

«Les hommes sans courage et sans vigueur ne brillent point à pourfendre les ennemis: leur âme est poltronne, de même nature et telle que la tienne!

«Si Râma, dépouillant son orgueil, venait me demander grâce!... Est-il une chose faisable aux yeux des gens de bien, qu'ils ne soient disposés à faire si on vient les supplier? Nous devons étouffer notre haine à l'égard de notre ennemi surtout: c'est un devoir à vos excellences de pratiquer la compassion de toute votre âme envers l'homme qui demande votre assistance. Ne pas le faire, c'est unir le poison avec le sang, d'où résulte que le mélange ira bientôt allumer la guerre entre les deux substances.

«Moi, fussé-je même seul dans ce combat, je suis capable de consumer par ma vigueur sur le champ de bataille Râma avec Lakshmana, comme un feu allumé dévore l'herbe sèche.

«Ainsi, que la résolution de la guerre soit prise à l'instant par vos grandeurs, *si bien* douées pour la guerre, à l'exception toujours du vil et du lâche Vibhîshana lui-même.»

Ensuite le sage, le généreux Vibhîshana, profond comme la mer et victorieux des sens, répondit ces nouvelles paroles au monarque des Rakshasas: «Rejeter les discours les plus vertueux pour s'engager dans une mauvaise route, c'est, disent les sages, un signe avant-coureur de la ruine.

«Il n'est pas facile pour une âme aveuglée de remporter la victoire: et quelle victoire peuvent espérer les bons mêmes, s'ils retiennent dans leurs mains une chose avec injustice? Autant il est difficile de traverser la mer à la force des bras, autant est-il impossible aux âmes basses d'atteindre le devoir, ce but où visent les gens de bien et qu'on doit se proposer ici-bas et dans l'autre monde! Comme l'amour, la haine et les autres affections naissent toujours de l'âme; ainsi tous les bonheurs des gens heureux ici-bas ont pour cause le devoir. Et même une preuve suffisante que le devoir est l'auteur de tout ce qui arrive, c'est que l'homme en général a très-peu de bonheur et que les maux font la plus grande partie de sa fortune.

«Est-il un bien quelconque, excellent, supérieur, d'acquisition facile, qui n'en soit le résultat? Si l'on veut observer d'un regard intelligent le bonheur de tous les êtres, on verra que le devoir en est la source.

«Là où le guide est vertueux et ceux qui l'accompagnent doués eux-mêmes des vertus, on doit naturellement considérer avec justesse l'amour, l'utile et le devoir. Mais ici le guide est sans vertus et ses compagnons suivent *aveuglément ses pas*. Les choses étant ce qu'elles sont, à quoi bon ce conseil et que cherchez-vous à connaître? Ce qui mérite d'être appelé un conseil, c'est une assemblée où l'on examine sérieusement, et le bien, et le mal, et le douteux; les autres ne sont, à bien dire, qu'un mauvais emploi du nom.

«J'abandonne un roi, esclave de l'amour et qui oublie son devoir dans ses conseils: je me retire à l'instant vers ce Râma, qui est sans cesse, lui dévoué, invariablement au devoir; car on m'a toujours dit que c'est un roi victorieux des Asouras et des Dieux; *un prince* qui n'abandonne jamais le faible abrité dessous sa protection; *un roi* qui est secourable à ses ennemis eux-mêmes! Je laisse avec une vive douleur ici tous mes parents divers, et je m'en vais, conseillé par le devoir, demander un asile à ce noble enfant de Manou. Une fois cela fait et moi parti, arrêtez, s'il est ici un conseiller qui sache indiquer la bonne voie, arrêtez convenablement une résolution qu'inspire l'intelligence d'une saine politique.»

Tandis que son frère Vibhîshana parlait ainsi, le monarque des Rakshasas, plein de fureur, s'élança tout à coup de son siége, le cimeterre à la main, tel qu'un nuage sombre, tonnant, d'où jaillissaient de longs éclairs; et, poussé par le sentiment de la colère, il frappa du pied Vibhîshana sur le siége où il se tenait assis. Le prince tomba renversé de son trône sur la terre, comme le fragment d'une belle montagne, brisée par la chute de la foudre. La terreur saisit les ministres à la vue de cette rixe, comme elle saisit les créatures à l'aspect de la pleine lune tombée dans la gueule de Râhou. Prahasta se mit à calmer doucement le monarque irrité des Rakshasas et fit rentrer dans le fourreau son glaive, qu'il tenait à la main. Ramené dans sa nature, le terrible souverain se rasséréna, tel que la mer au temps où ses flots, revenus au calme, sont rentrés dans ses rivages.

Les *grands* demeuraient là, formant un cercle autour du trône, où Râvana se tenait assis: tel que le hallo de la lune, merveilleux et beau spectacle! telle silencieuse resplendissait alors cette couronne de ministres. Ensuite, le vertueux Vibhîshana éteignit en lui-même le feu allumé de la colère et chercha dans sa pensée quelle marche son bien lui prescrivait d'observer. Doué de mansuétude et brillant d'une grande force morale, il suivit sans la franchir, comme un généreux coursier, la ligne que lui traçaient les inspirations de sa noble race. Quand il eut réfléchi un instant, pris, quitté et repris une résolution, Vibhîshana se levant tint alors ce langage dicté par le devoir:

«Les affections de mon âme sont pour le devoir et ne sont pas nommées de l'amour ou de la colère. Ce coup de pied n'est donc pas un bien grand malheur à mes yeux. Dans ce monde, ceux qui sont vraiment à plaindre, ce sont les grands pécheurs, qui ont déserté le devoir et qui, en dépit de leur *auguste* naissance, ont asservi leurs âmes à la colère. Toutes vos excellences ont embrassé *les opinions de* cet homme, et c'est un malheur, où je vois le grand signe d'une catastrophe universelle.

«Une flèche ne peut tuer qu'une seule vie sur le champ de bataille. Mais la pensée d'un roi à l'esprit aveuglé fait périr et lui-même et tout son peuple. La meilleure des flèches à la pointe acérée ne cause pas autant de mal que les péchés, une fois nés, de ces mortels, qui ont peu d'âme.

«Toi, sur la tête de qui la ruine est suspendue et qui pousses ta famille à sa ruine, je te quitte et je m'en vais de ce pas avec colère, tel que les eaux d'un fleuve coulent vers l'Océan. À cette heure, où j'ai reconnu que ton esprit est faux, cruel, infracteur de la justice, puis-je faire autrement que de t'abandonner comme un éléphant qui est enfoncé dans la boue?»

Quand Râvana, que poussait la mort, eut, bouillant de colère, entendu ces paroles de Vibhîshana, il répondit à son frère en ces termes pleins d'amertume: «On peut habiter avec son ennemi, avec un serpent irrité; mais non avec l'homme, qui manque à ses promesses et qui sert nos ennemis! Je sais bien, Rakshasa, quel est en toute chose le caractère des parents: les infortunes des parents font toujours du plaisir aux parents. Oui! des parents comme toi dédaignent et méprisent *dans leur parent* un chef actif, héroïque, savant, qui sait le devoir et qui se plaît avec les gens de bien.

«Félons, cœurs dissimulés, se réjouissant toujours des revers les uns des autres, les parents sont pour nous *des ennemis* terribles; et c'est d'eux que nous viennent les dangers. On entend quelque part, dans la forêt Padma, les éléphants mêmes chanter des çlokas à la vue des chasseurs qui viennent, tenant des cordes à leur main. Écoute-les, Vibhîshana!

«Notre danger n'est pas dans ces cordes, ni dans le feu, ni dans les autres armes; il est dans nos parents, esclaves égoïstes de leurs intérêts: voilà ce qui est à craindre. Ils indiqueront sans doute le moyen de nous prendre! Le plus terrible de tous les dangers est toujours, pense-t-on, le danger que nous apportent les parents.

«Il te déplaît, scélérat, que je sois honoré du monde!... Mais qui est monté sur le trône a les pieds sur le front de ses ennemis!»

Après que le monarque aux dix têtes eut jeté ces paroles, le fortuné Vibhîshana, dont il avait excité la colère, lui répondit en ces termes, debout au milieu des ministres: «Il est donc vrai, Démon des nuits! les hommes pris de vertige et tombés sous la main de la mort n'acceptent jamais les paroles d'un ami, qu'inspire le dévouement à leur bien! Si un autre que toi, nocturne Génie, m'avait tenu ce discours, il eût cessé de vivre à l'instant même. Loin de moi, honte de ta race!» Après qu'il eut dit ces mots si amers, Vibhîshana, de qui la juste raison inspirait toujours les paroles, prit son vol tout à coup, le cimeterre à la main, suivi par quatre des ministres.

Il revit sa mère, lui donna connaissance de tout, et, se replongeant au sein des airs, il se dirigea vers le mont Kêlâsa, où habite le monarque à la vigueur sans mesure, fils de Viçravas, avec ses nombreux Gouhyakas et ses Yakshas à la grande force. Il y avait alors dans le palais de ce roi divin l'auguste souverain des mondes, le chef *de tout*, Çiva, la vertu en personne.

Environné de troupes nombreuses *d'immortels serviteurs*, le suprême seigneur de tous les Dieux, celui de qui le drapeau montre aux yeux un taureau, était venu avec Oumâ, sa compagne, visiter le Dieu qui préside aux richesses dans sa *brillante* demeure.

Aussitôt ces deux grands Immortels de jouer entre eux aux dés. Sur ces entrefaites, l'époux d'Oumâ, voyant le prince des Rakshasas, Vibhîshana, le rejeton de Poulastya, qui venait à la montagne, dit ces paroles au maître des richesses: «Voici que Vibhîshana vient se réfugier vers toi, seigneur. Ce héros est tout plongé dans le ressentiment, parce qu'il a reçu un outrage du monarque des Rakshasas. Il a mis sur toi sa pensée et vient ici demeurer chez toi. Que ce héros vigoureux à la grande vaillance s'en aille promptement aujourd'hui même, engagé par toi, se présenter devant Râma. Ensuite, Vibhîshana étant venu chez lui, Râma, l'immolateur des ennemis et le plus élevé des hommes, doit sacrer ce Démon sur le trône des Rakshasas.»

Vibhîshana, comme il parlait ainsi, arrive en ce lieu, descend sur la terre, tombe à ses genoux et courbe la tête à ses pieds. Le bienheureux Çiva lui dit avec l'auguste rejeton de Viçravas: «Lève-toi, Rakshasa! lève-toi! La félicité descende sur toi! Ne te livre point à la douleur. Obtiens, invincible guerrier, obtiens la couronne aussitôt que tombée du front même de Râvana. Rends-toi, mon ami, aux lieux où sont, et Râma aux longs bras, ce jardin *fortuné* des vertus, et le singe Sougrîva, et le majestueux Lakshmana. C'est là que Râma à la vive splendeur et le plus habile de ceux qui manient les armes te sacrera bientôt sur le trône de Lankâ, toi, venu d'ici vers lui, *vaillant* meurtrier des ennemis.»

Dans ce moment, le monarque à la grande splendeur, fils de Viçravas, tint ce langage au prince des Rakshasas, Vibhîshana: «Partant d'ici, héros, tu seras bientôt roi de toutes les manières à Lankâ; c'est ce que nous avons déjà vu dans *l'avenir* depuis longtemps. Hâte-toi d'aller en ce jour même, pour l'anéantissement des Rakshasas, le salut de toutes les créatures et l'inauguration de toi-même sur le trône, vers ce héros né de Raghou, le plus vertueux de tous ceux par qui la vertu est cultivée. Accompagné de Râma, hâte-toi de consommer, prince à l'éminente fortune, l'affaire des habitants du ciel, des Rishis et de tous les êtres appliqués au devoir.

«Immole Râvana, comme on tue l'homme d'un naturel pervers, sans pudeur, sans frein, qui cherche à s'enivrer de guerres, qui est le perpétuel obstacle des âmes placides et douces, vouées aux pratiques de la vie pénitente. Immole ce Démon aux dix têtes qui se fait un jeu de troubler le soma dans les grands sacrifices, qui se plaît à semer le danger sous les pas du voyageur et des autres, qui aime à vivre toujours au milieu des iniquités, comme on se tient près d'un jeune frère que l'on aime ou dans la compagnie des Dieux.

«Parce que tu as quitté le tyran aux dix têtes comme on abandonne loin derrière soi le voyageur qui marche hors du vrai chemin et ne suit pas une bonne route, tu jouiras, Démon sans péchés, de la gloire et des plaisirs éternels dont nous jouissons nous-mêmes.»

Après qu'il eut écouté ces paroles tombées des lèvres de son frère aîné, le prudent Vibhîshana, baissant la tête, demeura plongé dans ses réflexions. L'auguste et immortel Bhagavat dit au prince enseveli dans ses pensées: «Lève-toi, monarque des Rakshasas! lève-toi, Démon à la grande sagesse! obtiens le bonheur éternel, digne récompense de ta pénitence et de tes bonnes œuvres! Nous voyons toutes ces choses *dans l'avenir*, héroïque Vibhîshana, comme si elles étaient sous nos yeux.

«Lève-toi donc et rends-toi vers l'immortel seigneur des villes, l'immortel et glorieux appui de toutes les créatures. Car c'est le trésor des vertus; c'est la voie suprême où circule ce qui se meut; c'est la racine de l'univers entier.»

À ces mots prononcés là par l'Immortel au cou bleu, le singe aux longs bras de se lever avec ses ministres eux-mêmes. Puis, quand il eut adoré le Dieu Çiva et l'auguste Kouvéra, le vertueux Vibhîshana partit d'un vol rapide, et, se replongeant au sein des airs, il s'en alla chercher la présence du héros à la grande force.

Les rois des singes, qui se tenaient sur la terre, le virent se tenant au milieu du ciel, où il ressemblait à la cime d'un mont et paraissait flamboyer de splendeur. Ceint des armes les plus excellentes, le fortuné Démon planait au sein de l'air, semblable à une montagne de nuages ou tel que la Mort vêtue d'un corps humain. Munis eux-mêmes d'armes offensives et de boucliers, ses quatre suivants à la force épouvantable reluisaient par l'éclat des parures.

Dès que le vigoureux monarque des singes, l'invincible Sougrîva, l'eut aperçu, il dit à tous ses quadrumanes, Hanoûmat à leur tête, ces mots que lui dictait sa prudence: «Ce Rakshasa couvert d'armes et d'une cuirasse, qui vient ici, voyez! suivi par quatre Démons, accourt sans doute pour nous tuer.»

À ces mots, arrachant des rochers et des arbres, tous les chefs des tribus quadrumanes de lui répondre en ces termes: «Donne-nous promptement tes ordres, sire, pour la mort de ces méchants; qu'ils tombent maintenant immolés sur la terre et baignés dans leur sang!»

Tandis qu'ils se parlaient mutuellement, Vibhîshana, étant arrivé sur le bord septentrional de la mer, s'y tint, planant au milieu des airs. Le Démon à la grande sagesse, abaissant de là ses regards sur le monarque et sur les singes, leur dit en criant d'une voix forte: «Je suis venu, sachez-le, singes, pour voir le noble Râma. Il est un Rakshasa puissant, nommé Râvana; c'est le souverain des Rakshasas. C'est par lui que Sîtâ fut emportée du Djanasthâna, après qu'il eut tué Djatâyou. Je suis le frère puîné de ce monarque, et Vibhîshana est mon nom. Je *tentai* d'ouvrir ses yeux par différents et sages discours: «Allons! que Sîtâ, lui ai-je dit mainte et mainte fois, que Sîtâ soit rendue à Râma!» Mais Râvana, que la mort pousse en avant, ne voulut point agréer les bonnes paroles que je lui fis entendre: tel un malade qui veut mourir se refuse au médicament.

«Accablé d'invectives, outragé par lui comme un esclave, je viens, abandonnant mes amis et mon épouse, me réfugier sous la protection de Râma. Je n'ai, certes, besoin ni des plaisirs, ni d'une autre opulence, ni de la vie: puisse mon abandon même de tous ces biens m'obtenir la faveur du prince fils de Raghou!

«Annoncez promptement au magnanime Râma, le protecteur de toutes les créatures, que je suis venu solliciter sa protection.»

Sougrîva s'en fut aussitôt trouver les deux Ikshwâkides: «Le frère puîné de Râvana, dit le monarque des singes, le héros Vibhîshana, comme on l'appelle, vient, accompagné de quatre ministres, se mettre sous ta protection. C'est Râvana lui-même, ce me semble, qui nous envoie ce Vibhîshana: la prudence veut qu'on s'assure de lui; c'est là mon avis, ô le meilleur des hommes patients. Il vient avec une pensée tortueuse, méchante, infernale, épier l'heure où tu seras sans défiance pour te frapper: homme sans péché, *méfie-toi!* c'est un ennemi caché! Mettons à mort dans un cruel supplice, avec ses quatre amis, ce frère puîné du sanguinaire Râvana, ce Vibhîshana qui s'est jeté dans nos mains.»

Alors que Râma eut appris l'arrivée de Vibhîshana il dit à Sougrîva, constant dans la douceur, l'attention sur le temps présent et la vigilance pour le temps à venir: «Asseyons-nous là, Sougrîva! convoque tous les conseillers, Hanoûmat à leur tête, et les autres chefs des peuples quadrumanes. Réuni avec eux, je ferai l'examen que nous avons à faire. Ce que tu dis est juste, Sougrîva: oui! les rois sont environnés de piéges.»

Ensuite, à la voix de Sougrîva, on vit se rassembler entièrement les chefs des tribus simiennes, tous héros, tous versés dans les affaires, tous adroits à lancer une flèche.

Alors ces optimates singes, qui avaient ouï les paroles de Vibhîshana et qui désiraient agir pour le bien de Râma, lui dirent avec soumission: «Il n'est rien qui te soit inconnu dans les trois mondes, fils de Raghou: si tu nous consultes, docte roi, c'est donc par amitié, c'est qu'il te plaît d'honorer nos personnes. Que tes conseillers nombreux, qui savent la raison des choses et sont doués tous de sages conseils, parlent donc maintenant tour à tour, et, *s'il est nécessaire*, à deux et plusieurs fois.»

À ces mots, Angada, rempli de prudence, leur dit ces bonnes paroles sur les précautions qu'il fallait observer à l'égard de Vibhîshana: «Il convient d'examiner à fond cet étranger, qui vient de chez l'ennemi; il ne faut point ajouter foi précipitamment au langage de Vibhîshana. Ces Démons aux pensées trompeuses circulent, dissimulant ce qu'ils sont; cachés dans les trous, ils épient l'instant de vous attaquer: un malheur *ici* serait *pour eux* un bonheur!»

Le singe Çarabba réfléchit; puis il dit ces mots: «Qu'on expédie promptement un espion vers lui, tigre des hommes. Oui! qu'un émissaire observe de toute son attention le caractère de ce réfugié, et, sur l'examen fait, que l'on tienne à son égard la conduite exigée par la juste raison.»

Djâmbavat, quadrumane savant, après qu'il eut considéré la chose dans son esprit illuminé par tous les Traités, exprima sa pensée dans ces termes exempts de reproche et dignes même d'éloge: «Sorti de chez le monarque des Rakshasas, en guerre déclarée avec nous et d'un naturel méchant, Vibhîshana vient ici, où ne l'appelle aucune raison, ni de temps, ni de lieu; il faut donc l'observer sans rien négliger.»

Après lui, Maînda, éloquent orateur, dit ces mots remplis de sens: «Que maintenant, sur l'ordre enjoint par ce monarque issu de Raghou, Vibhîshana soit interrogé sans précipitation avec des paroles douces. Quand tu sauras distinguer son caractère, ô le plus éminent des hommes, alors, s'il est perfide ou non, tu prendras une résolution, devant laquelle aura marché l'intelligence.»

Ensuite Hanoûmat, doué de sagesse, Hanoûmat le plus grand des conseillers, tint ce langage doux, aimable, utile et rempli de sens:

(Vrihaspati même parlant n'eût pas été capable de surpasser, quand Hanoûmat parlait, ce quadrumane savant, le plus vertueux des singes et le plus éloquent des êtres à qui fut donnée la parole:)

«Ce n'est pas l'amour, ni l'envie d'un présent, ni l'orgueil, ni une ambition de supériorité, mais, comme il convient, sire, la gravité de cette affaire, qui va dicter mon discours.

«Tes conseillers ont parlé d'envoyer, soit un espion, soit un émissaire: il n'existe pas de motif à cette mesure, puisqu'il n'en peut résulter aucun avantage. En effet, un espion ne peut connaître Vibhîshana tout d'un coup, et c'est une faute de traîner ici le temps en longueur: donc, il n'y a pas lieu d'envoyer un espion.

«On dit encore: «Ce Vibhîshana vient ici, où ne l'appelle aucune raison, ni du temps, ni du lieu!» J'ai pour cette objection quelques mots à répondre: «Il en est ici du temps et du lieu ce qu'il en est des vertus ou des vices dans chaque homme: *ce sont les unes ou les autres qui font l'à-propos ou l'inopportun*. Ce qui est accompagné du moyen porte bientôt ses fruits.

«Il a vu tes grands exploits et Râvana engagé dans une fausse route; il a su que tu avais immolé Bâli et mis Sougrîva sur le trône; il aspire à posséder *aussi* le trône *de son frère* et voit déjà, son âme le présageant, *que les choses auront ici la même fin*: voilà sans doute les considérations placées en première ligne devant ses yeux, *et les motifs* qui amènent Vibhîshana vers toi.»

Après qu'il eut écouté le fils du Vent, l'invincible Râma lui répondit en ces termes: «J'ai moi-même quelque envie de parler sur Vibhîshana. Je désire que mes paroles soient toutes entendues par vos grandeurs, inébranlables dans la vertu. À Dieu ne plaise que je repousse jamais l'homme qui vient à moi sous les couleurs de l'amitié! S'il est en lui de la perfidie, le blâme des gens de bien *n'*en sera-*t-il pas* le châtiment?

«Ne voyant donc en lui qu'un magnanime, entré dans une noble voie et qui vient à moi sans détour, veuillez bien retirer de lui vos soupçons.

«Ce nocturne Génie, qu'il soit bon ou méchant, est-il capable, singes, de me nuire en la moindre chose?

«On raconte que *jadis* une colombe accueillit avec politesse un *vautour, son* ennemi, qui était venu lui demander assistance, et lui offrit sa chair même en festin. Si une colombe, un simple volatile, donna l'hospitalité au meurtrier de son épouse, à plus forte raison dois-je accueillir ce Vibhîshana, ce frère de Râvana, *il est vrai*, mais appliqué à suivre le devoir et qui, malheureux, vient se réfugier vers moi, accompagné de ces démons!

«Je promets d'assurer la sécurité de tous les êtres, ai-je dit quand je prononçai mes vœux, et d'épargner dans le combat ceux qui diront, implorant ma pitié: «Je me rends à toi!»

«Conduis vers moi Vibhîshana, ô le meilleur des singes; je lui donne toute assurance: autrement, Sougrîva, ne serais-je pas un Râvana moi-même pour Vibhîshana?»

Quand Râma eut accordé le sauf-conduit, ce frère puîné de Râvana fut invité par le roi des singes et descendit aussitôt du ciel avec ses compagnons. Le monarque intelligent des quadrumanes s'approcha de Vibhîshana, l'étreignit dans ses bras, lui fit ses compliments et lui montra le héros né de Raghou. Descendu à peine du ciel à terre avec ses fidèles suivants, le Rakshasa joyeux attache toutes ses armes aux premiers des arbres qui se trouvent devant lui. Imité par ses compagnons eux-mêmes, le vertueux Démon changea sa forme en une autre plus avenante et se prosterna aux genoux de Râma.

Celui-ci, dont il cherchait à toucher les pieds, le fit relever, l'embrassa et lui dit cette douce parole: «Ta grandeur est mon amie?» À ce langage *poli*, Vibhîshana répondit en ces termes non moins polis, mariés au devoir et sur l'expression desquels se levait l'expression de ses qualités: «Je suis le frère puîné de Râvana et je fus outragé par lui. J'ai quitté Lankâ, mes richesses, mes amis, et je viens me réfugier vers ta majesté, secourable pour toutes les créatures. C'est à toi que je devrai tout, ma vie, mes richesses et l'empire même. Je ferai une alliance avec toi, héros à la grande sagesse, et je conduirai tes armées à la mort des Rakshasas et à la conquête de Lankâ.»

Ces paroles dites au fils du roi des hommes, le Démon dans la race d'un saint[12] n'ajouta point un seul mot et contempla silencieusement le magnanime Râma.

Note 12:

Le rishi Poulastya.

À ces mots, Râma le héros d'embrasser Vibhîshana: «Mon ami, va chercher, dit-il à son frère, un peu d'eau à la mer et sacre au milieu des principaux singes à l'instant même ce Vibhîshana, par ma grâce, monarque des Rakshasas et roi de Lankâ; car, fils de Soumîtrâ, il a gagné ma faveur.» Il dit, et, sur l'ordre que lui donnait son frère, Lakshmana de sacrer Vibhîshana dans sa dignité au milieu des chefs quadrumanes. À la vue de la bienveillance que Râma témoignait au *pieux Démon*, tous les singes à l'instant d'applaudir avec de grandes clameurs: «Bien! bien!» s'écrièrent-ils.

Ensuite, Hanoûmat et Sougrîva dirent à Vibhîshana: «Comment traverserons-nous cette mer, inébranlable asile des monstres marins?

Indique-nous un moyen, mon ami, de franchir sains et saufs avec une armée cet empire de Varouna, souverain des rivières et des fleuves.»

À ces paroles, Vibhîshana, le devoir en personne, de répondre: «Un monarque, issu de Sagara, n'a-t-il pas droit à réclamer le secours de la mer, car la main qui a creusé ce grand bassin des eaux, vaste et, *pour ainsi dire*, sans mesure, fut celle de Sagara? C'est donc un devoir pour la mer de rendre au petit-neveu de cet ancien roi les bons offices d'une parente: voilà quelle est mon opinion! En effet, Sagara, vous l'avez ouï dire, fut un des aïeux de Râma: aussi, prenant de nobles sentiments, la mer, à la vue de sa force immense, lui rendra certainement, *je le répète*, les bons offices d'une parente.» Ces paroles de Vibhîshana, le sage Démon, plurent au fils de Raghou, dont le caractère était naturellement fait pour le devoir.

Et, par une déférence de politesse, le héros à la grande splendeur, habile dans ses travaux, dit ces mots que précédait un sourire, à Lakshmana comme à Sougrîva, le monarque des singes: «J'approuve, Lakshmana, ce conseil de Vibhîshana; dis-moi, sans tarder, Sougrîva, s'il te plaît également.»

À ces mots, les deux héros, Lakshmana et Sougrîva, lui répondirent, *d'un commun accord*, en ces termes, d'une résolution bien arrêtée: «Les Dieux puissants, Indra même à leur tête, ne pourraient conquérir Lankâ, s'ils n'avaient d'abord jeté un pont sur cette mer, séjour épouvantable de Varouna! Suis, mon ami, cet avis, convenable ou non, de Vibhîshana: ne perdons pas de temps et que la mer soit liée d'un pont!»

Trois nuits alors s'écoulèrent ainsi dans la compression des sens pour ce héros d'une grandeur infinie, couché sur le sol de la terre. Mais Râma eut beau réprimer ses sens et lui rendre tout l'honneur qu'elle méritait, la mer ne se montra point à ses yeux.

Alors, s'irritant contre elle et voyant à ses côtés Lakshmana, il dit les yeux enflammés ces paroles avec colère: «Vois donc, Lakshmana, l'insolence de cette ignoble mer! Je l'honore, et pourtant elle ne veut pas m'accorder la vue de sa personne! La placidité, la patience, la douceur, l'attention à ne dire que des choses aimables, sont des qualités dont les fruits n'ont jamais de saveur pour les gens sans vertus. Le monde ne sait honorer que l'homme cruel, audacieux, qui se donne à soi-même des éloges et qui, dénué de raisons persuasives, ne parle jamais que le bâton levé.

«Apporte-moi donc au plus tôt mon arc et mes flèches pareilles à des serpents! Je vais à l'instant même bouleverser dans ma colère cette mer qu'on ne peut émouvoir!»

Ces mots dits, Râma de saisir dans les mains de Lakshmana ses flèches et son arc céleste, auquel soudain il attacha la corde.

Il courba son grand arc, et ce mouvement ébranla, pour ainsi dire, la terre; puis il décocha ses dards acérés, tel qu'Indra lance ses tonnerres! Ces longs traits flamboyants, et dont la splendeur était semblable à celle du feu, volent rapidement au sein des eaux et font trembler tous les poissons de l'Océan.

Au même instant s'élevèrent par milliers, semblables au mont Vindhya, les flots du souverain des fleuves, portant *jusqu'aux nues* les requins et les crocodiles. Hérissé par des multitudes de vagues monstrueuses et jonché par des masses de coquillages, le grand bassin des eaux s'agitait avec des ondes enveloppées de fumée. La terreur fouettait les reptiles aquatiques, la gueule en feu, les yeux enflammés. Ensuite, ayant éprouvé la puissance du héros et vu quelle terrible affaire il avait soulevé contre lui-même, le grand souverain qui règne sur les fleuves se fit voir en personne au fils du souverain qui régna sur le monde.

Ouvrant donc près du *noble* Râma ses vastes flots, la mer se montre alors entourée de ses monstres aux gueules enflammées. Semblable au suave lapis-lazuli, portant une robe de pourpre et des guirlandes de fleurs rouges avec des parures faites d'or, la mer, accompagnée de ses ministres, s'approche de Râma, sans tarder, et, les mains réunies en coupe à ses tempes, lui adresse un discours modeste et doux. Le saluant d'abord avec son nom, elle dit: «Râma!» ensuite, la mer vigoureuse lui tint ce langage:

«La terre, le vent, l'air, l'eau et la lumière, qui est la cinquième, se tiennent, mon ami, dans leur nature et suivent la voie éternelle *qui leur fut assignée*. Impérissable, j'ai reçu pour ma qualité la profondeur: être guéable serait un renversement de ma nature; je te répète là ce qui me fut dit *à l'origine des choses*. Un de tes aïeux à la grande splendeur et nommé Sagara fut jadis *en ces lieux* mon auteur, et c'est de son nom que je suis appelée Sâgara, moi, la souveraine des rivières et des fleuves. Je ne veux pas qu'on élève un pont sur moi; mais jette un môle dans mes eaux, Râma, et je t'y donnerai un chemin facile, par où passeront tes singes. L'origine de cette voie solide au milieu de la mer sera dès lors une merveille dans le monde; et c'est à toi surtout qu'il sied, Râma, de me laisser *à jamais* ce *monument* de toi.

«Apprends de moi, mon ami, le moyen de traverser mon domaine. Râma, voici un singe appelé Nala: c'est le fils de Viçvakarma, qui l'a doué de ses dons; Nala, qui trouve son *plus grand* plaisir à procurer ton bien même. Que ce fortuné singe, capable de grands travaux, soit préposé à la construction du môle et qu'il fasse, ô le meilleur des hommes, une jetée dans mes eaux! Je consens à la supporter, vu l'importance de l'affaire qui amène ici ta majesté; j'empêcherai les monstres marins de rôder *au milieu de ces travaux*, et Mâroute lui-même retiendra son souffle. Enfin, je rendrai mes flots immobiles, à ton ordre comme à celui de Nala.»

Quand il vit la mer tenir ce langage, Nala répondit au fils de Raghou: «Je mettrai en œuvre cette capacité, *insigne faveur* de mon père, et j'élèverai une vaste chaussée dans l'habitation des monstres marins: la reine des eaux a dit la vérité.»

La mer, aussitôt qu'elle eut ouï ce langage de Nala, prit congé de Râma et rentra dans son domaine.

À l'ordre de Sougrîva, les singes de s'élancer pleins d'empressement vers le bois par centaines de mille. Là, se chargeant d'açvakarnas, de shorées, de bambous et de roseaux, de koraïyas, de pentaptères arjounas, de nauclées, de tilâs, de mulsaris, de bakapoushpas et d'autres arbres; apportant même des cimes de montagne, les singes par centaines de mille en construisent une chaussée dans les eaux de la mer. Les uns, d'une force immense, arrachaient à l'envi des crêtes de montagnes ou des roches luisantes d'or, et venaient déposer leur faix dans la main de Nala.

Des singes pareils à des éléphants élevaient ce môle de la mer avec des monts aussi gros qu'une ville et des arbres encore tout parés de fleurs.

Le chemin s'en allait dans la mer, se dépliant sur les dix yodjanas de sa largeur, comme on voit dans la chaude saison un grand nuage se dérouler au souffle du vent.

Ces travailleurs à la force immense, pour lier entre eux les intervalles de la jetée, couchèrent là des arbres attachés avec des arbrisseaux pullulants de sauterelles, avec des câbles de lianes et de roseaux.

Les autres, par centaines de mille, chargeant d'un seul coup sur leurs épaules des sommets de montagnes, en formaient les assises du môle dans les eaux de la mer. Des singes rapides, vigoureux, secouaient impétueusement et renversaient même dans l'*Océan*, roi des fleuves, les arbres nés sur le rivage.

C'était alors *partout* dans ce grand bassin des eaux un bruit confus de roches transportées et de cimes rompues.

Sougrîva lui-même, grimpant de montagne en montagne et semblable à un nuage, en faisait descendre les sommets par centaines et par milliers. Le bel Angada rompit de sa main le faîte du mont Dardoura et le fit rouler dans les flots salés comme une nuée d'où jaillissent des éclairs. Ici Maînda et Dwivida même accouraient, voiturant d'un pied hâté une grande cime, qu'ils venaient d'arracher, toute revêtue encore de sa forêt de sandal fleurie de tous les côtés.

Épouvantés du fracas, tous les quadrupèdes et les volatiles des bois, impuissants à *courir ou* voler, restaient nichés *ou tapis* dans les cimes des montagnes.

Les plus hauts Rishis, les Siddhas, les Gandharvas et les Dieux, brûlants de voir cette merveille, tous alors d'accourir là, couvrant de leur multitude la plaine éthérée. Les Rishis, les Pitris, les Nâgas, les saints rois, les Yakshas et Garouda lui-même viennent contempler ce môle jeté dans la grande mer. Et, se tenant au sein des airs, non loin de Râma, tous lui rendent leurs hommages et parlent ainsi d'une voix douce: «Quel créateur, sans excepter même Indra, secondé par les Dieux, a fait jadis ou fera jamais un ouvrage tel que celui du noble Raghouide?

«Autant que subsistera cette mer, aussi longtemps durera, comme elle est, cette *admirable* jetée: et tant que la renommée dira le nom de cette mer, elle publiera en même temps le nom de Râma[13]!»

Note 13:

«Râma, dans son expédition contre l'île de Ceylan, rétablit momentanément par un miracle l'isthme ancien, qui a dû joindre Ceylan à l'Inde, et dont une chaîne d'îles, d'îlots et de rochers contigus semble être le reste. Les Hindous... appellent ces récifs *Pont de Râma*, dénomination à laquelle les Arabes ont substitué celle de *Pont d'Adam*... Ces bancs de sable, connus sous le nom de *Pont de Râma*, dit ailleurs Malte-Brun, joignent presque l'île de Ceylan au continent de l'Inde.» (*Géographie universelle*, 1841, t. V^e, p. 300 et 314.)

Accourus à la hâte dans ces lieux: «Qui a lié d'une chaussée les deux rives de cette mer?» demandaient émerveillés les Tchâranas et les Vidyâdharas. «Celui, répondait-on, qui a lié d'une chaussée les deux rives de celle mer, c'est Râma.»

Et ces mots dans un bruit confus *de voix* mêlées s'en allaient par les dix points de l'espace et venaient frapper les oreilles jusque sur la terre.

De peur que l'astre du jour ne brûlât, si peu même que ce fût, les singes dans leurs fatigants travaux, des nuages, nés sous la voûte des cieux, interceptaient les rayons du soleil. Indra versait la pluie et Mâroute son haleine d'une manière *tout à fait* propice: on vit même les arbres distillant alors un miel semblable aux nourritures accoutumées des singes.

Commencée à la rive septentrionale, la jetée se prolongeait jusqu'au rivage de Lankâ; et, d'une admirable beauté, on la voyait diviser la mer en deux parties. Large, bien exécutée, propice, faite pour tous les êtres, elle brilla désormais au front de l'Océan comme une raie de chair, qui partage les cheveux sur le milieu de la tête.

La jetée construite, le passage des singes magnanimes par milliers de kotis exigea un mois entier.

Enfin, ayant repris haleine et s'étant reposés tous, chacun dans son armée, ces quadrumanes fameux traversèrent l'Océan sur la voie qui était née sous leurs mains. Vibhîshana, une massue au poing, se tenait avec ses *quatre* amis sur la rive ultérieure de la mer afin de repousser l'approche des ennemis.

Quand Râma, le Daçarathide, eut traversé la mer avec son armée, le fortuné Râvana de parler ainsi à deux de ses ministres, Çouka et Sârana: «L'armée entière des singes a franchi l'infranchissable Océan, et Râma a lié d'une chaussée, qui n'existait pas avant ce jour, les deux rives de cette mer. On n'a jamais ni vu ni ouï dire qu'un pont fût jeté sur la mer elle-même: c'est donc le Destin qui, pour nous perdre, étend son bras *vers nous*! C'est Râma qui fit, Sârana, ce travail incroyable: la construction d'une telle chaussée en plein Océan trouble à cette heure mon esprit. Il faut nécessairement que je connaisse le nombre de cette armée simienne: une fois ces informations prises, je disposerai nos moyens de résistance.

«Que vos excellences, revêtant le corps des singes, entrent *donc*, sans qu'on les remarque, dans cette armée, et veuillent bien en supputer les forces. Observez, et l'armée, et l'ordre suivi des marches, et quels desseins ont les guerriers, et la stature, et la vigueur, et qui sont les plus excellents des quadrumanes.»

«*Il sera fait* ainsi!» répondent à cet ordre les démons Çouka et Sârana, qui s'en vont d'un vol rapide où est l'armée *des ennemis*. Là, revêtus d'une forme simienne, les deux ministres du monarque des Rakshasas entrent, sans avoir été remarqués, sous le déguisement que leur avait prêté la magie, dans l'armée des singes, dont l'imagination n'aurait pu se peindre une idée et dont l'aspect aurait fait dresser le poil d'épouvante.

Çouka et Sârana virent cette grande armée assise ou courant par milliers sur le faîte des montagnes, sur les rives de la mer, dans les cavernes, dans les bois fleuris, le long des cataractes, et se mirent à computer de tous leurs soins. Mais *en vain*, Sârana et Çouka ne surent pas trouver le nombre de cette armée simienne, invincible, sans fin, indestructible.

Vibhîshana reconnut sous leur déguisement ces deux magnanimes pour des espions venus de Lankâ. Ce héros à la grande vigueur les fit saisir par des singes aux forces épouvantables et dénonça les deux compagnons à Râma: «Sache que ces deux *faux singes*, lui dit-il, sont des espions qui nous viennent de Lankâ!»

Alors, pleins de trouble et désespérant de leur vie à l'aspect de Râma, ceux-ci de joindre en coupe leurs mains suppliantes et de lui adresser tout frissonnants les paroles suivantes: «Nous sommes venus dans ton camp, héros, les délices de Raghou, parce que Râvana nous envoya tous deux, observer ici toute cette armée sous tes ordres.»

Quand il eut ouï ces mots, Râma le Daçarathide, qui trouvait son plaisir dans le salut de tous les êtres, dit en souriant ces paroles: «Si vous avez bien vu toute l'armée, si vous nous avez suffisamment observés, si vous avez tout fait de la manière qu'on vous l'avait dit, retournez-vous-en comme il vous plaira. Vous pouvez, à votre aise, emporter vos calculs à la ville de Lankâ. Je vais dans ce moment, noctivagues, vous donner un sauf-conduit; et, s'il est quelque chose que vous n'ayez pas encore *bien* vu, il vous est permis de le voir une seconde fois.

«Mais une fois rentrés dans votre cité, n'oubliez pas de répéter au monarque des Rakshasas, le frère puîné du Dieu qui donne les richesses, ces paroles de moi, telles que je vous les dis: «Fais-nous voir autant qu'il est dans ta puissance, avec le secours de ton armée et de tes parents, cette vigueur que tu as déployée ce jour du temps passé, où tu m'as enlevé Sîtâ!

«Vois, quand demain sera venu, toute la ville de Lankâ s'écrouler sous mes flèches avec ses remparts, avec ses portiques, avec son armée de Rakshasas!»

À cet ordre, les deux Yâtavas *partent, ils* arrivent dans la cité de Lankâ, où Çouka et Sârana disent au roi des Rakshasas:

«Arrêtés *dans notre mission* par Vibhîshana, la mort nous était due, monarque des Rakshasas; mais, conduits en présence du magnanime Râma, ce prince à la vigueur sans mesure nous fit rendre la liberté. C'est là que nous vîmes réunis dans un même lieu et semblables aux gardiens du monde ces quatre héros à la grande force, aux mains instruites dans le maniement des armes, au courage inébranlable: Râma, le beau Daçarathide, Lakshmana à l'immense vigueur, Sougrîva d'une splendeur éblouissante et Vibhîshana, ton frère.

«Les voilà donc, ces héros quadrumanes, arrivés sous les murs de notre Lankâ inexpugnable. On ne trouve pas la fin de cette armée, qui a passé déjà et qui passe maintenant la mer sous la protection de Râma, qui semble, sire, un de ces Dieux préposés à la garde du monde. Loin d'ici la guerre! Que la paix soit résolue! Rends sa Mithilienne au fils du roi Daçaratha.»

Quand il eut ouï ces paroles justes, hardies, bien dites par Sârana, le roi de lui répondre en ces termes: «Je ne rendrais pas même Sîtâ par la crainte du monde entier, les Dânavas, les Gandharvas et les Dieux vinssent-ils à fondre sur moi!»

À ces mots, Râvana, plein d'une bouillante colère, se leva du siége royal et, poussé par le désir de voir, il monta, rapide, sur le faîte de son palais, qui avait la blancheur de la neige et dont la hauteur eût égalé plusieurs palmiers, *l'un sur l'autre étagés*. Flamboyant de *tout* son corps, il abaissa les yeux sur la terre, et, accompagné de ces deux espions, il contempla cette grande armée. Il vit, et la mer, et les montagnes couvertes de héros simiens, et les contrées de la terre bien remplies de singes. Quand il eut considéré cette armée de quadrumanes, immense, incalculable, sans terme, le monarque fit ces demandes à Sârana:

«Qui sont parmi eux les enfants des Dieux? Qui sont réduits à des forces purement humaines? Qui sont ici les singes de qui Sougrîva écoute les conseils? Qui sont les chefs des chefs? Indique-moi promptement, Sârana, les singes qui sont ici les généraux?»

À ces mots du monarque de Rakshasas, l'interrogé, à qui les principaux des singes n'étaient pas inconnus, lui répondit: «Le singe qu'entourent mille centaines de capitaines et qui rugit, le front tourné vers Lankâ; ce héros de qui la grande voix fait trembler toute la cité avec ses remparts, ses portiques, ses bois, ses montagnes et ses forêts; ce général qui se tient à la tête des armées du magnanime Sougrîva, l'Indra de tous les singes, on l'appelle Nala. Il est fils de Viçvakarma, et c'est par lui que ce pont fut construit.

«Semblable au faîte d'une montagne et pareil en couleur aux fibres du lotus, ce guerrier vigoureux, qui, tenant ses bras levés, creuse des pieds la terre et qui, la face tournée vers Lankâ dans une fureur débordée, ouvre à chaque instant sa bouche par des bâillements de colère, fait claquer à chaque pas sa queue et remplit du son les échos aux dix points de l'espace; ce héros qui, environné par un millier de padmas[14] et par une centaine de cent milliards, te défie au combat, fut sacré comme roi de la jeunesse par Sougrîva, le monarque des singes: le nom qu'il porte, est Angada.

Note 14:

Le padma est une quantité égale à dix milliers de millions.

«*Tu vois* ce singe blanc, qui semble d'argent, qui vient de s'aboucher à la tête de son armée avec Sougrîva et qui s'en retourne, divisant *par sa marche* les armées simiennes, au milieu desquelles sa vue répand la joie. Il promène ses pas sur les rives charmantes de la Gomatî, sur les flancs du mont Arbouda, et tient le sceptre en ces lieux, où s'élève, peuplée d'oiseaux variés, la montagne nommée Sankotchana. Ce quadrumane fortuné, distingué par l'intelligence et fameux dans les trois mondes, est appelé Koumouda.

«Celui-ci d'une immense vigueur, et qui entraîne autour de lui cent et un mille guerriers, s'appelle Nîla, capitaine des capitaines et conseiller du magnanime Sougrîva, le monarque des singes.

«Cet autre, de qui les cheveux épars, affreux à voir, longs de plusieurs brasses, descendent jusqu'à sa grande queue et ressemblent à la crinière d'un lion; *cet autre, dis-je*, roi de Lankâ, qui, d'un naturel irascible et dans une *bouillante* colère, aspire au combat, a nom Végavat, et sa force est égale à celle de Sougrîva. Environné par un millier de cent mille kotis, il se vante de broyer Lankâ sous les coups de son armée!

«Ce général de couleur fauve, qu'on dirait un lion à sa longue crinière et qui, poussant des rugissements répétés, observe Lankâ d'une contenance plus modeste, est nommé Parvata. Il remplissait *avant ce jour* de ses cris éternels le Vindhya, qu'il habite, montagne azurée, délicieuse et charmante à la vue.

«Ce général simien, qui tient là ses oreilles ouvertes et qui bâille *d'impatience*, qui ne détourne pas ses yeux et ne s'écarte pas de son armée, qui montre enfin tant de sécurité dans ces grands dangers, a pour demeure le mont Tchandra, sire, et pour nom Çarabha. Tous les singes, compagnons de ce puissant capitaine, sont au nombre de cent milliers et de quarante centaines.

«Ce grand singe qui, dérobant le ciel, comme un grand nuage, se tient au milieu des chefs quadrumanes, comme Indra parmi les Dieux, là où, tel que le bruit des tambours, on entend les rois simiens appeler à grands cris le combat; ce général, vif, irascible, semblable à une montagne et toujours irrésistible dans une bataille, habite le Pâripâtra, mont sublime, et se nomme Pauasa.

«En voici un autre, que suit une armée formidable, excellente, de singes, campés avec lui sur le rivage de la mer, comme une seconde mer. Ce général, appelé Vinata, habite le mont Dardoura et s'abreuve dans la rivière Parnâça: cent millions de guerriers sont répandus autour de lui.

«Celui-là, qui, pareil au sombre nuage, les yeux enflammés, le visage doré comme le soleil, et tenant levée une roche immense, te défie au combat, se nomme Krathana. Son armée comprend soixante centaines de mille hôtes des bois.

«Voici Gavaya, que la colère pousse vers toi, singe plein de splendeur et qui nourrit un corps dont la teinte est ressemblante à l'or. Dix milliers et dix centaines de kotis lui obéissent, tous singes prompts et d'une grande vigueur. À leur tête, il peut te vaincre sur un champ de bataille, ô toi qui domptes les cités des ennemis!»

Après qu'il eut contemplé cette armée simienne aux nobles âmes, examiné la vigueur et l'héroïsme, entendu rapporter le nombre des singes, le monarque pâlit dans tout son corps et sentit faiblir sa résolution.

Quand Sârana, le magnanime Rakshasa, eut fini de parler, Çouka saisit l'occasion, et, contemplant toute l'armée, il dit à Râvana:

«Ces deux jeunes princes que tu vois là avec des formes célestes, sont Maînda et Dwivida: ils n'ont point d'égal au combat. Ils ont obtenu de Brahma la permission de manger l'ambroisie: aussi proclament-ils que leur seule force peut broyer la ville de Lankâ!

«Ces deux autres, qui, semblables à des montagnes, se tiennent à leurs côtés, sont Dourmoukha et Soumoukha, fils du Trépas, égaux à leur père. Environnés par cent millions de guerriers, ils observent la ville et se vantent que leur force va réduire en poussière la cité de Lankâ!

«Celui que tu vois là se tenir comme un éléphant enivré *pour les combats*; ce guerrier qui peut dans sa colère agiter, quoi qu'elle fasse, la mer elle-même par sa vigueur seule, est ce même singe qui a déjà triomphé de Lankâ et qui a déjà vu Sîtâ: vois-le revenu devant ces murs, lui que tes yeux ont vu dès avant ce jour. C'est le fils aîné de Kéçari, *ou plutôt*, dit la renommée, c'est le fils du Vent. On l'appelle Hanoûmat, et c'est lui-même qui a franchi la mer. On ne peut mettre obstacle à son chemin, comme il est impossible d'arrêter le vent dans sa route. Un jour, au temps qu'il était un enfant, comme il vit le soleil qui se levait, il s'élança vers lui; ce fait est certain: il franchit une route, qu'il parcourut jusqu'à trois mille yodjanas: «Je prendrai le soleil, avait-il dit, et le soleil n'ira plus sur moi!» Il avait arrêté cette résolution dans son âme, que sa force déjà enivrait d'orgueil. Mais, sans atteindre le soleil, ce Dieu, le plus invincible des êtres aux Dânavas, aux Rishis, aux Dieux mêmes, il tomba sur la montagne, où se lève *chaque jour* l'astre qui donne la lumière. Le singe au corps solide, précipité sur la face d'un rocher, s'y brisa quelque peu l'une des mâchoires: c'est de là qu'il est appelé Hanoûmat. Voilà ce que j'ai appris sur lui dans cette excursion même, où j'ai mis toute mon attention. Sa vigueur, ses formes, sa puissance est chose impossible à décrire.

«Ce héros, qui est là tout près de lui; cet homme au teint bleuâtre, aux yeux comme les pétales du lotus; ce guerrier, le plus grand des Ikshwâkides; lui, de qui la valeur est célèbre dans le monde; lui, de qui le devoir ne s'écarte jamais et qui n'abandonne jamais le devoir; lui, qui est le plus instruit des hommes instruits dans les Védas et qui sait manier la céleste flèche de Brahma; ce prince, en qui réside avec la destruction même l'assemblage de toutes les armes; lui, qui pourrait fendre le ciel et déchirer la terre avec ses flèches; lui, de qui la colère est comme celle de la mort et le courage est comme celui d'Indra, c'est Râma le Daçarathide, à qui naguère tu es allé dans un ermitage du Djanasthâna ravir son épouse et qui vient ici te livrer bataille!

«*Ce guerrier*, qui est à son côté droit avec un éclat d'or épuré, une large poitrine, les yeux dorés, les cheveux noirs et bouclés, c'est Lakshmana, l'exterminateur des ennemis, son frère, qu'il tient pour égal à sa vie. Habile à gouverner autant qu'il est habile à combattre, il a épuisé toute la science des armes; il est impétueux, difficile à vaincre, fort, courageux dans le combat, victorieux; c'est le bras droit de Râma; il est continuellement comme son âme qui se meut autour de lui.

«Ce guerrier, qui, environné par un peloton d'Yâtavas est venu se placer au flanc gauche de Râma, c'est ton frère lui-même, Vibhîshana. Dans sa colère contre toi, il s'en est allé prêter l'appui de ses conseils au Raghouide; et ce roi fortuné des rois a fait sacrer Vibhîshana comme monarque de Lankâ.

«Jadis, lancé par le vent, un grain de poussière entra dans l'œil gauche du maître des créatures, et le contact de *cet hôte incommode* lui causa une impression douloureuse. Brahma le prit donc avec la main gauche et l'envoya tomber au loin; puis cette pensée lui vint à l'esprit: «Que va-t-il naître de cela?»

«À l'instant même s'éleva une forme de jeune fille aux yeux de lotus, aux regards tremblants comme l'éclair, au visage rond comme le disque de la lune, et brillant comme un flocon d'écume, sur lequel vacille un rayon de lumière. Brahma lui-même n'avait jamais rien vu, ni Pannagî, ni Asourî, ni Gandharvî, ni Déesse elle-même d'une égale beauté. Les gardiens célestes du monde, à sa vue, d'accourir en ce lieu. Alors, s'étant approché de Brahma, le soleil de lui parler en ces termes: «De qui est cette nymphe à la figure charmante? Quelle raison l'a conduite ici? Pourquoi cette fille des Nâgas, quittant sa ville de Bhogavatî, est-elle venue ici? Est-ce la Grandeur, la Perfection, Lakshmî, la Satisfaction, la Splendeur ou l'Aurore? Aussitôt le Pradjâpati de raconter cette histoire au Soleil.

«Un jour qu'elle s'était baignée sur le sein du Mandara, le soleil dit ces mots à la nymphe, toute fière de sa jeunesse et de sa beauté: «Par l'opération d'une force écoulée de ma splendeur, il te naîtra un fils d'une immense vigueur, invincible dans les grandes batailles aux Rakshasas, aux Pannagas, aux Yakshas, aux Démons, aux Dieux; *un fils*, à qui les Tridaças eux-mêmes n'auraient pas la puissance d'ôter la vie.»

«Dès qu'il eut gratifié la nymphe de cette faveur *éminente*, le Dieu partit aussitôt. Elle fut appelé Bâlâ par le soleil, parce qu'elle était dans la fleur de l'adolescence.

«Ensuite, dans la saison qui abonde en toutes les espèces de fleurs, un jour que le bienheureux Indra se promenait, agité par l'amour, il vit cette jeune fille belle en toute sa personne; et ce Dieu, que tous les Dieux honorent, en fut ravi dans la plus haute admiration. De qui, *lui dit-il*, de qui es-tu la fille entre les Rakshasas, les Pannagas et les Yakshas? Tu ravis mon âme, belle timide, car tu es ce que j'ai vu de plus beau!»

«Alors il toucha de sa main fraîche comme l'onde, par la nature de son essence divine, cette nymphe bien séduisante et lui dit encore ces paroles:

«Deux singes d'une forme céleste, possédant toutes les sciences, prenant à leur gré toutes les formes, naîtront de toi, noble nymphe: bannis donc ta crainte. Ces glorieux jumeaux seront appelés Bâli et Sougrîva. Il est une caverne sainte, riche de fruits et de fleurs célestes; on la nomme Kishkindhyâ. C'est là qu'ils doivent exercer l'empire sur tous les héros simiens. Il naîtra dans la race d'Ikshwâkou un prince fameux, nommé Râma, qui sera Vishnou même sous une forme humaine: un de tes jumeaux est pour s'unir d'une alliance avec lui.»

«Cet invincible seigneur de tous les rois simiens est celui-là même que tu vois debout ici tout près de Lakshmana: il surpasse les singes en splendeur, en renommée, en intelligence, en force, en noblesse, autant que l'Himâlaya dépasse en hauteur les montagnes. Il habite avec les principaux chefs la Kishkindhyâ, caverne pleine de singes, impénétrable et située au milieu d'une montagne. C'est autour de lui que resplendit cette guirlande d'or, où s'entrelacent cent lotus et dans laquelle réside la fortune, non moins agréable aux Dieux qu'elle est aimée des hommes. Cette guirlande et la belle Târâ, et l'empire éternel des singes, sont les dons que Râma fit à Sougrîva quand sa main eut donné la mort à Bâli.

«Maintenant que tu as vu, grand monarque, cette armée impatiente de combattre et pareille à la planète qui vomit des flammes, déploie tes plus héroïques efforts de manière que tu remportes la victoire et non la défaite.»

Râvana, saisi de colère, éclata en menaces à la fin du récit, et, courroucé, il jeta aux deux héros Çouka et Sârana, ces reproches d'une voix bégayante de fureur: «Tenir un discours si blessant au roi qui dispense et les faveurs et les peines, c'est un langage qui, certes, ne convient pas dans la circonstance à des conseillers qui vivent dans sa dépendance! Des paroles comme celles que vous avez dites l'un et l'autre siéent à des ennemis déclarés et qui s'avancent pour le combat; mais dans votre bouche, elles ne sont point à louer.

«Certes! j'enverrais à la mort ces deux coupables, qui osent vanter les forces de mes ennemis, si leurs anciens services n'inclinaient mon courroux à la clémence: ils iraient voir à l'instant même, envoyés par moi, le Dieu *sombre* Yama!

«Que ces deux méchants sortent d'ici et s'éloignent vite de ma présence! je ne veux plus vous avoir sous les yeux, vous de qui les paroles offensent!»

À ces paroles, les deux *ministres* Çouka et Sârana, tout confus, de saluer ce monarque aux dix têtes avec le mot d'usage: «Triomphe!» et de sortir à l'instant.

Il manda le Rakshasa Vidyoudjihva, magicien au grand corps, à l'immense vigueur; puis il entra dans le bocage où était la Mithilienne. Quand le puissant magicien fut venu, le monarque des Rakshasas lui dit: «Je veux au moyen de ta magie fasciner l'âme de Sîtâ, *cette* fille du roi Djanaka. Fais-moi donc à l'instant une tête enchantée avec un grand arc et sa flèche: puis, reviens à moi, noctivague, *une fois ton œuvre finie.*»

«Oui!» répondit à ces mots le coureur de nuit Vidyoudjihva, qui bientôt mit sous les yeux de Râvana ce travail de magie parfaitement exécuté. Le roi, content de lui, gratifia d'une parure l'*habile enchanteur* et, d'un pas empressé, il entra dans le joli bosquet d'açokas.

Là, il vit la triste Djanakide, venue elle-même dans ce bocage, plongée dans une affliction qu'elle ne méritait pas, rêvant à son époux et surveillée de loin par ses épouvantables Rakshasîs. Le monarque à l'âme vicieuse dit ces mots à l'adolescente fille du roi Djanaka, qui, *tristement* assise, détournait de lui sa face et tenait son visage baissé vers la terre:

«J'ai toujours été avec toi comme un flatteur, esclave des femmes; mais, à chaque fois, tu m'as traité comme un être à qui l'on paye en mépris la douceur de ses paroles. Je refrène ma colère soulevée contre toi, Sîtâ, comme un habile cocher, abordant un chemin difficile, modère la course de ses chevaux. Ton époux, noble Dame, vers lequel ton âme se reporte sans cesse, quand elle répond à mes flatteries, est mort dans un combat. Ainsi, de toutes les manières, j'ai coupé ta racine et j'ai terrassé ton orgueil: grâce à ton malheur, tu seras donc mon épouse, Sîtâ!

«Écoute quelle fut la mort de ton époux, aussi épouvantable que la mort de Vritra lui-même! Il est vrai que ton Raghouide, environné d'une armée nombreuse, commandée par Sougrîva, le roi des singes, a franchi l'Océan pour me tuer!

«Abordé sur la rive méridionale de la mer, à l'heure où le soleil s'inclinait vers son couchant, il s'est campé avec une grande armée. Nos espions, se glissant au milieu de la nuit, ont d'abord visité ces troupes, qu'il ont trouvées lasses du voyage et dormant un agréable sommeil. Ensuite une grande armée de moi, que Prahasta commandait, a surpris dans cette nuit même le camp, où reposaient Râma et Lakshmana. Pleuvent alors de toutes parts au milieu des singes les kampanas, les crocs *aigus*, les bhallas, les tchakras-de-la-mort, les haches, une grêle de flèches, une tempête de pattiças, de bâtons en fer massif, de pilons, de massues, de lances, de maillets d'armes et de marteaux de guerre luisants, de traits, de *grands* disques, de moushalas et d'effrayants leviers tout en fer. Bientôt le terrible Prahasta d'une main ferme coupa de plusieurs coups avec une grande épée la tête de Râma, plongé dans le sommeil. Blessé dans le dos à l'instant qu'il se levait en sursaut, Lakshmana, mettant de lui-même un frein à sa valeur, s'enfuit avec les singes vers la plage orientale.

«C'est ainsi que mon armée immola ton époux avec son armée. Sa tête me fut apportée ici couverte de poussière avec les yeux remplis de sang.»

En ce moment, le monarque des Rakshasas dit aux oreilles mêmes de Sîtâ à l'une des Rakshasîs: «Fais entrer Vidyoudjihva aux actions féroces, qui m'apporta lui-même du champ de bataille la tête du Raghouide. À ces mots, la Rakshasî d'aller en courant vers le Rakshasa et d'introduire avec empressement le rôdeur *impur* des nuits. Vidyoudjihva, portant la tête et l'arc, se prosterna, le front jusqu'à terre, et se tint devant le monarque. Ensuite le puissant Râvana dit à l'épouvantable Démon, placé debout et près de lui:

«Mets, sans différer, la tête de ce Daçarathide sous les yeux de Sîtâ! Allons! qu'elle voie, cette malheureuse, la dernière condition de son époux.»

À ces paroles, l'esprit impur, ayant fait rouler aux pieds de Sîtâ une tête si chère à sa vue, disparut au même instant, et Râvana, jetant lui-même devant elle un grand arc tout resplendissant: «Voilà, dit-il, ce qu'on appelle dans les trois mondes l'arc de Râma! Cette arme, à laquelle tient sa corde, c'est Prahasta qui me l'apporta ici lui-même, après qu'il en eut tué le maître dans cette nuit de combat.»

Quand Râvana vit Sîtâ, qui, fidèle à sa foi conjugale et déchirée par le malheur de son époux, versait des larmes: «Qu'as-tu, lui dit-il, à voir ici davantage? *Allons!* deviens mon épouse, noble dame!»

À peine Sîtâ eut-elle vu cet arc gigantesque et la tête ravissante; à peine eut-elle vu, et les cheveux, et cette place de la tête, où leur extrémité se rattachait en gerbe, et le joyau étincelant de l'aigrette, que, tombée dans une profonde douleur et convaincue par tous ces traits exposés devant ses yeux, elle se mit à maudire Kêkéyî et à pousser des cris comme un aigle de mer.

«Jouis, au comble de tes vœux, Kêkéyî! ce héros qui répandait la joie dans sa famille est tué, et toute sa race est détruite avec lui par une ambitieuse, amie de la discorde!»

La chaste Vidéhaine eut à peine articulé ces mots, que, tremblante et déchirée par sa douleur, elle tomba sur la terre, comme un bananier tranché dans un bois. Dès que la respiration lui fut rendue et qu'elle eut recouvré sa connaissance, elle baisa cette *pâle* tête et gémit cette plainte avec des yeux troublés:

«Je meurs avec toi, héros aux longs bras! *c'est là ce que demande* la foi que j'ai vouée à mon époux. Ce dernier état *de l'homme* est donc maintenant le tien, et mon veuvage m'arrache également la vie. Le premier et le *plus* saint asile de la femme, dit-on ici-bas, est celui qu'elle trouve auprès de son époux. Honte soit donc à moi, qui peux te voir dans cet état suprême *de la mort*!

«En effet, toi qui fus renversé dans ton premier élan pour me sauver, n'est-ce point à cause de moi que tu fus tué dans cette lutte avec les Rakshasas? La parole de ceux qui t'avaient promis une longue vie n'était donc pas vraie, héros à la force inimaginable, puisque tu n'as point vécu de longues années. Comment as-tu pu tomber dans cette mort sans la voir, toi, versé dans les traités de la politique, habile à te garantir des malheurs et qui savais opposer la ruse à *la ruse*? Mais, quelque savant qu'il soit, la science de l'homme expire au moment qu'arrive le Destin contraire et que vient *l'heure* de la mort. Car la mort, impérissable et souveraine, moissonne également tous les êtres.

«Sans doute, tu es allé dans le ciel, héros sans péché, te réunir à Daçaratha, ton père et mon beau-père, ainsi qu'à tes antiques aïeux? Là, tu contemples ces rois saints de ta race immaculée, qui, en célébrant les cérémonies des plus grands sacrifices, ont mérité de former dans le ciel une constellation.

«Pourquoi ne tournes-tu pas tes yeux sur moi, Râma? Pourquoi ne m'adresses-tu pas une parole, à moi qu'enfant tu pris enfant pour ton épouse et qui toujours accompagnai tes pas?

«Lakshmana, revenu seul de *nous* trois, qui étions partis pour l'exil, répondra aux questions de Kâauçalyâ, insatiable de chagrins.

«Il racontera donc, héros, ta mère l'interrogeant, et mon enlèvement par un Démon, et cette mort *fatale*, que tu as reçue des Rakshasas dans une heure où tu dormais. À la nouvelle que son fils *unique* fut tué dans le sommeil et qu'un Rakshasa m'avait déjà lui-même ravie à *mon époux*, elle quittera sans doute la vie, car tout son cœur se brisera. Allons, Râvana! fais-moi tuer promptement sur le corps de Râma! Joins l'épouse à son époux, et procure-moi ce bonheur, le plus grand *que je puisse goûter maintenant.*

«Place ma tête sur cette *froide* tête, unis mon corps à son corps: je suivrai dans sa route mon époux magnanime!»

Ainsi la fille du roi Djanaka gémissait, consumée par sa douleur, et contemplait avec ses yeux troubles *ce qu'elle croyait* l'arc et la tête de son époux. Mais, tandis qu'elle se lamente de cette manière, voici venir le général des armées, les mains réunies en coupe, désirant parler au puissant monarque. Dans le même instant, l'âme troublée de ce qu'il venait d'apprendre, le portier du palais courut annoncer au *noctivague* souverain la nouvelle effrayante et malheureuse, *que le général apportait à son maître.* «Triomphe, dit-il, fils d'une noble race!» Puis, après qu'il se fut incliné *sur la terre*, il raconta d'un air stupéfait la chose à l'Indra même des Rakshasas: «Prahasta est arrivé avec tous les conseillers; il désire t'informer d'une affaire un peu fâcheuse, qui *nous* est survenue.»

À ces mots, le puissant monarque sortit avec empressement, et vit Prahasta, qui attendait non loin, accompagné des ministres. Mais à peine fut-il sorti, vivement ému, que la tête feinte s'évanouit et que l'arc gigantesque disparut avec elle.

Ayant su que Sîtâ était *comme* aliénée *par sa douleur*, une Rakshasî, nommé Saramâ, s'approcha de la Vidéhaine pour la consoler. Car, pleine de compassion et ferme dans ses vœux, elle s'était prise d'affection pour Sîtâ et lui adressait toujours des paroles aimables. Elle vit donc alors Sîtâ, l'âme pénétrée de chagrin, assise et souillée de poussière, comme une cavale *qui s'est roulée* dans la poudre.

Quand elle vit sa chère amie dans une telle situation, Saramâ, cherchant à la consoler, lui dit ces mots d'une voix émue par l'amitié: «Djanakide aux grands yeux, ne plonge pas ton *âme* dans ce trouble. Il est impossible qu'on ait surpris dans le sommeil ce Râma, qui a la science de son âme. La mort ne trouve même aucune prise dans ce tigre des hommes. On ne peut tuer les héros quadrumanes, qui ont pour armes de grands arbres et que Râma défend, comme le roi des Immortels défend les Dieux. Tu es fascinée par une illusion, ouvrage d'un terrible enchanteur. Bannis ton chagrin, Sîtâ! la félicité va renaître pour toi!»

Tandis que la bonne Rakshasî parlait de cette manière avec Sîtâ, elle entendit un bruit épouvantable d'armées qui en venaient aux mains; et, quand elle eut distingué le bruit des tymbales frappées à grands coups de baguette, Saramâ dit ces mots à Sîtâ d'une voix douce:

«Écoute! la tymbale effrayante, qui fait courir le brave à ses armes et qui fend le cœur du lâche, envoie dans les airs un son profond comme le bruit des nuées orageuses. Voici qu'on met le harnais aux éléphants déjà enivrés *pour les combats*; voici qu'on attelle aux chars les coursiers; on entend çà et là courir les fantassins, qui ont vite endossé la cuirasse, de toutes parts toute la rue royale est encombrée d'armées, comme la mer de grands flots impétueux à la fougue indomptable.

«Cette épouvante des Rakshasas, belle aux yeux charmants comme les pétales du lotus, c'est Râma qui l'inspire, tel que le Dieu, armé de sa foudre sème la terreur chez les Daîtyas. Bientôt, sa colère éteinte dans le sang de Râvana, ton époux, d'une bravoure inconcevable, viendra te reprendre ici comme le prix de sa conquête!»

De même que le ciel, en versant la pluie, redonne la joie à la terre; de même la bienveillante Yâtoudhânî remit dans la joie avec un tel discours cette âme égarée, où il était né un cuisant chagrin. Ensuite, cette bonne amie, qui désirait procurer le bien de son amie, lui tint ce langage à propos, elle qui savait les moments opportuns, et, débutant par mettre un sourire en avant de ses paroles: «Je puis m'en aller vers ton Râma, dit-elle, et revenir sans qu'on le sache, belle aux yeux noirs, après que je lui aurai fait part de tous ces discours.»

À Saramâ qui parlait ainsi, la Vidéhaine répondit ces douces paroles d'une voix faible et *comme* étouffée par le chagrin qu'elle venait d'éprouver: «Si tu veux me rendre un service, si tu es mon amie, va et veuille bien t'informer ainsi: «Qu'est-ce que fait Râvana?»

«Voici la grâce que je voudrais obtenir de toi, femme, de qui les promesses sont une vérité: c'est que je sache toutes les actions du monarque aux dix visages, ses discours touchant Râma et ce qu'il aura décidé même en conseil.»

À ces mots d'elle, Saramâ, troublée par ses larmes, répondit à Sîtâ d'une voix douce ces nobles paroles: «Si c'est là ton désir, *belle* Djanakide, je pars à l'instant pour l'accomplir.» Elle dit et s'en alla près du puissant Démon, où elle entendit tout ce que Râvana délibérait avec ses ministres. Quand elle eut découvert les résolutions du cruel monarque, elle revint avec la même vitesse au charmant bocage d'açokas. Entrée là, elle vit Sîtâ qui l'attendait, Sîtâ, belle comme Laksmî sans lotus à la main.

«Écoute, Mithilienne, ce qu'a résolu ton ravisseur. Aujourd'hui sa mère elle-même a supplié, Vidéhaine, le monarque des Rakshasas pour ta délivrance; et le plus vieux de ses ministres lui fit entendre bien longtemps ses représentations:

«Qu'on traite avec les honneurs de l'hospitalité, ont-ils dit, le roi de Koçala, et qu'on lui rende sa Mithilienne. Que ses exploits merveilleux dans le Djanasthâna, sa traversée de la mer, la vue de ce qu'il est *comme Dieu* sous une forme *humaine*, et le carnage des Rakshasas nous suffisent pour exemple! En effet, quel homme aurait pu consommer de tels actes sur la terre?» Mais en vain ces avertissements lui sont-ils donnés longuement par sa mère et le plus vieux de ses conseillers, il n'a point la force de te rendre la liberté, comme l'avare ne peut se résoudre à lâcher son or. Ton ravisseur, Djanakide, ne pourra jamais prendre sur lui de te renvoyer sans combat. Voilà quelle résolution fut arrêtée par le monarque des Rakshasas dans le conseil de ses ministres; et cette pensée demeure immuable par le décret même de la mort. Ni Râma lui-même, ni aucun autre ne peut donc briser tes fers sans combat. Mais ne te fais nullement de cette difficulté un pénible souci. Le Raghouide saura bien, Sîtâ, reconquérir son épouse, et, Râvana une fois immolé par ses flèches, ton époux te remmènera dans sa ville, Mithilienne aux yeux noirs.»

Au même instant, il s'éleva dans le camp de Râma un bruit de tambours mêlé au son des conques, et les montagnes en furent toutes ébranlées.

Au bruit épouvantable qui s'élevait, envoyé au loin par un vent impétueux, la grande ville s'affaissa tout entière dans la peur, tant elle ne put supporter le tumulte des singes.

Râvana le Rakshasa délibéra de concert avec ses ministres; il examina les choses; il établit dans Lankâ la plus vigoureuse défense. Il confia la porte orientale au Démon Prahasta, il mit le quartier du midi sous la garde de Mahâpârçwa et de Mahaudara. Il commanda pour la porte occidentale de la ville son fils Indradjit, le grand magicien, environné de nombreux Yâtavas. Il préposa *les deux compagnons* Çouka et Sârana sur la partie du nord: «C'est là que je serai de ma personne;» dit-il à ses ministres. Il mit Viroûpâsksha d'un grand courage et d'une grande force à la tête de la division postée au milieu de la ville. Quand il eut ainsi disposé les choses dans Lankâ, le souverain des Rakshasas, fasciné par la puissance de la mort, se crut déjà maître du succès.

Parvenus enfin sur le territoire des ennemis, les deux rois des hommes et des quadrumanes, le singe fils du Vent, Djâmbavat, le roi des ours, et le Rakshasa Vibhîshana, Angada, Lakshmana, Nala et le singe Nîla se réunirent tous en conseil pour délibérer.

«La voilà donc qui se montre à nos yeux, *dirent-ils*, cette Lankâ inexpugnable aux Démons, aux Gandharvas, aux Dieux mêmes et par conséquent aux hommes!»

Tandis qu'ils se parlaient ainsi, le vertueux Vibhîshana, prince habile dans toutes les affaires soumises à la délibération d'un conseil, tint ce langage utile à Râma, mais funeste à Râvana; discours aux excellentes idées et tissu même avec la substance de la raison:

«*Mes quatre compagnons*, d'une vigueur sans mesure, Anala, Hara, Sampâti et Praghasa, sont allés, au moyen de la magie, dans la ville de Lankâ et sont revenus ici près de moi dans l'intervalle d'un clin d'œil seulement. Changés en oiseaux, ils sont tous entrés dans la cité de l'ennemi, et, visitant ses quartiers, ils ont vu toutes les dispositions faites pour la défense.»

Aussitôt ouïes les paroles qu'avait dites ce frère puîné de Râvana, le Raghouide tint ce langage dans le but d'opposer victorieusement la force à la force des ennemis. «Environné de plusieurs milliers des plus grands héros simiens, que Nîla le singe fonde sur Prahasta le Rakshasa. Qu'appuyé d'une armée formidable, Angada, fils de Bâli, courre à la porte méridionale sur Mahâpârçwa et Mahaudara. Que le fils du Vent à la magnanimité sans mesure enfonce la porte du couchant et pénètre dans la ville, escorté par une foule de singes!

«Quant à moi, me réservant la mort de Râvana, cet Indra puissant des Rakshasas, je forcerai, secondé par le Soumitride, la porte septentrionale de la ville. Enfin que Sougrîva, le roi des singes, et le monarque des ours, et le frère puîné de l'Indra même des Rakshasas se tiennent prêts à charger le corps d'armée posté au milieu de la ville.

«Je défends à tous les simiens de prendre une forme humaine dans la bataille, afin que tous conservent les moyens de se reconnaître au milieu de la mêlée dans leurs divisions respectives. «C'est un singe!» diront nos gens, qui les distingueront à cette marque.»

Après qu'il eut dit ces paroles à Vibhîshana pour le triomphe de ses armes, le sage Râma conçut la pensée de monter sur la cime du Souvéla.

Parvenu avec les singes au sommet, il s'assit là sur une roche à la surface unie. Ensuite des troupes de simiens, couvrant la terre à la distance de trois yodjanas, gravirent toutes en sautant cette montagne, la face tournée vers le midi. Arrivés là de tous les côtés en peu de temps, ils virent *devant eux* la ville de Lankâ remplie de Rakshasas épouvantables, d'un immense courage et de formes différentes, impatients de combattre; tous les singes poussèrent de hautes clameurs, tels que des paons à la vue de nuages *pluvieux*. Ensuite le soleil, rougi par le crépuscule, disparut au couchant et la nuit vint promener la pleine lune comme une lampe *au milieu du ciel*.

Quand il eut à propos arrêté mainte et mainte résolution, désirant une exécution immédiate, connaissant la vérité des choses dans leur enchaînement et leurs conséquences, se rappelant d'ailleurs à quels devoirs les rois sont obligés, le Daçarathide appela vers lui Angada, fils de Bâli, et lui dit ces mots avec le consentement de Vibhîshana: «Va, mon ami, vers le monarque aux dix têtes; ose traverser, exempt de crainte et libre d'inquiétude, la ville de Lankâ, et répète ces mots, recueillis de ma bouche, à ce Râvana, de qui la fortune est brisée, la puissance abattue, la raison égarée et qui cherche la mort:

«Abusant des grâces que t'a données Brahma, l'orgueil est né dans ton cœur, vaniteux noctivague; et ta folie est montée jusqu'à outrager les rois, les Yakshas, les Nâgas, les Apsaras, les Gandharvas, les Rishis et même les Dieux! Je t'apporte ici le châtiment dû à ces *forfaits*, moi, de qui tu as suscité la colère par le rapt de mon épouse; et j'ai la force de tenir la peine levée sur ta tête, moi, *que tu vois déjà* placé devant la porte de Lankâ. De pied ferme dans le combat, je suivrai le chemin, Rakshasas, de tous les rois saints, des Maharshis et des Dieux. Montre-nous donc ici, roi des noctivagues, cette vigueur avec laquelle tu m'as enlevé Sîtâ, après que tu m'eus fait sortir *de mon ermitage* au moyen de la magie. Je ne laisserai pas un Rakshasa dans ce monde avec mes flèches acérées, si tu ne me rends la Mithilienne et ne viens implorer ma clémence. Renonce à la souveraineté de Lankâ, abdique l'empire, quitte le trône, et, pour sauver ta vie, insensé, fais sortir ma Vidéhaine. Ce Vibhîshana qui est venu me trouver, ce sage Démon, le plus vertueux des Rakshasas et comme le devoir incarné, va gouverner, sous ma protection, le vaste empire de Lankâ.»

À ces mots de Râma, infatigable en ses travaux, le fils de Târâ se plongea dans les airs et partit: on eût dit le feu revêtu d'un corps. Un instant après, le gracieux messager abattit son vol sur le palais du monarque, où il vit Râvana paisible et calme assis dans son trône au milieu de ses conseillers. Descendu près de lui, le jeune prince des singes, Angada aux bracelets d'or, se tint vis-à-vis, resplendissant comme un brasier flamboyant.

Puis, s'étant fait connaître lui-même, il rendit, sans rien omettre, au despote, environné de ses ministres, les grandes, les suprêmes, les irréprochables paroles du Raghouide.

À ces paroles mordantes, que lui jetait le roi des singes, Râvana fut saisi d'une violente colère, et, les yeux tout enflammés d'une fureur débordante, il dit alors plus d'une fois aux ministres: «Qu'on saisisse et qu'on châtie cet insensé!» À peine Râvana, de qui la splendeur égale celle du feu, a-t-il articulé ces mots, quatre épouvantables noctivagues s'emparent aussitôt d'Angada. Le héros se laissa prendre volontairement lui-même pour donner sa force en spectacle dans l'armée des Yâtoudhânas. Mais Angada étreignit aussitôt dans ses deux bras les *quatre noctivagues*, et, les emportant comme des serpents, il s'envola sur le comble du palais, semblable à une montagne. Rejetés par lui du haut des airs avec impétuosité, tous ces Rakshasas alors de tomber sur la terre sans connaissance et la vie brisée. Le fortuné Angada frappe alors de son pied la cime du palais, et ce comble *superbe* tomba du choc aux yeux mêmes du monstre aux dix têtes. Quand il eut brisé le sommet du palais et proclamé son nom: «Victoire, s'écria-t-il, au roi Sougrîva, le puissant monarque des singes! Et à Râma, le Daçarathide, et au vigoureux Lakshmana, et au vertueux roi Vibhîshana, le souverain des Rakshasas! car il obtiendra ce vaste empire de Lankâ, après qu'il t'aura couché mort dans la bataille.»

Alors, joyeux, Angada se battit les bras avec ses mains, s'élança *dans les cieux*, revint en la présence du magnanime Râma, et, de retour aux pieds de Sougrîva, il rendit compte de toute *sa mission*. À peine Râma eut-il ouï ce rapport, tombé de la bouche d'Angada, qu'il fut ravi de la plus haute admiration et tourna ses pensées vers la guerre.

L'outrage fait à son palais avait allumé dans Râvana la plus vive colère, et, prévoyant sa ruine à lui-même, il poussait de profonds soupirs.

Alors et sous les regards mêmes du monarque des Rakshasas, les armées, dévouées au bien de Râma, escaladaient par sections la ville de Lankâ. Ces héros d'une vigueur infinie ébranlaient, soit à coups de poing, soit en frappant, les uns avec des arbres, les autres avec les pitons des montagnes, ces hautes portes et ces remparts solides, inébranlables; et remplissant, ou de terre sèche, ou de sommets arrachés des monts, les fossés aux ondes limpides, les singes combattaient vaillamment.

Ils dévastaient les arcades faites d'or, ils secouaient les hautes portes, semblables aux cimes du Kêlâsa, et volant, bondissant, élevant des cris, les singes, pareils à de grandes montagnes, se ruaient tous sur Lankâ même.

L'âme enveloppée de colère, Râvana aussitôt de commander à toutes les armées de sortir au pas de course. À son ordre, les héros joyeux de s'élancer par toutes les portes en masses compactes, tels que les courants de la mer. Au même instant une bataille épouvantable s'engage entre les Rakshasas et les singes, comme si les Dânavas en venaient aux mains avec les Dieux. Proclamant à haute voix leurs propres qualités, les terribles Démons frappent les singes avec des massues enflammées, des lances, des piques en fer ou des haches; et les singes de tous les côtés répondent aux coups des Rakshasas avec les dents et les ongles, avec des arbres aux grands troncs, avec des cimes de montagnes.

D'autres affreux Démons blessaient du haut des remparts avec des javelots et des piques en fer les singes placés en bas sur la terre. Ceux-ci alors d'un vol rapide s'élancent irrités et précipitent à coups de poing les Rakshasas du haut des remparts.

Dans ce moment, il s'engagea une série de combats singuliers entre les singes et les Rakshasas, qui se précipitaient à l'envi les uns contre les autres.

Le Rakshasa Indradjit à la grande vigueur et d'une bravoure égale à celle de *Râvana*, son père, combattit avec Angada, fils de Bâli.

Sampâti, toujours difficile à vaincre dans une lutte, en vient aux mains avec Pradjangha.

Le vigoureux Hanoûmat lui-même entreprit Djâmboumâlî. Poussé d'une bouillante colère, Vibhîshana fit tête dans la bataille à Mitraghna d'une fougue irrésistible; et Nala à la grande vigueur croisa le fer avec le Rakshasa Tapana.

Nîla à la vive splendeur se battit avec Soukarna, et Sougrîva, le roi des singes, affronta le duel avec Praghasa. Le sage Lakshmana se posa dans le combat à l'encontre de Viroûpâksha; mais Râma seul eut quatre ennemis à combattre, l'invincible Agnikétou, le Démon Raçmikétou, Souptaghna et Yadjnakétou.

Beaucoup d'autres guerriers quadrumanes s'étaient couplés avec *beaucoup* d'autres guerriers Yâtavas pour se livrer des combats singuliers. Là, bouillonnait donc une épouvantable, immense, tumultueuse bataille de héros singes et Rakshasas, désirant tous également la victoire. Sortis du corps des Rakshasas et des singes, on voyait couler des fleuves de sang, roulant une foule de cadavres, où les cheveux des morts figuraient aux yeux des herbes fluviales.

Habitué à rompre les armées des ennemis, le héros Indradjit, plein de colère, frappa de sa massue Angada, comme Indra lui-même frappe de son tonnerre. Mais le bel Angada lui brise dans la bataille son char aux admirables ais d'or, ses chevaux, son cocher, et pousse un cri *de victoire*. Sampâti, blessé par trois flèches de Pradjangha, asséna un coup du shorée, qu'il tenait, à son adversaire, et l'étendit sur le champ du combat. Atikâya, de qui la vigueur infinie pouvait briser l'orgueil des Démons et des Dieux, perça de ses flèches Rambha et Vinata même. Tapana fondit sur Nala, qui fondait sur lui; mais l'épouvantable singe d'un coup de sa paume lui enfonça les deux yeux. Le Démon à la main prompte de lui déchirer le corps avec ses flèches acérées, mais Nala d'assommer Tapana avec son poing, aussi lourd qu'une montagne.

Bouillant de colère et debout sur son char, le vigoureux Djâmboumâlî perça dans le combat Hanoûmat entre les deux seins avec sa lance de fer. Mais le fils du Vent s'élança sur le char, et, frappant le Démon avec la paume seulement, il broya sa tête, pareille au sommet d'une montagne. Mitraghna de ses flèches aiguës avait hérissé le corps de Vibhîshana, et celui-ci dans sa colère assomma le Rakshasa d'un coup de sa massue. Praghasa, qui dévorait, pour ainsi dire, les bataillons, tomba sous l'alstonie, dont s'était armé le roi des singes, et Sougrîva de pousser un cri de victoire. Avec une seule flèche, Lakshmana eut raison de Viroûpâksha, ce Rakshasa d'un aspect épouvantable, qui semait des averses de flèches.

Les traits de l'invincible Anikétou, ceux de Raçmikétou, de Souptaghna et du Rakshasa Yadjnakétou avaient blessé Râma. Mais, avec quatre flèches, Râma dans sa colère de trancher les têtes de ses quatre ennemis: les chefs *coupés* bondissent *hors des épaules* et croulent sur la terre.

Debout lui-même sur un char, Vidyounmâlî transfora de ses dards aux ornements d'or le roi Soushéna et poussa maint cri *de victoire*; mais celui-ci, voyant un instant propice, *le saisit et* soudain lui broya son char sous le coup d'une grande cime de montagne. Alors, grâce à sa légèreté naturelle, le noctivague Vidyounmâlî sauta vite à bas du char et se tint pied à terre, une massue à la main.

Aussitôt, enflammé de colère, Soushéna, le roi des singes, prit un vaste rocher et courut sur le noctivague. Néanmoins, d'un mouvement rapide, le rôdeur des nuits, Vidyounmâlî, frappa dans la poitrine avec sa massue le roi Soushéna au moment qu'il fondait sur lui. Mais le quadrumane, sans faire aucune attention à ce terrible coup de massue, envoya sa *lourde* roche tomber dans la poitrine même de son rival et *termina* ce grand combat. Tué par l'atteinte du rocher, le noctivague Vidyounmâlî tomba sur la terre, ayant son cœur moulu et sa vie brisée.

Tandis que les Rakshasas et les singes combattaient ainsi, le soleil parvint à son couchant et fut remplacé dans les cieux par la nuit destructive des existences. Alors un combat de nuit infiniment épouvantable s'éleva entre ces guerriers qu'une haine mutuelle armait l'un contre l'autre et qui tous désiraient également la victoire: «Es-tu Rakshasa?» disaient les singes; «es-tu un singe?» criaient les Rakshasas; et tous, à ces mots, ils se frappaient dans le combat de coups réciproques au milieu de cette affreuse obscurité. «Fends!... déchire!... amène!» disaient les uns; «Traîne-le!... mets-les en fuite!» criaient les autres. On ne distinguait que ces mots dans un bruit confus au milieu de cette affreuse obscurité.

Sous leurs cuirasses d'or, les noirs Démons apparaissaient dans les ténèbres comme de grandes montagnes, dont le feu consume les forêts et les herbes. Les ours, couleur de la nuit, circulaient pleins de fureur et dévoraient les noctivagues au milieu de cette affreuse obscurité. Remplis de colère, les Rakshasas à la vigueur immense criaient eux-mêmes çà et là, dévorant les quadrumanes au milieu de cette inextricable nuit.

Les singes, élevant, abaissant leur vol, plongeaient à leur tour dans l'empire d'Yama les Rakshasas, qu'ils frappaient avec les poings et les dents. Répétant leurs assauts, ils déchiraient à belles dents, pleins d'une violente colère, et les coursiers aux riches panaches d'or, et les drapeaux semblables à la flamme du feu. Répétant leurs assauts, ils mettaient en pièces avec l'ongle et la dent les chars, les conducteurs, les fantassins, les éléphants et les guerriers habitués à combattre sur les éléphants.

Râma et Lakshmana, visant avec justesse aux plus excellents des noctivagues, les frappaient de leurs flèches pareilles à la flamme du feu.

Déroulée par le sabot des chevaux et soulevée par les roues des chars, une poussière épaisse dérobait aux yeux et les armées et toutes les plages du ciel.

Le bruit confus des tambours, des tymbales et des patahas, mêlé d'un côté au son des conques et des flûtes, jouées par les terribles Démons aux formes changeantes, d'un autre aux gémissements des Rakshasas blessés, aux cliquetis des armes, aux hennissements des chevaux, frappaient les oreilles du plus épouvantable fracas. Le champ du combat, affreux à voir, affreux à marcher dans un bourbier de chair et de sang, n'offrait là que des bouquets d'armes au lieu de ses présents de fleurs.

Alors, enflammé de colère, Indradjit, furieux, se mit à ravager de toutes parts l'armée d'Angada par une averse de flèches.

Angada, ce roi vigoureux de la jeunesse, arrache, l'âme tout enveloppée de colère, un *vaste* rocher à la force de ses bras et pousse trois et quatre fois un cri. Submergé sous un torrent de flèches, le prince simien lance rapidement son roc et brise le char de son ennemi sous la chute impétueuse de cette masse. Indradjit, à qui le terrible singe avait tué ses chevaux et son cocher, abandonne son char à l'instant, et, puissant magicien, il se rend alors même invisible.

Indradjit, humilié, ce héros méchant, habile à manier toutes les flèches et terrible dans les batailles, courut sacrifier au feu suivant les rites sur la place destinée à consumer les victimes. Tandis qu'il célébrait les cérémonies en l'honneur du feu, les Yâtavas s'empressèrent d'apporter là, où le Râvanide était, des bouquets de fleurs, des habits et des turbans couleur de sang: des flèches à la pointe aiguisée, des *morceaux de* bois, des myrobolans belerics, des vêtements rouges et une cuiller double en fer noir. De tous côtés, à l'entour du feu, ils jonchèrent le sol de flèches, de leviers en fer et de traits barbelés.

Le guerrier, avide de combats, égorgea vivant un bouc noir et versa dans le feu, suivant les rites, le sang recueilli du cou. Une grande flamme, pure de fumée, s'allume soudain, et des signes, présage de victoire, se manifestent avec elle. Le feu s'enflamme de lui-même, et, tournant au midi la pointe de sa flamme, couleur d'or épuré, il accepte gracieusement l'oblation de beurre clarifié. Ensuite, du milieu des feux sacrés s'élança un char magnifique, attelé de quatre beaux coursiers avec des panaches d'or sur la tête.

Resplendissant comme le feu enflammé, à peine le fortuné Démon, qui s'était rendu invisible, eut-il rassasié du sacrifice le feu, les Asouras, les Dânavas et même les Rakshasas; à peine eut-il fait prononcer par la voix des Brahmanes les bénédictions et les vœux pour un bon succès, qu'il monta dans ce char éblouissant, nonpareil, brillant de sa propre substance, tel enfin que l'or épuré. Attelé de quatre chevaux sans frein, il marchait invisible, couvert de riches vêtements, approvisionné de traits divers, armé de grandes lances à l'usage des chars, muni partout de bhallas et de flèches ressemblantes à des lunes demi-pleines. Un serpent d'or massif, paré de lapis-lazuli et pareil en éclat au soleil adolescent, *se déroulait sur le char*, c'était le drapeau qu'arborait Indradjit.

Quand celui-ci eut sacrifié au feu avec les formules des prières consacrées chez les Rakshasas, il se tint à lui-même ce langage: «Aujourd'hui que j'aurai tué ces *deux insensés*, qui méritent la mort et que leur folle audace engage dans un combat, je vais rapporter une victoire délicieuse à Râvana, mon père!»

Monté dans le char aérien et se tenant invisible aux yeux, il blesse alors de ses dards aiguisés Râma et Lakshmana. Les deux frères, enveloppés dans une tempête de ses flèches, saisissent leurs arcs et lancent dans les cieux des traits épouvantables. Mais ce couple de héros à la grande force eut beau couvrir le ciel par des nuages de flèches, aucun trait ne vint toucher le Rakshasa, pareil à un grand Asoura.

Ayant fait naître des ténèbres, grâce à cette puissance de la magie dont il était doué, le Râvanide voila toutes les plages du ciel, enveloppées de brouillards et d'obscurité. Tandis qu'il se promenait ainsi dans les airs, on n'entendait, ni le bruit du char, ni celui des roues, ni le son de la corde vibrante à son arc: on n'entrevoyait même aucune forme de son corps.

Enfin la colère fit parler Lakshmana: «Je vais, dit-il plein de courroux à son frère, décocher la flèche de Brahma pour la mort de tous les Rakshasas!»

«Garde-toi bien, répondit celui-ci, de tuer pour un seul Rakshasa tous ceux qui vivent sur la terre et *de confondre avec les Rakshasas qui nous font la guerre* ceux qui ne combattent pas, ceux qui dorment, ceux qui sont cachés, ceux qui fuient et ceux qui viennent à nous les mains jointes!»

Dans l'intervalle à peine d'un clin d'œil, le Râvanide lia par la vertu d'une flèche *enchantée* les deux frères, qui, tombés sur le champ de bataille, ne pouvaient plus même remuer les yeux. Tous les membres percés, couverts l'un et l'autre de javelots et de flèches, en vain cherchaient-ils à briser le charme, ils gisaient comme deux bannières du grand Indra qu'on plie *après une fête et* qu'on lie d'une corde.

Héros, ils étaient couchés maintenant sur la couche des héros, ces deux frères ensevelis dans la douleur, baignés de sang et tous les membres hérissés de flèches! Il n'était pas dans tout le corps de ces deux guerriers une largeur de doigt sans blessure; il n'était pas si minime partie que les dards n'eussent percée ou même détruite.

Ensuite les *singes*, hôtes des bois, portant leurs yeux dans le ciel et sur la terre, virent gisants les deux frères Daçarathides, que les flèches tenaient là garrottés.

Vibhîshana et tous les singes furent saisis d'une vive douleur à la vue de ces deux héros, tombés sur la terre et couverts d'une grêle de flèches. Parcourant des yeux le firmament et toutes les plages du ciel, les simiens ne virent pas dans tout ce *vaste* champ de bataille Indradjit, qui se dérobait sous le voile de la magie. Mais Vibhîshana, regardant lui-même dans les airs avec des yeux éclairés de la même science, aperçut le fils de son frère, qui s'y tenait caché grâce aux prestiges de la magie.

Le Râvanide, habile à trouver les articulations dans tous les membres, se mit à fatiguer de ses épouvantables flèches, présent d'*Agni*, tous les chefs des quadrumanes, et, les enchaînant avec la magie de ses dards, il faisait tomber ces héros fascinés sur la face de la terre. Quand il eut semé les blessures et la terreur au milieu des singes par les torrents de ses flèches, il éclata d'un rire bruyant et dit ces paroles: «Ces deux frères, compagnons de fortune, je les ai garrottés à la face même de l'armée avec cet affreux lien d'une flèche: voyez, Rakshasas!» À ces mots, charmés de cet exploit, tous les noctivagues, accoutumés à combattre avec l'arme de la fraude, sont ravis dans la plus haute admiration. Tous alors de crier à grand bruit, comme les nuées *tonnantes*; et tous, à cette nouvelle: «Râma est tué!» d'honorer à l'envi ce *vaillant* Râvanide.

Ensuite l'indomptable Indradjit, victorieux dans cette bataille, entra d'un pied hâté dans la ville de Lankâ, rapportant la joie à tous les Naîrritas.

Là, il s'approcha de Râvana, il s'inclina devant son père, les mains jointes, et lui annonça l'agréable nouvelle que Râma et Lakshmana n'étaient plus. À peine eut-il ouï que ses deux ennemis gisaient morts, Râvana joyeux de s'élancer vers son fils et de l'embrasser au milieu des Rakshasas. Il baisa d'une âme toute satisfaite son fils sur le front; et celui-ci répondit aux questions de son père, en lui racontant sa bataille entièrement. Aussitôt que Râvana eut ouï le récit de ce guerrier au grand char, il rejeta le souci, que le vaillant Daçarathide avait déjà fait naître dans son âme, inondée par un torrent de plaisir, et, dans les transports de sa joie, il congratula son fils.

Le roi manda vers lui une vieille Rakshasî, personne éminente, dévouée, exécutant les choses à son moindre signe: elle était au-dessus des autres et se nommait Tridjatâ. Quand le monarque des Rakshasas vit la Démone accourue à la parole de son maître, celui-ci tint ce langage:

«Dis à la Vidéhaine qu'Indradjit, *mon fils*, a tué Râma et Lakshmana, fais-la monter sur le char Poushpaka et fais-lui voir les deux frères morts sur le champ de bataille. Sans incertitude, sans crainte, sans préoccupation maintenant, il est évident que la Mithilienne va s'approcher de moi, *souriante* et parée de toutes ses parures.»

À peine Tridjatâ et les Démones, ses compagnes, eurent-elles ouï ces paroles de Râvana le méchant, qu'elles s'en allèrent où était le char Poushpaka. Elles s'empressent de tirer le *céleste* chariot de sa remise, et viennent trouver la Mithilienne dans le bocage d'açokas.

Le monarque des Rakshasas fit pavoiser Lankâ de drapeaux, de banderolles, d'étendards, et, plein de joie, fit proclamer dans toute la ville: «Râma et Lakshmana sont morts: c'est Indradjit qui les a tués!»

Alors Sîtâ, du char, où elle était assise avec Tridjatâ, vit la terre couverte par des armées de héros quadrumanes, les Rakshasas, l'âme remplie de joie, mais l'aspect épouvantable, et les singes consumés par la douleur à côté de Râma et de Lakshmana. À la vue de ces deux héroïques Daçarathides, étendus sur le sein de la terre, la cuirasse détruite, l'arc échappé des mains, le corps, *pour ainsi dire*, tout revêtu de flèches, alors, noyée dans les pleurs du chagrin, tremblante, consumée par la douleur, elle se mit à gémir d'une manière lamentable.

«Tous les doctes interprètes des marques naturelles, qui m'ont dit: «Tu seras mère et tu ne seras jamais veuve!» n'avaient donc pas dit la vérité, puisque Râma fut tué aujourd'hui! Les savants, qui m'appelaient tous: «Fortunée, parce que tu seras, disaient-ils, l'épouse d'un héros et d'un roi,» ne disaient donc pas la vérité, puisque Râma fut tué aujourd'hui! Quand ces doctes sacrificateurs, qui ont sans cesse les Çâstras dans leurs mains, me prédisaient tous que je serais une reine couronnée, ils ne disaient donc pas la vérité, puisque Râma fut tué aujourd'hui! Tous ces brahmes savants, qui m'ont assuré dans l'audition *des prières* que je serais bienheureuse et que j'étais fortunée, ils assuraient donc eux-mêmes un mensonge, puisque Râma fut tué aujourd'hui!»

La Rakshasî Tridjatâ dit à l'infortunée, qui soupirait ces plaintes: «Reine, ne te livre pas au désespoir, car ton époux est vivant. On voit des marques certaines accompagner toujours la défaite des héros. En effet, quand le roi est tué, les chefs des guerriers ne sont pas *si* bouillants de colère et *si* brûlants d'exercer leur courage et leur impatiente ardeur.

«Une armée qui a perdu son général est sans vigueur, sans énergie; elle se débande; elle est dans une bataille ce qu'est au milieu des eaux un navire qui a perdu son gouvernail. Au contraire, cette armée, pleine d'ardeur, sans trouble, ses légions en bon ordre, garde ici le Kakoutsthide, étendu sur le champ de bataille.

«Fais attention, Mithilienne, à cet indice; il est bien grand: ces deux héros ont perdu le sentiment, et cependant la beauté ne les a pas encore abandonnés. *Ce n'est pas ce qu'on voit* ordinairement; *car* le visage des hommes qui ont rendu le dernier soupir et dont l'âme s'est enfuie, inspire à tous les yeux une insurmontable aversion. Secoue, fille du roi Djanaka, secoue ce chagrin et cette douleur, qu'a jetés dans ton âme ce triste aspect de Râma et de Lakshmana: ils n'ont pas, ces deux héros, perdu la vie.»

Semblable à une fille des Dieux, Sîtâ joignit les mains et répondit encore affligée à ces paroles de Tridjatâ: «Puisse-t-il en être ainsi!»

Là, dans ce bosquet délicieux, l'épouse du monarque des hommes ne put goûter de joie au souvenir de ces deux princes, qu'elle venait de contempler étendus sur le champ de bataille; car cette vue l'avait blessée au cœur, telle qu'une jeune gazelle, par une flèche empoisonnée.

Après beaucoup de temps écoulé, l'aîné des Raghouides, quoiqu'il fût tout criblé de flèches, reprit enfin sa connaissance, grâce à sa durabilité, grâce à l'union d'une plus grande part de l'âme divine dans sa nature humaine.

Il tourna d'abord ses regards sur lui-même, et, se voyant inondé de sang, il gémit et des larmes lentes coulèrent de ses yeux. Mais, quand il vit Lakshmana tombé *près de lui,* alors, saisi par la douleur et le chagrin, désespéré, il prononça d'un accent plaintif le nom de sa mère, et, d'une voix brisée, il dit au milieu des singes:

«Qu'ai-je à faire maintenant de Sîtâ, de Lankâ ou même de la vie, moi, qui, à cette heure, vois Lakshmana aux signes heureux couché *parmi les morts*? Je puis trouver ailleurs une épouse, un fils et même d'autres parents; mais je ne vois pas un lieu où je puisse obtenir de nouveau un frère consanguin. «Indra fait pleuvoir tous *les biens*;» c'est une parole des Védas; «mais il ne fait pas qu'il nous pleuve un frère!» c'est un adage qui n'est pas moins vrai. Soumitrâ est ma mère *par son hymen avec mon père*, et Kâauçalyâ est celle qui m'a donné le jour. Mais je ne fais aucune différence entre elles pour l'autorité d'une mère.»

Dans ce même instant, le Vent s'approcha du héros gisant et lui souffla ces mots à l'oreille: «Râma! Râma aux longs bras, souviens-toi dans ton cœur de toi-même. Tu es Nârâyana le bienheureux, incarné dans ce monde pour le sauver des Rakshasas: rappelle-toi *seulement* le fils de Vinatâ, ce divin *Garouda*, à l'immense vigueur, qui dévore les serpents! Et soudain il viendra ici vous dégager l'un et l'autre de cet affreux lien, dont vous ont enchaîné des serpents *sous les apparences de flèches*.»

Râma, les délices de Raghou, entendit ce langage du Vent et pensa au céleste Garouda, la terreur des serpents. Au même instant, il s'élève un vent *impétueux* avec des nuages accompagnés d'éclairs. L'eau de la mer est bouleversée, les montagnes sont ébranlées; tous les arbres nés sur le rivage sont brisés, arrachés avec les racines et renversés de mille manières dans les ondes salées au seul vent des ailes *de l'invincible oiseau*. Les serpents *de la terre* et les reptiles, habitants des eaux, tremblent d'épouvante.

Un instant s'était à peine écoulé, que déjà tous les singes voyaient ce Garouda à la grande force, comme un feu qui flamboyait au milieu du ciel. À la vue de l'oiseau, qui vient à *tire d'aile*, tous les reptiles de s'enfuir çà et là. Et les serpents, qui se tenaient sous la forme de flèches sur le corps de ces deux robustes et nobles hommes, disparaissent *au plus vite* dans les creux de la terre.

Aussitôt qu'il voit les princes Kakoutsthides, Garouda les salue et de ses mains il essuie leurs visages, resplendissants comme la lune. Toutes les blessures se ferment dès que l'oiseau divin les a touchés, et des couleurs égales sur tout le corps effacent dans un moment les cicatrices. Souparna, brillant comme l'or, les baisa tous deux, et, *sous l'impression de ce baiser*, il revint en eux-mêmes deux fois plus de force, de vigueur, d'énergie, de courage, de prévision et même d'intelligence *qu'ils n'avaient auparavant*. «Grâce à toi, lui dit Râma, nous avons échappé vite à cette profonde infortune, où le Râvanide nous avait plongés; nous sommes revenus promptement à la bonne santé; nous avons été délivrés du lien de ces flèches et nous avons obtenu même une force plus grande! Être fortuné, qui rehausses de célestes parures cette beauté dont tu es doué, qui es-tu, ô toi, qui, portant ces vêtements célestes, parfumes notre haleine de célestes guirlandes et de parfums célestes?»

Souparna, le monarque des oiseaux, embrassa, l'âme pleine de joie et les yeux troublés par des larmes *de plaisir*, le noble rejeton de Kakoutstha et lui dit en souriant: «Je suis ton ami, Kakoutsthide, et, pour ainsi dire, une seconde âme que tu as hors de toi: je suis le propre fils de Kaçyapa et je suis né de Vinatâ, *son épouse*. Je suis Garouda, que l'amitié fit accourir à votre aide; car ni les Asouras au grand courage, ni les Dânavas à la grande force, ni les Dieux ou les Gandharvas, Indra même à leur tête, n'auraient pu vous délivrer de ces flèches au lien souverainement épouvantable, que le farouche Indradjit avait forgées par la puissance de la magie. En effet, tous ces dards plongés dans ton corps, c'étaient des serpents infernaux se nouant de l'un à l'autre, aux dents aiguës, au subtil venin, que le Rakshasa avait changés en flèches par la vertu de sa magie.

«Fils de Raghou, il te faut déployer dans les batailles une grande vigilance; car tous les Rakshasas naturellement sont des êtres pour qui la fraude est l'arme habituelle de combat.»

Il dit; et, sur ces mots, Garouda à la force impétueuse décrivit au milieu des singes un pradakshina autour du noble Râma, et, se plongeant au sein des airs, il partit, semblable au vent. À la vue de ce merveilleux spectacle et des Raghouides rendus à la santé, les simiens de pousser tous à l'envi des acclamations de triomphe, qui portent la terreur dans l'âme des Rakshasas.

Les oreilles battues par le bruit vaste et profond de ces habitants des bois, les ministres de parler en ces termes: «Tels qu'on entend s'élever, comme le tonnerre des nuages, les cris immenses de ces milliers de singes joyeux, il a dû naître, c'est évident, au milieu d'eux un bien grand sujet d'allégresse; car voilà qu'ils ébranlent de leurs intenses clameurs toute la mer, pour ainsi dire.

À ces paroles de ses ministres, le monarque des Rakshasas: «Que l'on sache promptement, dit-il aux gens placés là près de lui autour de sa personne, la cause qui fait naître à cette heure une telle joie parmi ces coureurs des bois dans une circonstance née pour la tristesse!»

À cet ordre, ils montent avec empressement sur le rempart et promènent leurs yeux sur les armées commandées par le magnanime Sougrîva. Ils virent les deux nobles princes debout et libres des liens, dont ces flèches magiques les avaient garrottés: cette vue alors consterna les Rakshasas. L'âme tremblante, ils descendent vite du rempart, et, tristes, ils se présentent devant l'Indra des Rakshasas avec un visage abattu. L'affliction peinte sur la figure, ces noctivagues, tous orateurs habiles, rapportent suivant la vérité cette fâcheuse nouvelle à Râvana.

À ces mots, l'Indra puissant des Rakshasas, le visage consterné, l'âme enveloppée de tristes pensées, donna cet ordre au milieu des Rakshasas: «Sors, accompagné d'une nombreuse armée de guerriers aux formidables exploits, dit-il au Rakshasa nommé Dhoûmrâksha, et va combattre *à l'instant* Râma avec le peuple des bois!»

Les vigoureux noctivagues aux formes épouvantables attachent leurs sonnettes, et, joyeux, poussant des cris, ils environnent Dhoûmrâksha. Les chefs des Rakshasas, inabordables comme des tigres, s'élancent revêtus de cuirasses, ceux-ci montés sur des chars pavoisés de *brillants* drapeaux et défendus par un filet d'or, ceux-là sur des ânes[15] aux hideuses figures, les uns sur des chevaux d'une vitesse incomparable, les autres sur des éléphants tout remplis d'une furieuse ivresse. Dhoûmrâksha, étourdissant les oreilles par un son éclatant, était monté sur un char divin, attelé d'ânes, aux ornements d'or, à la tête de lions et de loups.

Note 15:

N'est-il pas curieux de trouver même ces ânes de guerre dans l'énumération des armées que Xerxès conduisit en Grèce? «Les Indiens, lit-on au livre VII d'Hérodote, montaient des chevaux de selle et des chars de guerre: ces chars étaient attelés de chevaux de trait ou d'ânes sauvages.

Aussitôt qu'ils voient sortir le Démon aux yeux couleur de sang, tous les singes joyeux, avides de combats poussent des cris. Et, du même temps, s'éleva un combat tumultueux entre les simiens et les Rakshasas. Ils tombèrent dans cette bataille, déchirés mutuellement par les javelots impitoyables.

Son arc à la main et sur le front de la bataille, Dhoûmrâksha éparpillait en riant à tous les points de l'espace les singes fuyant sous les averses de ses flèches. Mais à peine eut-il vu le Rakshasa maltraiter son armée, soudain le Mâroutide empoigna un énorme rocher et furieux il fondit sur lui. Les yeux deux fois rouges de colère et déployant une force égale à celle du *Vent*, son père, il envoya la pesante roche tomber sur le char de l'ennemi.

Mais Dhoûmrâksha, qui avait déjà levé sa massue, voyant arriver cette grande masse, se hâta de sauter lestement à bas du char, et se tint de pied ferme sur la terre. Le rocher brisa le char et tomba sur la plaine.

Quand il eut rompu la voiture de l'ennemi, son timon et ses roues, cassé même son arc et son drapeau avec le char, Hanoûmat, le fils du Vent, se mit à répandre la terreur parmi les Démons à coups d'arbres enlevés, troncs et branches.

Brisés, la tête fendue, le corps tout broyé sous le poids de ces arbres *énormes*, les Rakshasas, noyés dans leur sang, tombèrent sur la face de la terre.

L'armée de Yâtavas une fois mise en déroute, le fils du Vent prit la cime d'une montagne et courut avec elle sur *le vaillant* Dhoûmrâksha.

Mais celui-ci, portant haut sa massue, de s'élancer rapidement contre Hanoûmat, qui fondait sur lui dans le combat avec des rugissements. Alors Dhoûmrâksha fit tomber avec impétuosité sa massue toute hérissée de pointes sur la poitrine d'Hanoûmat, enflammé de colère. Le Mâroutide à la grande valeur, que sa massue d'une forme épouvantable avait frappé au milieu des seins, n'en fut nullement ému. Et le singe qui possédait la force de Mâroute, sans même penser à ce terrible coup, déchargea, au milieu de la tête du Rakshasa la cime de montagne. Broyé sous la chute du lourd sommet, Dhoûmrâksha, tous ses membres vacillants, tomba soudain sur la terre, comme une montagne qui s'écroule.

À la vue de leur chef renversé, les noctivagues échappés au carnage de rentrer dans Lankâ, tremblants et battus par les singes. Tout bouleversé, les genoux brisés, la poitrine et les cuisses rompues, les yeux rouges de sang, la tête pendante, vomissant de la bouche un sang *épais*, Dhoûmrâksha tomba par terre, sa connaissance éteinte.

À peine eut-il appris la mort du héros, *qu'il avait envoyé au combat*, Râvana, plein de colère, dit ces mots à l'intendant de ses armées, qui s'était approché, les mains réunies en coupe: «Que des Rakshasas d'un épouvantable aspect, difficiles à vaincre et tous habiles au métier des armes, sortent à l'instant sous le commandement d'Akampana! Il a étudié les Traités *sur la guerre*, il sait défendre *une armée*; il est le plus excellent des hommes qui ont l'intelligence des batailles; il a toujours eu ma prospérité à cœur, il a toujours aimé les combats.»

Monté sur un char et paré de pendeloques d'un or épuré, le fortuné Akampana sortit, environné de formidables Rakshasas.

De nouveau, il s'alluma donc entre les singes et les Rakshasas une bataille infiniment épouvantable, où, de l'une et de l'autre part, on sacrifiait sa vie pour la cause de Râma et celle de Râvana.

Il était impossible aux combattants de se voir les uns les autres sur le champ de bataille, enveloppés qu'ils étaient par les nuages de poussière, où le blanc, le pourpre, le jaune et le bistre se confondaient ensemble dans une teinte unique. Ils ne pouvaient distinguer au milieu de cette poussière, ni un char, ni même un coursier, ni un drapeau, ni une bannière, ni une cuirasse, ni même une arme quelconque. On entendait le cri tumultueux des guerriers s'entrechargeant et poussant des cris; mais aucune forme n'était perceptible dans cette bataille confuse. Les singes irrités frappaient les singes dans le combat, et les Rakshasas tuaient les Rakshasas dans cette mêlée.

Bientôt la poussière fut abattue sur le sol, arrosée par un fleuve de sang, et la terre se montra aux yeux toute remplie par des centaines de cadavres.

Alors ce guerrier, le plus habile de ceux qui savent combattre sur un char, le vigoureux Akampana, emporté par sa colère, de précipiter contre les simiens son char et ses chevaux, dont le *fouet ou l'aiguillon* excitait la vitesse.

Les singes ne pouvaient tenir pied devant lui, à plus forte raison ne purent-ils combattre; et tous ils s'enfuirent, brisés par les flèches du général ennemi. Quand Hanoûmat vit ses proches tombés dans les mains de la mort ou réduits sous le pouvoir d'Akampana, il s'avança avec son immense vigueur. À peine tous les plus braves simiens ont-ils vu le grand singe dans la bataille, qu'ils se rallient et se pressent de tous les côtés autour du héros.

Mais Akampana inonde avec une averse de flèches Hanoûmat, ferme devant lui et tel qu'une montagne, comme *Indra*, le grand Dieu, inonde avec un torrent de pluie *les sommets et les flancs* d'un mont. Le fils du Vent, Hanoûmat à la vive splendeur pousse un éclat de rire et court sur le Rakshasa d'un pas qui, pour ainsi dire, fait trembler la terre.

Songeant qu'il n'avait pas d'arme et saisi de colère, il arracha un shorée, haut comme la cime d'une montagne. Le guerrier vigoureux tint d'une main l'arbre sourcilleux, et, poussant le plus effroyable cri, il remplit d'épouvante les Rakshasas. Ensuite il fondit sur Akampana pour le tuer, comme le Dieu courroucé de la foudre tua Namoutchi dans un grand combat. Mais le général des Rakshasas, le voyant porter haut son shorée, lui coupa de loin cette affreuse massue avec de grandes flèches en demi-lune. Hanoûmat fut saisi de stupéfaction, quand il vit cet arbre énorme qui, tranché au milieu des airs par le chef des Yâtavas, tombait, jonchant la terre de ses débris. Mais de nouveau le singe à la grande force, à la dévorante splendeur, arracha d'un mouvement rapide un shorée immense pour la mort de son ennemi. Il empoigna et, riant d'une joie extrême, se mit à brandir l'arbre colossal sur le champ de bataille.

Furieux, il abattit et les éléphants, et les guerriers montés sur des éléphants, et les chars, et les coursiers attelés à des chars, et les troupes de fantassins Rakshasas.

Quand ils virent Hanoûmat en courroux et qui, semblable au Dieu de la mort, arrachait les vies dans la bataille, les Démons prirent de nouveau la fuite. À l'aspect du singe accourant, plein de colère, et semant la terreur dans les Rakshasas, le héros à la grande force, Akampana, fut lui-même rempli de fureur.

Aussitôt le guerrier vigoureux de percer Hanoûmat au milieu des seins avec quatorze flèches aiguës, habituées à fendre les articulations. Mais, tenant son arbre levé, il se précipita du plus vif élan et déchargea le shorée épouvantable rapidement sur la tête du noctivague Akampana. Celui-ci, à peine reçu en pleine tête le coup asséné par le singe, tombe soudain sur la terre et meurt.

Tous les *plus* vigoureux des Rakshasas jettent leurs armes et, tournant le dos à l'ennemi, s'enfuient vers Lankâ, malmenés par les singes. Troublés, vaincus, brisés, les cheveux épars, les couleurs du visage effacées par la peur, soupirant, la tête perdue, fous d'épouvante, tournant à chaque instant leurs yeux effrayés derrière eux, ils entrèrent dans la ville, en s'écrasant les uns les autres.

Alors, et tous les quadrumanes, Sougrîva même à leur tête, et Vibhîshana à la grande sagesse, et Lakshmana à la force sans mesure, et Râma lui-même, et les chœurs des Immortels s'empressèrent tous d'honorer le vaillant Mâroutide.

Dès que Râvana eut appris d'une âme agitée cette défaite, il donna promptement de *nouveaux* ordres à ses Yâtavas:

«Je rendrai à Râma et à Lakshmana le prix de leur inimitié: je sortirai pour l'extermination des ennemis et le gain de la victoire avec les chars, avec les coursiers, avec les éléphants, avec tous les Rakshasas, et j'irai moi-même d'un pied hâté au front de la bataille.»

À la nouvelle que Râvana se laissait emporter au désir des combats, la noble et belle reine, qui avait nom Mandaudarî, se leva et vint *le trouver*. Elle prit Mâlyavat par la main; puis, accompagnée par Yoûpâksha, par les ministres versés dans la vérité des conseils et par les autres plus sages conseillers; environnée par les Yâtavas, qui tous portaient des jharjharas[16] et des bambous, entourée de femmes, jeunes et vieilles, escortée de tous les côtés par des guerriers, qui tenaient des armes dans leurs mains inquiètes, la reine se rendit elle-même dans la salle où était le souverain des Rakshasas.

Note 16:

Bâton, aux extrémités duquel sont attachées de petites sonnettes ou des plaques en métal afin d'effrayer les serpents et les autres bêtes nuisibles, qui peuvent se trouver dans le chemin.

Aussitôt que le monarque aux dix têtes voit s'approcher la reine, il se lève précipitamment, *il marche à sa rencontre* d'un pied hâté, il embrasse Mandaudarî, sa belle épouse.

Après que Râvana l'eut saluée comme il était convenable, il se rassit sur le trône, les yeux rougis par les *pleurs donnés aux* malheurs de Lankâ, l'âme troublée et soupirant après les combats. Et prenant la parole, suivant l'étiquette, d'une voix haute et profonde: «Reine, dit-il, quelle affaire t'amène ici? Empresse-toi de me l'apprendre.»

À ces paroles du monarque, la reine de lui répondre en ces termes: «Écoute, grand roi, ce que j'ai à t'apprendre, je t'en supplie à mains jointes. Il n'entrera dans mes paroles aucune intention de t'offenser, ô toi, de qui l'honneur découle. J'ai pensé que ta majesté brûlait de combattre et qu'elle avait formé la résolution de sortir: c'est là, roi des rois, la cause de ma venue en ces lieux.

«Il ne sied pas à toi, ô le plus éminent *des princes*, il ne sied pas à toi d'affronter le magnanime Râma, de qui tu as ravi l'épouse, ni le fils de Soumitrâ, ce Lakshmana qui n'a point son égal dans la guerre. Ce n'est pas simplement un homme, que ce Râma le Daçarathide, qui, seul de sa personne, immola tant de Rakshasas..., quatorze milliers, qui habitaient le Djanasthâna!

«Il est impossible que tu réussisses: c'est l'opinion de ces ministres mêmes dans leur intelligence. Que la vertueuse épouse de Râma soit donc rendue à son époux!

«Envoyons au plus grand des Raghouides, et de riches vêtements, et des joyaux, et Sîtâ elle-même, puissant roi, et des chars, et de l'or, et de l'argent, et du corail, des pierreries et des perles. Que Mâlyavat se rende vers lui en diligence, accompagné d'Yoûpâksha et de cet Atikâya *si* versé dans la connaissance des choses qui sont ou ne sont point à faire. Vibhîshana, qui les a précédés, aidera certainement ces trois envoyés, qui vont le rejoindre, à négocier la paix au camp des ennemis: sans doute, après qu'il aura salué Râma et honoré la Mithilienne, Vibhîshana lui-même, *en ton nom*, rendra ta captive à son époux.

«La fortune des batailles est douteuse: ou l'on tue, ou l'on est tué: n'embrasse donc pas le parti des combats, et traite plutôt de la paix, monarque aux dix têtes.»

À ces paroles de son épouse, le monarque des Rakshasas, poussant de longs et brûlants soupirs, regarda les membres de l'assemblée, prit ensuite la main de Mandaudarî et lui répondit en ces termes: «Ce langage, que tu m'as tenu par le désir de mon bien, reine chérie, n'est pas entré d'une manière fâcheuse dans mon esprit. Quand j'ai vaincu jadis les Nâgas, les Asouras, les Démons et les Dieux, comment irais-je m'incliner devant Râma, le protégé d'un singe! Que diraient les Dieux, s'ils me voyaient baisser la tête devant Râma le Kakoutsthide? Quelle serait ma vie dans la perte de ma splendeur!

«Ne laisse pas entrer le souci dans ton cœur; je triompherai, femme au candide sourire; je tuerai les singes, et Lakshmana, et Râma lui-même. La peur de Râma ne me fera pas lui renvoyer sa Vidéhaine: Râma d'ailleurs ne voudrait plus de la paix maintenant. Au reste, je ne veux de sa paix ni aujourd'hui, ni dans un autre temps; va donc, aie confiance; tout cela, noble dame, est pour nous l'aube du plaisir.»

Il dit et, d'une âme qui semblait joyeuse, il embrasse son épouse. La reine aussitôt rentra dans son brillant palais. *Elle partie*, Râvana de penser à cette guerre épouvantable qui avait éclaté, et, s'adressant aux Rakshasas: «Qu'on prépare vite mon char, dit-il, et qu'on l'amène ici promptement!»

Alors, au milieu des conques, des tambours et des patahas résonnants, au milieu des applaudissements, des cris de guerre et des grincements de dents, au milieu des hymnes les plus doux chantés à sa gloire, alors s'avança le plus grand des rois Yâtavas.

À l'aspect de Râvana, qui accourt d'un rapide essor avec son arc et son dard enflammé, le monarque des simiens se porte à sa rencontre, impatient de se mesurer avec lui dans un combat. Le souverain des singes arrache de ses bras vigoureux la cime d'une montagne, fond sur le roi des Rakshasas, et, levant cette masse, lance à Râvana le sommet que surmonte un plateau ombragé d'une forêt. Mais à la vue de ce mont qui vient sur lui, soudain le héros décacéphale de le couper avec des flèches pareilles au sceptre de la mort.

Quand il eut fendu par morceaux cette montagne aux admirables et nombreux plateaux couverts d'arbres, au faîte aérien et sublime, le formidable monarque prit une flèche terrible, semblable à un grand serpent. Il encocha cette arme scintillante, pareille à une flamme et d'une vitesse égale à celle du vent; puis il envoya au souverain des troupes simiennes ce trait aussi rapide que le tonnerre du grand Indra. Le dard, lancé par la main de Râvana, ce dard à la pointe aiguë, au corps semblable à celui de la foudre, atteint Sougrîva et le perce avec impétuosité: tel Kârtikéya d'un coup de sa lance transperça le mont Krâauntcha.

Le roi blessé par la flèche pousse un cri et tombe sur la terre, l'âme égarée, en proie à l'émotion de la douleur. À l'aspect du noble singe étendu sur le champ de bataille, les Yâtoudhânas, pleins de joie, la font éclater en acclamations: mais Gavâksha, Gavaya, Soudanshtra, Nala, Djyotirmoukha, Angada et Maînda arrachent les rochers d'une grosseur démesurée et courent à l'envi sur l'Indra même des Rakshasas. Ce terrible monarque rendit inutiles tous les coups des singes avec des centaines de traits à la pointe aiguë, et blessa les héros quadrumanes avec ses multitudes de flèches à l'empennure embellie d'or.

Sur ces entrefaites, le fils du Vent, Hanoûmat à la grande splendeur, voyant Râvana lancer partout ses projectiles, s'était avancé contre lui.

Il s'approcha du char et, levant son bras droit, il fit trembler ce héros: «Eh quoi! les singes t'inspirent de la crainte, lui dit le sage Hanoûmat, à toi, qui as pu briser les Nâgas et les Yakshas, les Gandharvas, les Dânavas et les Dieux, grâce à ce que *la faveur obtenue de Brahma* te mit de leur côté à l'abri de la mort!

«Ce bras de moi à cinq rameaux, ce bras droit que je tiens levé, arrachera de ton corps l'âme qui l'habite et dont il fut trop longtemps le séjour!»

À ces mots d'Hanoûmat, Râvana au terrifiant courage lui répondit en ces termes, les yeux rouges de colère: «Sus donc! attaque-moi sans crainte! couvre-toi d'une solide gloire! je n'éteindrai ta vie qu'après avoir expérimenté ce que tu as de vigueur!» À ce langage de Râvana le fils du Vent répondit: «Souviens-toi que c'est moi qui naguère t'enlevai ton fils Aksha!» Sur ces mots, le vigoureux monarque des Rakshasas, le Viçravaside à la splendeur flamboyante, asséna au fils du Vent un coup de sa paume dans la poitrine. À ce rude choc, le singe alors chancelle un instant; mais, saisi de colère, il frappe également de sa paume l'ennemi des Immortels.

Sous le coup *violent* de ce quadrumane impétueux, le monarque aux dix têtes fut secoué comme une montagne dans un tremblement de terre. À l'aspect du Rakshasa ébranlé dans le combat par une paume *vigoureuse*, les Démons et les Dieux, les Siddhas, les Tchâranas et les plus grands saints poussent *à l'envi* des cris de joie. Quand il eut repris le souffle: «Bien, singe! tu as de la vigueur, lui dit Râvana à la vive splendeur; tu es un ennemi digne de moi!» Hanoûmat répondit à ces mots: «Honte soit de ma vigueur, puisqu'elle n'a pu briser ta vie, Râvana! Livre maintenant un combat sérieux! Pourquoi te vanter, insensé? Mon poing va te précipiter dans les abîmes d'Yama!» Ces paroles du quadrumane ne firent qu'ajouter à la fureur du noctivague; et celui-ci, l'âme tout enveloppée par le feu de la colère, jeta des flammes, pour ainsi dire.

Les yeux affreusement rouges, le vigoureux Démon lève son poing épouvantable, qu'il fait tomber rapidement sur la poitrine du simien. Frappé de ce poing terrible dans sa large poitrine, le grand singe en fut tout ému, perdit connaissance et chancela. Aussitôt qu'il vit Hanoûmat privé de sentiment, Râvana, qui excellait à conduire un char, fondit sur Nîla rapidement, à toute vitesse.

Quand le resplendissant Hanoûmat à la grande vigueur et plein de vaillance eut recouvré le sentiment, il ne songea point à tirer parti de la circonstance pour ôter la vie à Râvana; mais, arrêtant sur lui ses regards, il dit avec colère: «Guerrier versé dans la science des batailles, ce combat est inconvenant aux yeux de tout homme qui n'ignore pas les devoirs du kshatrya: tu ne devais pas m'abandonner pour t'en aller combattre avec un autre!»

Mais le vigoureux monarque des Yâtavas, sans faire cas de ces paroles, coupa en sept morceaux, avec sept flèches, la cime de montagne lancée par Nîla.

En ce moment, le fortuné Mâroutide asséna dans sa large poitrine à l'ennemi un coup de son poing semblable au tonnerre. Sous le choc de cette main fermée, le monarque à la grande vigueur tomba par terre à genoux, vacilla et s'évanouit. En voyant ce Râvana d'une valeur si terrible dans les batailles étendu sans connaissance, les Rishis, les Dânavas et les Dieux poussent à l'envi des cris de joie. Revenu à lui aussitôt, le Démon prit des flèches acérées et s'arma d'un grand arc.

Le vaillant Râma, voyant le courage du puissant noctivague et tant de fameux héros des armées simiennes étendus sans vie, courut sus à Râvana dans ce combat même. Alors, s'étant approché de lui: «Monte sur mon dos, lui dit Hanoûmat, et dompte cet impur Démon!»—«Oui!» répondit à ces mots le Raghouide, qui, impatient de combattre et désireux de tuer le noctivague, monta vite sur le singe.

Porté sur Hanoûmat, comme Indra même sur l'éléphant Aîrâvata, le monarque des hommes vit alors dans le champ de bataille Râvana monté sur son char. À cette vue, le héros à la grande vigueur, tenant haut son arme, de fondre sur lui, comme jadis Vishnou dans sa colère fondit sur Virotchana. Et, faisant résonner le nerf de son arc au bruit tel que la chute écrasante du tonnerre, Râma d'une voix profonde: «Arrête! arrête! dit-il au monarque des Yâtavas. Après un tel outrage que j'ai reçu de toi, où peux-tu aller, tigre des Rakshasas, pour te dérober à ma vengeance? Allasses-tu chercher un asile chez Indra, chez Yama ou vers le Soleil, chez l'Être-existant-par lui-même, vers Agni ou vers Çiva; allasses-tu même dans les dix points de l'espace, tu ne pourrais aujourd'hui échapper à ma colère!»

Il s'approche et brise de ses dards à la pointe aiguë le char de Râvana, avec ses roues, avec ses chevaux, avec son cocher, avec son ample étendard, avec sa blanche ombrelle au manche d'or. Puis, soudain, il darde au Démon lui-même dans sa poitrine large et d'une forme bien construite une flèche pareille à l'éclair et au tonnerre: tel Indra au bras armé de la foudre terrassa dans ses combats l'Indra même des Dânavas. Atteint par la flèche de Râma, cet orgueilleux roi, que n'avaient pu ébranler dans leurs chutes ni les traits de la foudre, ni les lances du tonnerre, chancela sous le coup, et, *tout ébranlé*, déchiré par la douleur, consterné, laissa tomber son arc de sa main. À l'aspect de son vacillement, le magnanime Râma saisit un dard flamboyant en forme de lune demi-pleine et coupa rapidement sur la tête du souverain des Yâtavas sa radieuse aigrette couleur du soleil.

Le vainqueur alors de jeter dans le combat ces paroles au monarque, semblable au serpent désarmé de poison, la splendeur éteinte, sa gloire effacée, l'aigrette de son diadème emportée, tel enfin que le soleil quand il n'a plus sa lumière: «Tu viens d'exécuter un grand, un bien difficile exploit; ton bras m'a tué mes plus vaillants guerriers: aussi pensé-je que tu dois être fatigué, et c'est pourquoi mes flèches ne t'enverront pas aujourd'hui dans les routes de la mort!»

À ces mots, Râvana, de qui l'orgueil était renversé, la jactance abattue, l'arc brisé, l'aurige et les chevaux tués, la grande tiare mutilée, se hâta de rentrer dans Lankâ, consumé de chagrins et toute sa gloire éclipsée.

Il s'approcha du siége royal, céleste, fait d'or; il s'assit, et, regardant ses conseillers, il parla en ces termes: «Toutes ces pénitences rigoureuses que j'ai pratiquées, elles ont donc été vaines, puisque moi, l'égal du roi des Dieux, je suis vaincu par un homme! La voici confirmée par l'événement, cette parole ancienne de Brahma: «Tu n'as rien à craindre, si ce n'est des hommes.» J'ai obtenu que ni les Pannagas ou les Rakshasas, ni les Yakshas ou les Gandharvas, ni les Dânavas ou même les Dieux ne pourraient m'ôter la vie; mais j'ai dédaigné de m'assurer contre les hommes. Voici même que ma ville, comme Nandî[17] me l'avait prédit un jour dans sa colère sur le mont Himâlaya, est assiégée par des êtres d'une figure semblable à son visage. Aujourd'hui les choses n'arrivent pas autrement qu'il ne fut dit par ces deux magnanimes. Elles n'étaient pas moins vraies, ces paroles que m'adressa le noble Vibhîshana. Ces discours sages de mon frère s'accomplissent: les événements qui surviennent sont justement ce qu'il avait prévu.

Note 17:

Singe et conseiller de Çiva, habitant comme lui sur les cimes de l'Himavat.

«Que Koumbhakarna d'un courage incomparable et qui a brisé l'orgueil des Dânavas et des Dieux soit réveillé du sommeil où il est plongé par la malédiction de Brahma! Ce *géant* aux longs bras dépasse dans le combat tous les Rakshasas comme une cime de montagne: il aura tué bientôt les singes et les deux princes Daçarathides.»

À ces paroles du monarque, les Rakshasas de courir avec la plus grande hâte au palais de Koumbhakarna.

Mais, rejetés au dehors par le vent de sa respiration, ces robustes Démons ne purent même y rester. Quelle que fût leur puissante vigueur, le souffle seul du géant les repoussa hors du palais: enfin, avec de grands efforts et beaucoup de peine, les Yâtavas parvinrent à rentrer dans cette habitation charmante au pavé d'or. Là, ils virent alors couché, dormant, tout son aspect glaçant d'effroi et le poil dressé en l'air, cet horrible chef des Naîrritas, ce mangeur de chair, effrayant par ses ronflements, soufflant comme un boa, avec une tempête de respiration épouvantable, sortant d'une bouche aussi grande que la bouche même de l'enfer.

Alors, se plaçant à l'entour et *se tenant l'un à l'autre* fortement, ils s'approchent du géant, dont la vue semblait une montagne de noir collyre; puis, ces guerriers intrépides entassent devant lui un amas d'aliments haut comme le Mérou et capable de rassasier sa faim complétement. Ils firent là des tas de gazelles, de buffles et de sangliers; ils amoncelèrent une prodigieuse montagne de nourriture. Ensuite, ces ennemis des Dieux mirent devant Koumbhakarna des urnes de sang et différentes liqueurs spiritueuses. Ils oignirent d'un sandal précieux à l'odeur céleste, ils couvrirent le géant de riches habits, de guirlandes et de parfums aux senteurs les plus exquises. Enfin, ils répandent les émanations embaumées du plus suave encens autour de lui, ils entonnent des hymnes en l'honneur de Koumbhakarna, ils se mettent à réveiller de son lourd sommeil ce héros, immolateur des ennemis. Tels que des nuages *orageux*, les Yâtoudhânas font du bruit çà et là, ils secouent ses membres, et poussent des cris en même temps qu'ils frappent sur lui. Ils se fatiguent, mais ils ne peuvent le réveiller. Enfin ils tentent, pour le tirer du sommeil, un plus grand effort. Ils remplirent de leur souffle des trompettes reluisantes comme la lune, et, dans leur vive impatience, ils jetèrent tous à la fois des cris éclatants. Ils se frappaient les mains l'une contre l'autre *ou les bras avec leurs mains*, ils allaient et venaient de tous les côtés, soulevant pour le réveil de Koumbhakarna un bruit tumultueux. Ils battaient des chameaux, des ânes, des chevaux et des éléphants à grands coups de bâtons, de fouets et d'aiguillons: ils faisaient résonner de toutes leurs forces des tymbales, des conques et des tambours. Ils frappaient les membres du géant avec de grands marteaux, avec des maillets d'armes, avec des pattiças, avec des pilons même, levés autant qu'ils pouvaient. Les oiseaux tombaient tout d'un coup dans leur vol, étourdis par ce fracas de tymbales, de patahas, de conques, par ces cris de guerre, ces battements de mains et ces rugissements; bruit confus, qui s'en allait courant par tous les points de l'espace et se dispersait au milieu du ciel.

Mais en vain; tant de tumulte ne réveillait pas encore ce magnanime Démon.

Las *de tous ces vains efforts*, les noctivagues essayent d'un nouveau moyen: ils font venir de charmantes femmes aux colliers de pierreries éblouissants. Celles-ci étaient nées des Rakshasas ou des Nâgas, celles-là étaient les épouses des Gandharvas, celles-ci encore étaient les filles des hommes ou même des Kinnaras.

Entrées dans ce palais magnifique au pavé d'or pur, elles se tiennent devant Koumbhakarna, *les unes* chantant, *les autres* jouant divers instruments du musique. Et voici que, dans leurs folâtres ébats, ces dames célestes aux célestes parures, ces nymphes, embaumées d'un céleste encens et parfumées de senteurs célestes, remplissent des odeurs les plus suaves cette splendide habitation. Toutes avaient de grands yeux, toutes avaient le doux éclat de l'or, toutes possédaient les dons *aimables* de la beauté, toutes étaient parées de *gracieux* atours.

Réveillé par le gazouillement de leurs noûpouras, le ramage de leurs ceintures, le concert de leurs chants mariés au son de leurs instruments, leurs voix douces, leurs senteurs exquises et leurs divers attouchements, le géant crut n'avoir jamais goûté de plus délicieuses sensations. Le prince des noctivagues jette en l'air ses grands bras aussi hauts que des cimes de montagnes; il ouvre sa bouche semblable à un volcan sous-marin, et bâille hideusement. Cet horrible spasme achève de réveiller ce Démon à la force sans mesure: il pousse un soupir, comme le vent qui souffle à la fin du monde. Ensuite le Démon réveillé, ayant fait rougir ses yeux, *en les frottant*, promena ses regards de tous les côtés et dit aux noctivagues: «Pour quelle raison vos excellences m'ont-elles réveillé dans mon sommeil? Ne serait-il point arrivé quelque chose de fâcheux au monarque des Rakshasas? En effet, on ne trouble pas dans le sommeil une personne de mon rang pour une faible cause.»

«Le roi souverain de tous les Rakshasas a *bien* envie de te voir. Veuille donc aller vers lui, répondent-ils; fais ce plaisir à ton frère.»

Aussitôt qu'il eut ouï la parole envoyée par son maître, l'invincible Koumbhakarna: «Je le ferai!» dit le géant à la grande vigueur, qui se leva de sa couche, et, joyeux, se lava le visage, prit un bain et revêtit ses plus riches parures. Ensuite il eut envie de boire et demanda au plus vite un breuvage, qui répand la force dans les veines. Soudain les noctivagues s'empressent d'apporter au géant, comme Râvana leur avait prescrit, des liqueurs spiritueuses et différentes sortes d'aliments pour la joie de son cœur. Le colosse affamé se jeta avidement, avec une bouche enflammée, avec des yeux ardents, sur la chair des buffles, sur les viandes de sangliers, sur les boissons préparées, et, *non moins* altéré, il but à longs traits du sang.

À l'aspect de cet éminent Rakshasa, tel qu'à le voir on eût dit une montagne, et qui semblait marcher dans les airs, comme jadis l'auguste Nârâyana lui-même; à cet aspect du colosse, affreusement épouvantable, à la voix tonnante comme celle du nuage, à la langue flamboyante, aux longues dents aiguës et saillantes, aux grands bras, aux mains armées d'une lance et devant la vue duquel, inspirant la terreur, fuyaient tous les singes par les dix points de l'espace, Râma dit avec étonnement ces mots à Vibhîshana: «Dis-moi qui est ce colosse? Est-il un Rakshasa? Est-ce un Asoura? Je ne vis jamais avant ce jour un être de cette espèce?»

À cette demande que lui adressait le prince aux travaux infatigables, Vibhîshana répondit en ces termes au rejeton de Kakoutstha: «C'est le fils de Viçravas, le noctivague Koumbhakarna, qui a pu vaincre dans la guerre Yama et le roi des Immortels.

«Le vigoureux Koumbhakarna est fort de sa propre nature: la force des autres chefs Rakshasas vient des faveurs et des grâces qu'ils ont méritées *du ciel*; mais la force de Koumbhakarna ne vient que de son corps, héros aux longs bras; elle est innée en lui. Aussitôt sa naissance, ce magnanime, pressé déjà par la faim, mangea dix Apsaras, suivantes du puissant Indra. Par lui furent dévorés des êtres animés en bien grand nombre de milliers.

«Enfin, accompagné des créatures, Indra se rendit au séjour de l'Être-existant-par-lui-même, et fit connaître au vénérable aïeul de tous les êtres la méchanceté de Koumbhakarna: «La terre sera bientôt vide, s'il continue à dévorer sans relâche, comme il fait, tous les êtres animés!» À ces paroles de Çakra, l'auguste père de tous les mondes manda vers lui Koumbhakarna et vit cet affreux géant. À l'aspect du colosse, le souverain maître des créatures fut saisi d'étonnement, et l'Être-existant-par-lui-même tint ce langage au vigoureux Koumbhakarna: «Assurément, c'est pour la destruction du monde, que tu fus engendré par le fils de Poulastya; mais, puisque tu n'emploies tes soins et cette force, dont tu es doué, qu'à ravager le monde, désormais tu vas dormir, semblable à un mort!»

«Aussitôt, vaincu par la malédiction de Brahma, le Rakshasa tombe, *et s'endort*!

«Quand il vit son frère étendu et plongé dans un profond sommeil, alors, agité par la plus vive émotion: «On ne jette pas à terre, dit Râvana, un arbre d'or, parce qu'il n'a point rapporté de fruits dans la saison. Souverain maître des créatures, il n'est pas séant que ton petit-fils dorme ainsi. L'auguste parole, dite par toi, ne peut l'être en vain: il dormira donc, ce n'est pas douteux; mais fixe pour lui un temps *alternatif* de sommeil et de veille.» À ces mots de Râvana: *«Eh bien!* répondit l'Être-existant-par-lui-même, il dormira six mois, et restera éveillé un seul jour. J'accorde toute la durée d'un jour à ce héros affamé pour se promener sur la terre, y faire des choses égales à lui-même et se pourvoir de nourriture.»

«C'est Râvana lui-même, qui maintenant, épouvanté de ta valeur et tombé dans l'adversité, fit *sans doute* réveiller Koumbhakarna. Ce héros vigoureux va sortir, crois-le bien! et, dans sa violente colère aiguisée par la faim, il va dévorer les singes.»

Le prince des Rakshasas à la grande vigueur, mais encore plein de l'ivresse du sommeil, était arrivé dans la rue royale, environné de splendeur.

Il vit la charmante demeure du monarque des Rakshasas, vaste habitation; revêtue d'une immense richesse d'or et qui offrait l'aspect du soleil, père de la lumière. Il s'approche du palais, il entre dans l'enceinte, il voit son auguste frère assis, le cœur troublé, dans le char Poushpaka.

Alors le prince à la grande force, Koumbhakarna, d'embrasser les pieds de son frère, assis dans un palanquin. Mais Râvana se lève et, plein de joie, lui donne une accolade. Ensuite Koumbhakarna, embrassé et comblé par son frère des honneurs qu'exigeait l'étiquette, prit place sur un trône sublime et céleste. Quand le Démon à la grande vigueur se fut assis dans le siége, il adressa, les yeux rouges, avec colère, ces mots à Râvana:

«Pourquoi, sire, m'as-tu fait réveiller sans aucun égard? Dis-moi d'où te vient cette crainte? À qui dois-je maintenant donner la mort? Ce danger te vient-il du roi des Dieux, sire, ou du monarque des eaux?»

«Noctivague, mon frère, il y avait bien longtemps, répondit l'autre, que durait le sommeil, dont nous t'avons retiré aujourd'hui. Tu n'as donc pu connaître, plongé dans ce doux repos, en quelle infortune m'a jeté Râma. Jamais, ni les Gandharvas, ni les Daîtyas, les Asouras ou même les Dieux ne m'ont fait courir un péril égal au danger qui me vient de cet homme.

«Tu n'as pu savoir comment Sîtâ fut jadis enlevée par moi. Râma, que ce rapt consume *de colère et de chagrin*, nous a précipités dans ces horribles transes. Accompagné de Sougrîva, ce vigoureux Daçarathide a franchi la mer, et maintenant il coupe *sans pitié* les racines *de* notre *existence*. Vois, hélas! aux portes mêmes de Lankâ nos bosquets d'agrément, que les singes, arrivés par une chaussée *inouïe*, revêtent d'une couleur tannée. Ils ont tué dans la guerre mes Rakshasas les plus éminents.

«Sors donc, armé de ta lance et ton lasso à la main, comme la Mort!

«Guerrier à la vigueur infinie, qu'aujourd'hui, rendu au bonheur, tout mon peuple, défendu par la vitesse et la force de ton bras, soit affranchi de ce péril extrême: immole, ennemi des Dieux, Râma et toute son armée!»

Dès qu'il eut ouï ce discours, Koumbhakarna lui répondit en ces termes: «C'est assez t'abandonner aux soucis, tigre des Rakshasas! dépose ton chagrin et ta colère, veuille bien être calme. J'immolerai celui qui est la cause de tes chagrins.

«Aujourd'hui, guerrier aux longs bras, sois dans la joie et Sîtâ dans la douleur, en voyant la tête de Râma, que je vais te rapporter du combat!

«Amuse-toi, selon tes fantaisies, bois des liqueurs spiritueuses, vaque à tes affaires, chasse de toi le souci: aujourd'hui que son époux sera plongé dans l'empire de la Mort, Sîtâ va pour longtemps devenir ton esclave!»

Le colosse saisit rapidement sa lance aiguë, exterminatrice des ennemis; arme épouvantable, flamboyante, toute de fer, pareille à la foudre du *puissant* Indra et d'un poids à l'équipollent du tonnerre. Quand il eut pris cette lance, ornée d'un or épuré, teinte du sang des ennemis, émoulue, qui avait mainte fois brisé l'orgueil des Dânavas et des Dieux, arraché à la vie des Yakshas et des Gandharvas, Koumbhakarna à la grande splendeur tint ce langage à Râvana: «J'irai seul, moi-même! Que ton armée reste ici!»

Son cocher à l'instant de lui amener son char céleste, attelé de cent ânes et sur lequel flottaient des drapeaux de guerre; vaste char, semblable au sommet du *mont* Kêlâsa, monté sur huit roues, bruyant comme les grands nuages et long de cinq stades.

Inondé par des pluies de fleurs, le front abrité d'une ombrelle, une pique émoulue à sa main, ivre du sang dont il s'était gorgé, et dans la fureur de l'ivresse, tel sortait le plus terrible combattant des Yâtavas.

Grand, terrible, large de cent arcs, haut de six cents brasses, les yeux comme les roues d'un char, il ressemblait au sommet d'une montagne.

«Au reste, la racine des maux de Lankâ, c'est l'aîné des Raghouides avec Lakshmana; lui mort, tout est mort, se disait-il: je vais donc le tuer dans cette bataille.»

Tandis que le Rakshasa Koumbhakarna s'avançait, des prodiges d'un aspect sinistre se manifestaient de tous les côtés.

Des chacals aux formes horribles glapirent et leurs gueules jetèrent des bouffées de flammes; les oiseaux annoncèrent des augures sinistres. Un vautour s'abattit sur le char du héros en marche pour le combat; son œil gauche tressaillit et son bras gauche trembla. Son pied frémit, son poil se hérissa, sa voix même changea de nature au moment qu'il entra sur le champ de bataille. Un météore igné tomba flamboyant du ciel avec un fracas épouvantable, la clarté du soleil fut éclipsée et le vent fut sans haleine.

Mais, sans tenir compte de ces grands signes, qui tous se levaient pour annoncer la fin de sa vie, Koumbhakarna sortit, l'âme égarée par la puissance de la mort.

Aussitôt que le vigoureux colosse eut passé le seuil de la cité, il poussa une clameur immense, qui fit résonner tout l'Océan, produisit *au milieu des airs* l'effet d'un ouragan impétueux et fit trembler, pour ainsi dire, les montagnes. Dès qu'ils virent s'avancer le monstre aux yeux épouvantables, que n'auraient pu tuer Yama, Maghavat et Varouna, tous les singes de courir çà et là.

À la vue de Gavâksha, de Çarabha, de Nîla et du robuste Koumouda, qui s'enfuyaient, oublieux de leur vaillance, de leurs familles et d'eux-mêmes, le fils de Bâli, Angada, leur jeta ces paroles: «Où allez-vous, tremblants comme des singes vulgaires? Vous courez là? Revenez! Quoi! vous *croyez* sauver ainsi votre vie? Mais où irez-vous, chefs des singes, que la mort n'y soit pour vous? Puisque la mort est une nécessité, ce qui va le mieux à des gens tels que vous, c'est de mourir en combattant.»

Rassurés avec peine et s'appuyant l'un sur l'autre, les singes restent enfin de pied ferme sur le front de la bataille, tenant à leurs mains des rochers et des arbres. Revenus sur leurs pas, les sylvicoles guerriers, bouillants d'ardeur, comme des éléphants pleins d'ivresse, se mettent à frapper dans une extrême fureur Koumbhakarna de tous les côtés; mais en vain le frappait-on avec des rochers, avec des sommets élevés de montagnes, avec des arbres aux cimes fleuries, il n'en était pas ébranlé.

Irrité, Koumbhakarna de broyer dans un souverain effort les armées des singes vigoureux, comme un feu allumé dévore les forêts.

Enfin, battus par le terrible Démon, les singes *tremblants* se sauvent dans la route même par laquelle tous ils avaient traversé la mer. Traversant d'un bond *ce large détroit*, courant en avant, le visage consterné d'épouvante, ils ne s'arrêtaient pas à regarder ces lieux profonds. Les uns franchissent la mer, les autres s'envolent dans les cieux; il en est qui grimpent sur les arbres; il en est qui plongent dans l'Océan. Ceux-ci de gravir sur les montagnes, ceux-là de se réfugier dans les cavernes; en voici qui tombent; en voilà qui ne se tiennent plus en bon ordre. Voyant les simiens rompus; «Arrêtez, singes! leur crie Angada; combattons! Que vous sert-il de fuir?

«Si nous sauvons nos vies par la fuite, rompus en si grand nombre sous le bras d'un seul, notre renommée dans la guerre est à jamais perdue!»

Aussitôt neuf généraux des armées quadrumanes, tenant levées de pesantes roches, courent sur le géant à la grande vigueur. Mais, rompus par le corps du géant, les rochers, pareils à des montagnes, ne broyent sous leur chute que son drapeau, son char, ses ânes et son cocher. Le héros en toute hâte se jette à bas du char, tenant levée sa lance, et s'envole rapidement au milieu des airs, tel qu'une montagne ailée.

Il se promenait dans les armées des singes, foulant aux pieds les guerriers, comme un vigoureux éléphant, ses tempes baignées par une sueur de rut, brise de ses piétinements une forêt de roseaux.

En ce moment du combat, Nîla de lancer une cime de montagne à Koumbhakarna; mais celui-ci voit arriver cette masse et la frappe de son poing. Sous l'atteinte de ce vigoureux coup, le sommet de montagne se brisa et tomba sur la face de la terre, en semant des étincelles et dispersant des flammes.

On vit alors des milliers de simiens se précipiter à la fois contre le géant; et, grimpant sur Koumbhakarna, ils escaladèrent le colosse, tels qu'on eût cru voir des collines s'élever sur une montagne.

Le vigoureux Démon, entraînant tous les simiens entre ses bras, se mit à les dévorer dans sa fureur, comme Garouda mange les serpents. Mais les singes, que le monstre jetait dans sa bouche, aussi grande que les enfers, trouvaient le moyen d'en sortir, *ceux-ci* par ses oreilles, *ceux-là* par ses fosses nasales.

Ceux-ci, fuyant la mort, courent s'abriter sous la protection de Râma, qui s'élance et prend son *arc, cette* perle des arcs.

Près d'en venir aux mains, il dit alors au colosse, tel qu'une montagne ou pareil à un nuage, chassé par le vent: «Avance près de moi, seigneur des Rakshasas! Me voici de pied ferme, mon arc et ma flèche dans les mains. Sache que je suis la mort venue ici pour toi: dans un moment, scélérat, tu vas exhaler ta vie!»

«C'est Râma!» se dit Koumbhakarna à la grande splendeur. Il poussa en même temps un bruyant éclat de rire, qui brisa, pour ainsi dire, les cœurs de tous les quadrumanes hôtes des bois; et, quand il a ri d'une manière difforme, épouvantable, pareille au tonnerre des nuages, il tient ce langage au Raghouide:

«Vois ce maillet d'armes que je porte, solide, épouvantable, tout en fer! avec lui, j'ai vaincu jadis les Dieux et les Dânavas. Montre-moi, tigre d'Ikshwâkou, cette vigueur agile de laquelle est doué ton corps; ensuite, quand j'aurai vu ta force et ton courage, je ferai de toi mon festin.»

À ces mots, Râma lui décocha des flèches bien empennées; mais, atteint dans le combat par ces traits d'une vitesse égale à celle du tonnerre, le colosse n'en fut aucunement ému.

Cet ennemi du grand Indra but des pores, *en quelque sorte*, ces flèches, comme des gouttes d'eau, et, brandissant son maillet d'armes, il en opposa la terrible fougue à l'impétuosité des projectiles *du vaillant* Raghouide.

Mais Râma dans ce combat déploie soudain un arc céleste et plonge des flèches invincibles dans le cœur de Koumbhakarna. De la bouche du colosse en fureur, blessé par le Daçarathide et fondant sur lui rapidement, il sortit un mélange de flammes et de charbons.

Dans son trouble, l'arme effroyable tomba de sa main sur la terre; et, quand il vit son bras désarmé, le géant à la grande vigueur se mit à faire un immense carnage à coups de pieds, à coups de poings. Le corps tout blessé par les flèches, baigné du sang qui ruisselait de ses membres comme les torrents d'une montagne, Koumbhakarna, inondé à la fois de sang et d'une colère bouillante, parcourut les armées, dévorant tout sans distinction, quadrumanes ou Rakshasas.

Râma, défiant son ennemi, décocha au noctivague la grande flèche-du-vent et lui enleva du coup le bras, qui tomba au milieu des armées quadrumanes et frappa dans ses convulsions les bataillons des singes.

Tel qu'une haute montagne, à qui la foudre coupa une aile, Koumbhakarna, que cette flèche avait dépouillé de son bras, déracine un shorée de l'autre main et fond avec cet arbre sur l'Indra même des hommes. Mais soudain, celui-ci, associant à la flèche d'Indra un dard pareil à l'éclair et au tonnerre, de lui trancher ce bras, que le géant élevait, armé de son énorme shorée. Ce bras coupé de Koumbhakarna, tombant comme un serpent échappé aux serres de Garouda, se débattit sur le sol et frappa les rochers, les arbres, les Rakshasas et les singes.

Néanmoins le Rakshasa, poussant des cris, accourait avec la même furie, quoiqu'il fût sans bras: à cette vue, Râma saisit deux flèches émoulues en demi-lunes et lui trancha les deux pieds dans cette nouvelle phase du combat.

Alors, ouvrant sa bouche semblable au volcan sous-marin, le Démon vociférant, les bras coupés et les jambes mutilées, s'avançait encore impétueusement vers le Raghouide: tel Râhou, dans les cieux, quand il veut dévorer la lune. Râma aussitôt de lui remplir sa gueule de flèches à la pointe aiguë, à l'empennure vêtue d'or; et le monstre, sa bouche pleine de traits, ne pouvant parler, râlait à grand'peine des sons inarticulés; il perdit même la connaissance.

Râma choisit un autre dard céleste, d'une éternelle durée, que les Dieux et même Indra vénéraient comme le second sceptre de la Mort. Il envoya au noctivague cette arme à l'empennure variée d'or et de diamants, ce projectile d'un éclat pareil aux flammes ou aux rayons allumés du soleil, ce trait d'une vitesse égale à celle de l'éclair et du tonnerre déchaînés par le grand Indra.

Soudain le trait coupe au roi des Yâtavas sa tête pareille au sommet d'une montagne, ce chef à la bouche armée de ses longues dents arrondies, au cou paré de son beau et resplendissant collier: tel Indra jadis abattit la tête de Vritra. Le Démon poussa un effroyable cri et tomba mort: son grand corps écrasa deux milliers de singes. La chute du géant sur la terre fit trembler tous les remparts et les portiques de Lankâ; la grande mer elle-même en fut agitée.

Alors, pleins d'allégresse et le visage riant comme des lotus épanouis, les singes d'honorer en foule cet heureux et bien-aimé Raghouide, qui avait tué de sa main leur ennemi noctivague d'une force épouvantable. Alors les Maharshis, les Gouhyakas, les Dieux et les Asouras, les Bhoûtas, les Pannagas et Garouda même, les Yakshas, les Gandharvas, les Daîtyas, les Dânavas et les Dieux-rishis, tous de célébrer dans la joie cette valeur *insigne* du *noble* Râma.

À la nouvelle que le rejeton magnanime de Raghou avait tué Koumbhakarna, les Yâtavas se hâtent d'en porter la connaissance aux oreilles du monarque des Rakshasas. Apprenant que ce géant à la grande force avait perdu la vie dans la bataille, Râvana, consumé de chagrin, s'évanouit et tomba.

Voyant le souverain plongé dans ses pénibles soucis, personne n'osait parler, et tous ils étaient absorbés dans leurs *tristes* pensées. Enfin le fils du monarque des Rakshasas, Indradjit, le plus grand des héros, voyant son père consterné et comme submergé par les flots de cet océan de chagrins, lui adressa la parole en ces termes: «Mon père, il n'est pas temps de s'abandonner au découragement, puisque Indradjit vit encore: oui! puissant roi des Naîrritas, qui que ce soit dans un combat, s'il est touché d'une flèche lancée par mon bras ennemi d'Indra, n'est capable de remporter sa vie sauve! Vois bientôt Râma couché sans vie avec Lakshmana sur le sol de la terre, le corps fendu, tout hérissé de mes flèches et les membres couverts de mes dards aigus.» À ces mots, l'ennemi du roi des Tridaças salua son père et, d'une âme intrépide, il monta dans son char, bien admirable, attelé des plus excellents coursiers et dont la vitesse égalait celle du vent. Quand ce guerrier à la vive splendeur, habitué à dompter les ennemis, fut monté dans ce char, pareil au char de Vishnou, il hâta sa marche vers le champ de bataille. De nombreux héros à la grande vigueur, les mains armées de harpons, d'arcs et d'épées, suivirent à l'envi l'un de l'autre les pas de ce magnanime. Le contempteur du roi des Dieux s'avançait à grand son de tymbales, au bruit terrible des conques, au milieu des hymnes chantés à sa gloire.

Râvana dit à son fils, qu'il voyait sortir, environné d'une nombreuse armée: «Tu n'as pas au monde un héros qui puisse lutter avec toi, mon fils: tu as vaincu Indra même dans la guerre; à plus forte raison feras-tu mordre la poussière à ce Raghouide, un misérable, un homme!» Après ces mots de son père et quand il eut reçu les bénédictions pour la victoire, ce héros, monté sur le char attelé de rapides chevaux, s'en alla vite au lieu destiné à consumer les victimes. Arrivé sur le terrain des sacrifices, le Démon à la grande splendeur, habitué à dompter ses ennemis, fit placer de tous côtés les Rakshasas devant son char.

Là, cet auguste prince, d'un éclat pareil à celui du feu, sacrifia au puissant Agni, suivant les rites avec les prières mystiques.

Alors, il se mit à charmer par des incantations son arc, ses flèches et son char même entièrement.

Il congédia son armée, et seul, une flèche et son arc à la main, invisible sur le champ de bataille, il répandit sur les armées des singes la pluie d'une tempête de flèches, tel qu'un sombre nuage déverse l'eau de ses flancs.

Fascinés par sa magie et criant avec des sons discordants, les plus épouvantables des singes, le corps hérissé des flèches que lançait Indradjit, tombent sur la terre, comme des arbres sourcilleux, sur lesquels Indra jette sa foudre. Ils voyaient seulement les dards si horribles que l'exterminateur envoyait dans les armées des singes; mais ils n'entrevoyaient nulle part leur ennemi, ce terrible contempteur du roi des Dieux, que sa magie enveloppait d'invisibilité.

L'invisible ennemi de frapper Sougrîva, Angada, Nîla, le vigoureux Hanoûmat, Soushéna, Dhoûmra, Çatabali, Dwivida et d'autres ennemis.

Quand il eut déchiré avec ses dards empennés d'or les héros et le monarque des singes, il enveloppa Râma lui-même et Lakshmana dans les réseaux de ses pluies de flèches, aussi rapides que la foudre.

Inondé par cette averse de projectiles, comme le roi des monts par la chute des pluies, Râma d'une beauté souveraine et merveilleuse jeta les yeux sur Lakshmana et lui tint ce langage: «Lakshmana, le prince des Rakshasas, ce vaillant guerrier, ennemi du roi des Dieux, a pris de nouveau le trait de Brahma; il immole cette armée de héros simiens, et, monté sur son char, il déploie toute sa magie. Comment peut-on maintenant réussir à tuer dans le combat cet Indradjit, son trait *ineffable* à la main, et le corps invisible aux yeux? Son dard infaillible est un don, je pense, de l'auguste Swayambhoû lui-même, inconcevable à la pensée. Supporte en ce moment avec moi d'une âme intrépide ces averses épouvantables de flèches.

«Toute cette armée du monarque des simiens est taillée en pièces; elle a perdu ses héros les plus éminents. Mais, quand il nous aura vus, nous d'une fougue épouvantable dans la guerre, mis hors de combat et tombés sans connaissance, alors, sans doute, cet ennemi des Tridaças nous abandonnera; et, content de la gloire insigne, qu'il a recueillie dans sa bataille, cet odieux contempteur d'Indra et de ses Dieux, va bientôt s'en aller, environné de ses amis, raconter son triomphe au monarque des Rakshasas.» En effet, ces multitudes de flèches, lancées par Indradjit, couvrirent de blessures les deux nobles frères; et, quand il eut abattu ces deux puissants Raghouides, le prince des Rakshasas *mit fin* au combat en poussant un cri de victoire.

Le terrible Démon avait couché morts ou blessés dans la huitième partie d'un jour soixante-quatre kotis de rapides quadrumanes.

Après un long regard jeté sur cette épouvantable armée, répandue telle que les flots de la mer, Hanoûmat et Vibhîshana virent le vieux Djâmbavat couvert par des centaines de flèches. Accablé naturellement sous le faix de la vieillesse, ce héros, enveloppé de souffrances, était alors comme l'image d'un feu qui s'éteint. À sa vue, le rejeton de Poulastya, s'étant approché de lui: «Ces flèches acérées, noble vieillard, dit-il, n'auraient-elles pas entièrement brisé ta vie? Vis-tu encore, roi des ours? Te reste-t-il encore un peu de force?»

Quand il eut ouï la voix de Vibhîshana, Djâmbavat, le monarque des ours, faisant couler de sa bouche les paroles avec peine, lui répondit ces mots:

«Puissant roi des Naîrritas, je te vois de l'oreille. Mais, blessé par ces multitudes de flèches, plein de souffrances, je ne puis, Naîrrita, te voir de mes yeux. Celui que la nymphe Andjanâ et le Vent se glorifient d'avoir pour fils, Hanoûmat, le plus excellent des singes, a-t-il sauvé sa vie du combat?» À ce langage du moribond, Vibhîshana, voulant éprouver le caractère et la sagesse de ce roi, qui savait honorer les sages: «Pourquoi me fais-tu cette demande sur Hanoûmat, lui dit-il, sans t'inquiéter d'abord de ces deux illustres hommes qui sont les premiers objets de notre douleur, eux, sur la vie desquels repose même notre force!»

À ces mots de Vibhîshana, Djâmbavat répondit: «Écoute pour quelle raison je t'ai fait cette demande sur le Mâroutide; c'est que, tigre des Naîrritas, si l'invincible Hanoûmat respire, cette armée, fût-elle morte, peut vivre encore! Si le souffle de la vie est resté au Mâroutide, nous sommes pleins de vie nous-mêmes, eussions-nous rendu le dernier soupir.»

À peine ouïes ces belles paroles, Vibhîshana reprit: «Il vit, mon père, ce héros d'une vitesse égale à celle du vent: le prince, fils de Mâroute, conserve une splendeur pareille à celle du feu. Il est venu ici; et c'est toi, seigneur, qu'il cherchait maintenant de concert avec moi.»

Hanoûmat, le fils du Vent, s'approche alors du vieillard, le salue avec modestie et lui dit son nom. Quand ce vieux roi des ours entendit, les sens tout émus, cette parole d'Hanoûmat, il crut naître, pour ainsi dire, une seconde fois à la vie. Ensuite Djâmbavat à la grande splendeur lui tint ce langage: «Va, prince des simiens, et veuille sauver les quadrumanes; il n'y en a pas d'autre ici que toi, ô le plus vertueux des singes, qui soit *assez* doué de vigueur.

«Après une route merveilleuse parcourue au-dessus de la mer, veuille bien diriger ta course, Hanoûmat, vers l'Himâlaya, roi des monts. Ensuite tu verras, héros à la prodigieuse vigueur, une montagne d'or, appelée Rishabha, au front sourcilleux, et la crête elle-même du Kêlâsa. Entre deux cimes, tu verras une admirable montagne d'un éclat incomparable: c'est la Montagne-des-simples, riche de toutes les herbes médicinales. Là, végétant sur le faîte, s'offriront à tes yeux, noble singe, quatre plantes à la splendeur enflammée, dont elles illuminent les dix points de l'espace. Une d'elles, herbe précieuse, ressuscite de la mort, une autre fait sortir les flèches des blessures, la troisième cicatrise les plaies, une autre enfin ramène *sur les membres guéris* une couleur égale et naturelle. Prends-les toutes, Hanoûmat, et veuille bien revenir ici promptement. Fais à tous les singes, fils du Vent, fais-nous présent de la vie!»

À ces mots des torrents de force remplirent Hanoûmat, comme la mer elle-même est remplie par les courants impétueux des ondes.

Après qu'il eut offert son adoration aux Dieux, le Mâroutide à la terrifiante vigueur entra dans sa grande mission pour le salut des Raghouides. Il releva sa queue semblable à un serpent, courba son dos, infléchit ses oreilles, ouvrit sa bouche, pareille au volcan sous-marin et s'élança dans les airs d'une vitesse impatiente et merveilleuse. Ses deux bras, tels que des serpents étendus par-devant lui, Hanoûmat, de qui la force égalait celle de Garouda, le roi des oiseaux, dirigea son vol, déchirant, pour ainsi dire, les plages du ciel, vers le Mérou, ce mont, le roi des monts; et le grand singe aperçut bientôt l'Himâlaya, doué richement de fleuves et de ruisseaux, orné de cataractes et de forêts, avec des cimes du plus magnifique aspect et semblables à des masses de nuages blancs.

Le grand singe avait parcouru mille yodjanas quand il arriva sur la haute montagne, où il se mit à chercher les quatre inestimables panacées. Mais ces divines plantes qui pouvaient changer de forme, ayant su qu'Hanoûmat n'était venu dans ce lieu que pour s'emparer d'elles, se cachèrent à l'instant même dans l'invisibilité. Le noble singe, ne les voyant pas, s'irrite; il pousse un cri de colère, il ouvre sa bouche, il cligne tout indigné ses yeux et jette ces paroles au roi de la montagne:

«Est-ce une sage pensée à toi de montrer une telle insensibilité pour le noble Raghouide? Vaincu par la force de mon bras, vois! à l'instant même, roi des grandes montagnes, tes débris vont ici joncher la terre!» Soudain ce magnanime, embrassant la cime, rompit violemment, d'un seul coup, dans sa fougue, le sommet flamboyant et le sépara de la montagne avec ses éléphants, son or et sa richesse de mille métaux.

Quand il eut déraciné ce plateau, il s'élança dans les cieux avec lui et, déployant sa vitesse impétueuse, effrayant les mondes, les princes des Asouras, les Dieux mêmes et le roi des Souras, il s'en alla rapidement célébré à l'envi par les chœurs des Immortels et des Siddhas. Cette montagne répandait une splendeur éclatante sur le fils du Vent, tel qu'une montagne lui-même, comme le tchakra de feu jette dans les cieux sa lumière flamboyante sur Vishnou, quand ce Dieu s'est armé de son disque aux mille tranchants.

Aussitôt qu'ils ont aperçu Hanoûmat, les singes de pousser leurs acclamations de joie; le Mâroutide, *de son côté*, jette un cri de triomphe à la vue des singes, et les habitants de Lankâ eux-mêmes, au bruit de ces clameurs effrayantes, crient d'une manière encore plus épouvantable. Admiré par les plus nobles chefs des simiens et loué par Vibhîshana lui-même, le héros, tenant la cime de montagne, descendit au milieu de cette armée quadrumane. À peine les deux fils du monarque issu de Raghou ont-ils respiré l'odeur exhalée des célestes panacées, soudain les flèches sortent des plaies et leur corps est guéri même de toutes ses blessures.

Alors tous les singes privés de la vie sortirent de la mort, comme on sort du sommeil à la fin de la nuit; et, poussant des cris *de joie*, ils se relevaient tout à coup, célébrant à l'envi ce glorieux fils du Vent!

Quand Indradjit, victorieux dans la guerre, eut mis l'armée des singes en déroute, il revint du combat et rentra dans la ville. *Mais bientôt*, saisi d'une grande colère au souvenir mainte et mainte fois renouvelé des Rakshasas, tombés morts *sous les coups des singes*, le héros prit de nouveau le chemin de la sortie. Dès qu'il eut franchi d'un pied rapide le seuil de la porte occidentale, le puissant noctivague résolut de mettre en œuvre la magie pour fasciner les quadrumanes hôtes des bois.

Le cruel fit donc par la vertu de sa magie un fantôme de Sîtâ, montée dans son char: puis, guerrier habile en l'art des combats, il s'avança dans le champ de bataille, la face tournée vers les singes. À peine ont-ils vu le Rakshasa venir de la ville, ceux-ci, brûlants de combattre, s'élancent, enflammés de colère et les mains pleines de rochers. Devant eux marchait le noble Hanoûmat, tenant levé un faite de montagne, sommet immense et d'un poids accablant.

Il vit, montée sur le char d'Indradjit, la Sîtâ, plongée au fond de la tristesse, les cheveux renoués dans une seule tresse et le corps exténué de jeûnes. À cette vue de la Mithilienne, assise dans le char, l'air consterné et les membres souillés d'impuretés, son âme se troubla et des larmes noyèrent son visage. À peine eut-il vu la Sîtâ morne, pleine de méfiance, amaigrie de privations, déchirée par le chagrin et montée sur le char du Râvanide: «Quel est son dessein?» pensa le grand singe; et là-dessus il fondit avec les plus vaillants des quadrumanes sur le fils de Râvana.

Rempli de colère en voyant l'armée des singes, le Râvanide tire son glaive du fourreau et pousse un bruyant éclat de rire. Quand il se fut armé de cet excellent cimeterre, il saisit par son épaisse chevelure ce fantôme de Sîtâ, qui appelait à grands cris: «Râma! Râma!»

Alors qu'il vit appréhender la Sîtâ, Hanoûmat, le fils du Vent tomba dans un profond abattement et versa de ses yeux l'eau dont la source est dans la douleur. Au comble de la colère, il dit au Râvanide avec menace: «Âme ignoble, méchante et vile, insensé, de qui la scélératesse inspire les résolutions, il n'est pas séant à toi de faire une chose telle, basse, ignominieuse!

«Comment veux-tu ôter la vie à cette Mithilienne, enlevée à sa demeure, à son royaume, aux mains de Râma, innocente de toute injure et sans défense? De quelle offense cette dame s'est-elle rendue coupable envers toi, que tu veuilles ici la tuer?»

À peine eut-il articulé ces mots sur le champ de bataille, Hanoûmat, plein de colère, fondit, environné des singes, sur le fils du monarque des Rakshasas. Mais le Démon aux faits épouvantables refoula dans un *rapide* combat cette formidable armée des orangs-outangs qui se ruaient contre lui. Indradjit, avec mille dards, sema le trouble dans l'armée des simiens, puis, adressant la parole au Mâroutide, le plus vaillant des singes: «Moi, qui te parle, dit-il, je tuerai sous tes yeux, à l'instant même, cette Mithilienne pour laquelle Sougrîva, toi et Râma, vous êtes venus ici. Une fois la vie arrachée à Sîtâ, je donnerai la mort à Sougrîva, à Râma, à Lakshmana, à toi, singe, et au lâche Vibhîshana. On doit respecter la vie des femmes, dis-tu: je te réponds qu'on a droit, singe, de faire ce qui peut causer de la peine à l'ennemi.»

Indradjit, à ces mots, frappa de son glaive au taillant acéré ce fantôme de Sîtâ, versant des larmes. Tranchée par lui comme un fil, tombe alors sur la terre cette belle anachorète à la ravissante personne.

Le fils du Vent, Hanoûmat, dit à tous les singes terrifiés, la face consternée, fuyant, aiguillonnés par la peur, chacun de son côté: «Singes, pourquoi fuyez-vous, troublés, le visage abattu, l'ardeur éteinte pour les combats? Où s'en est allée votre âme héroïque? Suivez-moi par derrière, je marche en avant au combat! car il ne sied pas de fuir à des héros nés en de nobles races.»

Il dit: et les singes dont ces mots raniment le courage, d'empoigner aussitôt les cimes des montagnes ou des arbres nombreux et divers.

Pénétré de colère et de chagrin, le grand singe Hanoûmat envoya tomber sur le char du Râvanide un pesant rocher. Mais, à peine voit-il arriver cette masse, le cocher détourne bien loin du coup son char attelé de coursiers dociles. Arrivé sur la place où avaient été le char et les chevaux, Indradjit et son cocher, le granit, sans toucher le but, rompit la terre et s'y plongea. La chute du rocher mit le trouble dans l'armée Rakshasî; et les singes par centaines de se ruer sur elle en poussant des cris.

Arrivé en la présence du magnanime Râma, Hanoûmat lui tint avec douleur ce langage: «Fils de Raghou, tandis que nous combattions de tous nos efforts, le Râvanide a frappé de son épée, sous nos yeux, Sîtâ versant des pleurs. Consterné, l'âme troublée, je l'ai vue de mes yeux *gisante*, dompteur des ennemis, et, l'esprit enveloppé d'épaisses ténèbres, je suis venu t'en apporter la nouvelle.» À peine le Raghouide eut-il ouï ces paroles du singe, que, suffoqué par la douleur, il tomba sur la terre, son âme troublée et sa connaissance évanouie.

Tandis que Lakshmana, frère dévoué, s'occupait à rendre le sentiment à Râma, Vibhîshana revint d'inspecter les troupes et de leur assigner des postes. Le héros aux vastes forces, s'étant approché de *l'infortuné* Raghouide, vit les singes consternés, en même temps que Sougrîva, en même temps que Lakshmana. Il vit aussi le Raghouide à la grande vigueur, joie de la race d'Ikshwâkou, tombé dans l'évanouissement et soutenu sur le sein de Lakshmana.

À la vue de Râma, sans force et consumé par le chagrin: «Qu'est-ce?» dit Vibhîshana, le cœur affligé d'une peine intérieure. Lakshmana, voyant Vibhîshana plongé dans ses réflexions et la tête baissée: «Héros, lui dit-il, noyé dans ses larmes, ce prince vient d'apprendre à l'instant par la bouche d'Hanoûmat qu'Indradjit a tué Sîtâ, et soudain il est tombé dans cet évanouissement...»

Mais Vibhîshana, interrompant le Soumitride au milieu de son récit, adresse à l'évanoui, revenu à la connaissance, ces paroles éminemment consolantes: «Dans ce qu'est venu te raconter Hanoûmat d'un air consterné, il n'y a pas moins de fausseté, je pense, qu'il n'y en aurait dans cette nouvelle: «Toute la mer est à sec!» Je sais, guerrier aux longs bras, quelles sont, à l'égard de Sîtâ les résolutions de l'impie Râvana: il ne lui fera pas ôter la vie. En effet, ses parents lui ont dit, au nom de son intérêt, en même temps qu'ils parlaient au nom du devoir: «Abandonne la Vidéhaine!» mais il n'a point écouté cette parole.

«Secoue, tigre des hommes, secoue ce désespoir qui est tombé sur toi sans raison; car toute l'armée va perdre courage en te voyant la proie du chagrin.»

Revêtu de son armure, le Soumitride, tenant alors ses flèches, portant son épée, couvert de sa cuirasse et rayonnant d'une grande quantité d'or, toucha les pieds de Râma et lui dit, plein de joie: «Dans un instant ces dards, lancés par mon arc, vont dévorer le corps de ce terrible *Démon*, comme le feu consume un tas d'herbes *sèches*.»

Il dit, et, sur ces mots prononcés en face de son frère, Lakshmana joyeux sortit, brûlant de tuer le Râvanide dans un combat. Aussitôt Hanoûmat, environné par de nombreux milliers de singes, et Vibhîshana, escorté de ses ministres, suivent le frère de Râma.

Le Râvanide, plein de fureur, semblable au noir Trépas, s'avance impétueux, monté dans son char, bien décoré, spacieux, hérissé d'armes et de cimeterres, attelé de chevaux noirs. Ensuite, quand il eut promené ses regards sur tous, et sur le Soumitride, et sur Vibhîshana, et sur les principaux des singes: «Voyez ma force! s'écria dans la plus ardente colère le puissant Râvanide aux longs bras. Tâchez maintenant de supporter dans cette guerre l'insupportable averse des flèches que va lancer mon arc, comme une pluie versée au milieu des airs. Qui tiendra pied devant moi, criant d'une voix semblable au *tonnerre du* nuage et semant d'une main prompte sur le champ de bataille les multitudes de mes flèches? Tout à l'heure, sous les coups de mes pattiças, de mes épées, de mes traits à sarbacane, je vous plongerai tous, percés de mes flèches aiguës, dans la *noire* habitation d'Yama!»

À peine eut-il entendu cette jactance du prince des Yâtavas, Lakshmana, plein de colère, lui répondit en ces mots, prononcés d'une voix que la peur ne troublait pas: «On aborde aisément avec la langue au rivage des faits; mais le propre du sage, ô le plus vil des Rakshasas, c'est de prendre terre avec un acte à cette rive ultérieure des actes.

«Le feu brûle sans parler et le soleil échauffe en silence; le vent brise les arbres, sans leur jeter un seul mot d'outrage.» Le puissant héros, à qui ce langage était adressé, Indradjit, habitué à vaincre dans les combats, saisit un arc épouvantable et se mit à lancer des flèches acérées. Décochés par le guerrier vigoureux, ces dards, pareils au poison des serpents, atteignent Lakshmana et continuent leur vol en sifflant comme des reptiles.

Tous ses membres percés par cette multitude de flèches, le beau Lakshmana, baigné de sang, brillait alors sous la couleur d'un feu sans fumée.

Indradjit, admirant son exploit, s'enorgueillit, jeta au loin un immense cri et tint ce langage: «Frappé de mes flèches, tu vas rester ici gisant, tes membres supérieurs déchirés, les sens troublés, ta cuirasse tombée sur la terre et ton arc en morceaux échappé de ta main!»

Au fils de Râvana, à qui la colère avait dicté ces mots outrageants, Lakshmana répondit en ces termes convenables et pleins de raison: «Pourquoi viens-tu, Rakshasa, te vanter ici, n'ayant rien fait encore? C'est moi qui, sans t'avoir dit une seule injure, sans me vanter, ni mépriser ta *valeur*, te ferai mordre la poussière à cette heure même, ô le plus vil des Rakshasas!»

À ces mots, Lakshmana d'une grande vitesse plongea dans le fils de Râvana une flèche à cinq nœuds, lancée d'une corde tirée jusqu'à son oreille. Atteint par ce trait, le Râvanide en colère de blesser à son tour Lakshmana avec trois dards bien décochés.

Lakshmana irrité arrache ces terribles flèches et, d'un visage intrépide, jette dans le combat ces mots au Râvanide: «Ce tir, noctivague, n'est pas celui des héros, une fois arrivés sur un champ de bataille; car ces flèches, venues de ta main, sont légères et n'ont pas une grande force. Voici de quelle manière dans un combat tirent les héros qui désirent la victoire!» Le guerrier à ces mots le perça cruellement de ses flèches. Brisée par les dards sur le sein du noctivague, sa vaste cuirasse d'or tombe çà et là sur le fond du char, comme on voit filer dans le ciel une multitude d'étoiles. Sa cotte de maille enlevée par les flèches de fer, le héros Indradjit, tout sanglant de ses blessures, parut aux yeux dans la bataille comme un kinçouka en fleurs. Tous les membres hérissés de flèches, ces deux héros à la grande vigueur combattirent, inondés par leur sang de tous les côtés et respirant d'un souffle haletant. L'homme et le Démon exposaient aux yeux dans ce combat leur terrible vigueur: de l'un à l'autre passait une ardeur à détruire, légère, variée, sûre.

Le ciel était labouré de leurs flèches entremêlées; leurs dards à milliers brisaient et fendaient les airs.

Tantôt Lakshmana touchait le Râvanide et tantôt le Râvanide touchait Lakshmana: aussi régnait-il dans cette lutte de l'un avec l'autre une effrayante instabilité. Enfin Lakshmana de percer avec quatre dards les quatre chevaux noirs aux ornements d'or, qui traînaient ce lion des Rakshasas. Ensuite il saisit une flèche de fer étincelante, signalée, meurtrière des ennemis et telle qu'un serpent. Lancée par son arc, comme le tonnerre par un nuage, elle ravit le jour au cocher.

Mais, *voyant* son attelage sans vie et son cocher mort, le Râvanide se jette à bas du char et fait pleuvoir sur le Soumitride une averse de flèches. Alors, semblable au grand Indra même, Lakshmana d'arrêter vigoureusement avec des centaines de flèches le guerrier aux chevaux massacrés, qui, forcé de combattre à pied, semait dans le champ de bataille ses traits formidables, acérés, invincibles.

Indradjit, ayant brisé d'abord la cuirasse imbrisable de Lakshmana, lui plante trois dards bien empennés au *milieu* du front, en homme de qui la main est rapide. Lakshmana, déployant sa valeur, eut bientôt fiché cinq dards acérés dans le visage irrité d'Indradjit aux boucles d'oreille faites d'or. L'un et l'autre habiles archers, l'âme déterminée à la victoire, s'étant mis à portée, ils se frappèrent de coups mutuels dans tous les membres avec des flèches épouvantables.

Ensuite, le frère puîné du Raghouide encocha une flèche excellente, bien faite, céleste, insurmontable, irrésistible, rayonnante de splendeur, aux nœuds droits, au toucher pareil à celui du feu ou mortel comme celui des serpents et qui portait au corps une incurable destruction. Jadis, combattant avec cette arme dans la guerre des Asouras et des Dieux, l'auguste Indra, cette puissante divinité aux coursiers fauves, extermina les Dânavas.

Ce trait encoché au meilleur des arcs, Lakshmana, le protégé de Lakshmî, prononça en tirant la corde, ces mots utiles pour le succès de lui-même: «Aussi sûr que Râma le Daçarathide est une âme vertueuse, *un cœur* attaché à la vérité, un guerrier qui n'a point son égal pour le courage dans un combat singulier, tue ce Rakshasa! Aussi sûr qu'il fut dévoué à son père, qu'il est une grâce accordée aux Dieux, que c'est un jeu pour lui de lutter contre une multitude de héros, qu'il aime tous les êtres et compatit à leurs peines, tue ce Rakshasa!»

Ces mots dits, l'héroïque Lakshmana tire jusqu'à son oreille et décoche au vaillant Démon sa flèche, qui va toujours droit au but. Elle fait tomber violemment du corps d'Indradjit sur le sol de la terre sa tête épouvantable, armée de son casque et parée de ses pendeloques flamboyantes.

Alors ce Démon tué, tous les singes et Vibhîshana avec eux poussent des cris simultanés de joie: tels acclamèrent les Dieux à la mort de Vritra. Dans ce moment éclate au sein des airs un battement de mains, applaudissement des Bhoûtas, des magnanimes Rishis, des Gandharvas et des Apsaras elles-mêmes.

À peine eut-elle appris sa mort, la grande armée des Rakshasas, maltraitée par les singes victorieux, se dispersa dans tous les points de l'espace. Après qu'ils ont envoyé une volée de traits, les Rakshasas tournent la face vers Lankâ, et, battus par les simiens, ils fuient, poussant des cris et la tête perdue. Malmenés par les singes, les uns entrent dans Lankâ tout tremblants, ceux-là se jettent dans la mer, ceux-ci gravissent les montagnes.

Aussitôt que le fils du monarque des Rakshasas fut tombé, le souffle impétueux du vent se calma; le monde perdit son inquiétude et prit un aspect souriant. Aussitôt que ce Démon aux œuvres méchantes eut succombé, l'auguste Indra se réjouit avec tous les principaux Dieux; les cieux et les eaux deviennent purs; les Dânavas et les Dieux se félicitent. Une fois mort cet impie, qui portait l'épouvante dans tous les mondes, les Gandharvas, les Dieux et les Dânavas marchent de compagnie et proclament joyeux: «Que les Brahmes désormais se promènent sans inquiétudes, leur ennemi n'est plus!»

De leur côté, les chefs des troupeaux quadrumanes, ayant vu frapper de mort dans le combat ce prince des Rakshasas, doué d'une irrésistible vigueur, poussent à l'envi des cris de joie. Se balançant, jetant des cris, se glorifiant, tous les singes s'étaient approchés et formaient un cercle autour du rejeton vaillant de Raghou, qui avait si bien touché le but. Remuant leurs queues, battant des mains, ils criaient à l'envi ces mots: «Victoire à Lakshmana!» L'âme remplie de joie et s'embrassant les uns les autres, ils échangeaient entre eux différentes histoires concernant ce *noble* frère de l'aîné des Raghouides.

Les membres arrosés de sang, le guerrier puissant avait eu le corps sillonné de blessures dans ce combat par le terrible Rakshasa. Le vigoureux Lakshmana à la vive splendeur s'en revint, l'âme dans la joie, appuyé sur Vibhîshana et sur le singe Hanoûmat au lieu où l'attendaient Râma et Sougrîva.

«Qu'est-il arrivé?» dit Râma, interrogeant Lakshmana, son frère. Alors, comme s'il en avait perdu le souvenir, ce héros ne raconta point lui-même la mort d'Indradjit au magnanime Raghouide. «Mais la tête du Râvanide fut coupée, dit Vibhîshana, par l'intrépide Lakshmana!» Et, joyeux, le noble transfuge exposa toute l'affaire. À cette nouvelle que son héroïque frère avait terrassé Indradjit, le Raghouide à la grande vigueur en conçut une joie sans égale.

Puis, voyant avec douleur que des flèches avaient blessé cruellement son frère, le Raghouide alors fut près de s'évanouir, partagé qu'il était entre la joie et le chagrin. Il baisa sur la tête ce héros, donné pour l'accroissement de sa fortune et fit asseoir Lakshmana malgré lui et rougissant au milieu de sa cuisse. Après qu'il eut posé dans son sein le Soumitride avec amour, le Raghouide l'embrassa: il tourna mainte et mainte fois ses regards vers ce frère bien-aimé, le baisa au front une seconde fois, toucha doucement ses blessures et dit:

«Cet exploit difficile, que tu viens d'accomplir, est heureux au plus haut degré. Tu as coupé dans ce combat, ô bonheur! le bras droit lui-même de ce criminel Râvana! En effet, héros, cet Indradjit était son *dernier* asile! Sur la nouvelle que son fils a mordu la poussière, Râvana, de qui tu as tué ce fidèle ami, sortira donc aujourd'hui avec une nombreuse foule de troupes!»

Ensuite, ayant ranimé son frère et l'ayant serré dans ses bras étroitement, Râma, s'adressant à Soushéna, debout à son côté, lui parla en ces termes: «Tu vois percé de flèches ce fils de Soumitrâ, la joie de ses amis: veuille donc bien procurer, singe à la grande science, un remède qui le rende à la santé.»

À ces mots, Soushéna, le roi des singes, mit sous les narines de Lakshmana le simple fortuné, sublime, né sur l'Himâlaya et nommé l'Extracteur-des-flèches. À peine celui-ci en eut-il respiré le parfum, que tous ses dards glissèrent du corps au même instant. Ses douleurs s'éteignirent et ses plaies furent cicatrisées.

Entrés dans la ville de Lankâ, les noctivagues, reste échappé de l'armée détruite, s'en vont, éperdus, consternés, la cuirasse déchirée, le corps accablé de fatigue, au palais de Râvana et lui annoncent que le Râvanide a succombé dans la bataille sous le fer de Lakshmana.

Le despote aux longs bras s'évanouit; hors de lui-même, il perdit le sentiment; et, quand la connaissance lui fut revenue longtemps après, ce roi, que la perte de son fils torturait de chagrin, ce monarque suprême des Rakshasas, gémit, consterné et dans le trouble des sens:

«Hélas, mon fils! Indradjit aux vastes forces, toi, le plus formidable des armées Rakshasîs, comment aujourd'hui as-tu subi le joug de Lakshmana? Yama est un Dieu, que désormais j'estimerai davantage, lui, par qui tu fus attelé, mon ami, sous le grand joug de la mort! *Hélas!* c'est le chemin battu des héros, dans les troupes mêmes, où tout guerrier est un immortel. *Mais*, s'il a sacrifié sa vie pour son maître, l'homme au cœur mâle entre *aussitôt* dans le Swarga.

«Abandonnant, et l'hérédité du trône, et Lankâ, et l'empire même des Rakshasas, et ta mère, et moi, et ton épouse, où t'en es-tu allé, après que tu nous eus tous délaissés! N'était-ce pas à toi, héros, de célébrer mes funérailles, alors que je serais descendu au séjour d'Yama? Et les rôles sont ici renversés!»

Tandis qu'il gémissait ainsi, les yeux baignés de larmes, il tomba en défaillance.

Le héros, affligé par la mort de son fils, Râvana, en proie à la plus vive douleur, tourna les regards de sa pensée vers Sîtâ et résolut de lui ôter la vie.

«Mon fils, pour fasciner les singes, leur fit voir avec le secours de la magie un fantôme de même taille et de même figure; puis, ayant paru le tuer, s'écria: «La voici, *votre* Sîtâ!» Moi, au contraire, je veux pour mon plaisir faire de cette illusion une réalité; je tuerai cette Vidéhaine, *trop* fidèle au kshatrya, son époux!»

Il dit; et le monarque eut à peine articulé ces mots adressés aux ministres, qu'il dégaina son épée de bonne trempe, éclatante comme un ciel sans nuage. Il sortit promptement du palais à pas rapides, et chaque pied, qu'il posait en colère sur le sol, ébranlait toute la terre.

Dans ce même instant, un conseiller honnête, judicieux et doué de science, Avindhya tint ce langage au monarque des Rakshasas, *mal* contenu par ses ministres: «Comment donc, toi, en qui nos yeux voient un fils de Viçravas, peux-tu, sans manquer à ta dignité, égorger la Vidéhaine dans ce moment où la colère te fait oublier ce qui est le devoir? Tuer une femme est une action qui ne te sied d'aucune manière, à toi, né dans la plus éminente famille, recommandé par la célébration des sacrifices et distingué surtout par ta *haute* sagesse.

«Regarde cette Vidéhaine, douée de toute beauté et si charmante à voir; puis, va dans cette bataille même décharger ta colère allumée sur le Raghouide! Une fois que tu auras tué dans un combat, il n'y a nul doute, Râma le Daçarathide, sa Mithilienne retombera de nouveau dans tes mains.»

À ces mots, le vigoureux Démon retint le monarque malgré lui et réussit à l'emmener hors de la présence de Sîtâ. Le tyran à l'âme cruelle abaissa un long regard sur la beauté de sa captive, ornée de toutes les perfections, et sa colère s'éteignit au même instant. Il retourna donc à son palais et rentra dans la salle du conseil, environné de ses amis.

Ensuite, monté dans son char, attelé de chevaux rapides, l'éminent héros sortit de la ville par cette porte même que tenaient investie Râma et Lakshmana. Aussitôt le soleil éteint sa lumière, les plages du firmament sont enveloppées d'obscurité, les nuages mugissent avec un bruit épouvantable et la terre chancelle. Une pluie de sang tombe du ciel, les coursiers bronchent dans leur chemin, un vautour s'abat sur son drapeau, et des chacals hurlent d'une manière sinistre. On vit une troupe de vautours qui volaient en cercle autour du roi magnanime; on vit enfin les coursiers réunis dans son attelage verser eux-mêmes des larmes.

Mais, sans même penser à ces prodiges souverainement épouvantables, Râvana, que la mort poussait en avant pour sa ruine, sortit, aveuglé par sa folie. Cependant, au roulement des chars de ces Rakshasas, impatients de combattre, l'armée des singes eux-mêmes s'était avancée pour accepter la bataille.

Enflammé de colère, le monarque aux vastes forces, à la vaillance éminente, déchire les corps des simiens par des grêles de flèches. Il s'avançait dans le champ de bataille, comme le soleil dans les plaines du ciel, et dardant ses flèches, telles que des rayons épouvantables, il courait furieux sur les généraux des singes. Hors d'eux-mêmes, agités par la crainte, le corps sillonné de blessures, les simiens alors de s'enfuir çà et là, tout baignés de leur sang. Mais bientôt les singes vaincus, faisant à la cause de Râma le sacrifice de leur vie, reviennent au combat, armés de roches et poussant des cris. Ils fondirent avec des arbres, avec leurs poings, avec des cimes de montagnes sur le fier Démon, qui les reçut de pied ferme dans le combat.

Gandhamâdana blessé de huit et même dix flèches, il frappe avec dix traits Nala, qui se tenait *plus* loin. Maînda au grand corps percé avec sept dards bien épouvantables, il en met cinq dans Gaya sur le champ de bataille. Hanoûmat reçoit vingt, Nîla dix et Gavâksha vingt-cinq flèches; il frappe Çakradjânou avec cinq, Dwivida avec six, Panasa avec dix, Koumouda avec quinze et Djâmbavat avec sept traits. Il déchire Angada, le fils de Bâli, avec quatre-vingts flèches et perce Çarabba d'un seul trait dans la poitrine. Trois dards vont de sa main se loger dans Târa, huit dans Vinata; il fiche trois zagaies dans le front de Krathana; et, tournant de nouveau sa rage sur les armées des singes, Râvana les dévaste dans une grande bataille avec ses flèches rayonnantes comme le soleil et qui tranchent les articulations.

Mais Sougrîva, à la vue des singes rompus et fuyants sur le champ de bataille, confia son corps d'armée à Soushéna et partit le front tourné vers l'ennemi. À ses côtés et derrière lui marchaient tous ses capitaines, ayant tous empoigné de hautes montagnes ou d'immenses et d'énormes arbres.

Sougrîva sans perdre un instant fondit sur Matta. Il saisit une vaste, une épouvantable roche, pareille à une montagne, et le grand singe à la grande splendeur la jeta pour la mort du Rakshasa. Mais soudain le général des

Yâtavas, ne laissant pas l'inaffrontable roche arriver à son but, la trancha dans son vol avec des traits acérés. Brisé en mille fragments par les multitudes de ses flèches, le bloc énorme tomba comme une troupe de vautours s'abat du ciel sur la terre.

Enfin, saisi de courroux à la vue de sa roche cassée avant qu'elle ait porté coup, Sougrîva arrache et lance un shorée, que l'autre coupe encore en plus d'un morceau. Et, *cela fait*, le Rakshasa déchire avec ses dards le monarque des singes. Celui-ci dans le même temps voit une massue tombée à terre; il prend vite cette arme, il pare avec elle les flèches de l'ennemi, et d'un bond terrible il en frappe les coursiers du char.

Aussitôt le héros à l'immense vigueur, de qui le monarque avait tué les chevaux, saute à bas de son grand char et saisit lui-même une massue. Les mains armées de la massue et du pilon, nos deux héros engagent un nouveau combat, en poussant des cris tels que deux taureaux ou comme deux nuées grosses de tonnerres. Ensuite le noctivague en colère de lancer à Sougrîva dans cette grande bataille sa massue flamboyante et lumineuse à l'égal du soleil. Le monarque des simiens envoya son pilon frapper la massue du Rakshasa, et le pilon brisé par cette massue tomba sur la terre.

Alors l'invincible roi des singes prit sur le sol de la terre un moushala de fer épouvantable, partout enrichi d'or. Sougrîva lève ce trait, qu'il adresse au Rakshasa, et le Démon à son tour lui jette une seconde massue: les deux armes se brisent dans un choc mutuel et tombent à la fois sur le sol de la terre.

Les deux engins de guerre s'étant ainsi rompus, ils continuent ce combat à coups de poing, remplis l'un et l'autre de force et d'énergie, tels que deux brasiers excités jusqu'à la flamme. Les deux héros se frappent mutuellement, ils rugissent mainte et mainte fois, ils se choquent rudement avec les mains, ils tombent de compagnie sur la face de la terre, ils se relèvent soudain, ils se chargent de nouveaux coups et jettent leurs bras dans l'air avec un désir mutuel de s'arracher la vie. Mais le Rakshasa à la grande force, à la grande vitesse, voit alors, non loin de lui, un cimeterre qu'il ramasse avec un bouclier; et Sougrîva, de son côté, prend un bouclier avec une épée, tombés sur la terre; puis, enveloppés de colère, ils fondent l'un sur l'autre avec des rugissements. Habiles dans l'art des combats, nos deux guerriers, tenant haut leurs glaives, décrivent l'un à la droite de l'autre un cercle à pas rapide sur le champ de bataille. Enflammés d'une colère mutuelle, ils ont tous deux pour but la victoire: doués également de courage, ils ont une égale envie de se donner la mort.

Enfin Matta, d'une grande vigueur et d'une grande vitesse, Matta, renommé pour sa vaillance, décharge un coup mal combiné de cimeterre sur le grand bouclier du monarque des singes; mais, au moment qu'il veut relever son arme engagée dans l'écu, Sougrîva de son épée lui abat la tête, rayonnante dans la tiare dont elle était couronnée. Aussitôt que le tronc séparé du chef fut tombé sur le sol de la terre, toute l'armée du souverain des Yâtavas s'enfuit aux dix points de l'espace. Le singe, qui avait tué ce fier Démon, poussa joyeux un cri de victoire avec ses *phalanges* quadrumanes. La colère saisit l'auguste prince aux dix têtes, à la grande vaillance, à la vive splendeur, qui avait obtenu une grâce de Brahma et brisé dans les combats l'orgueil des Démons et même des Dieux.

Alors, voyant Râvana, qui, semblable à une montagne et rugissant comme un nuage destructeur, s'avançait, monté dans son char et brandissant un arc épouvantable; Râma aux yeux de lotus saisit le plus excellent des arcs et dit ces paroles: «Oh! bonheur! le despote insensé des Naîrritas vient s'offrir à mes yeux! je vais donc engager un combat avec lui et goûter enfin le plaisir de lui ôter la vie!» Il dit, bande son arc, et tirant la corde jusqu'à son oreille, décoche un trait, que le monarque irrité des Rakshasas lui coupe avec trois bhallas.

Alors un de ces combats épouvantables, acharnés, qui mettent fin à la vie, s'éleva entre ces deux héros, animés par un désir mutuel de la victoire. Le Rakshasa ne s'en émut pas, car il vit quelle était sa propre légèreté à décocher le trait, à briser le dard, à repousser la flèche ennemie. Cependant Râma, de qui ce combat excitait la colère, Râma à la force immense perce le noctivague avec des centaines de traits aigus, qui vibrent dans la blessure.

Mais le monarque aux dix têtes, à la grande vigueur, s'avance irrité et décoche le trait des ténèbres, dard bien formidable et qui glace de la plus horrible épouvante. Le projectile envoyé brûle de tous côtés les singes: aussitôt, rompus et fuyants, les simiens font lever sur le sol un nuage de poussière. Ils ne furent pas capables de supporter ce trait, que Brahma lui-même avait fabriqué.

Dans ce moment, le Démon victorieux voit Râma, qui l'attend de pied ferme à côté de Lakshmana, son frère: tel Vishnou près duquel est Indra. Il vit devant lui ce Kakoutsthide, qui, appuyé sur un grand arc, semblait effleurer de sa tête la voûte du ciel; et, poussant avec rapidité son char sur le champ de bataille contre ce noble enfant de Raghou, il blessa, *chemin faisant*, beaucoup de singes.

Voyant les simiens rompus dans la bataille, et Râvana qui fondait sur lui, Râma, tout horripilé de colère, empoigne son arc par le milieu. Et, brandissant cet arc immense, il défie au combat son ennemi à la grande fougue, à la voix tonnante, qui déchirait, pour ainsi dire, le ciel et la terre de ses cris.

Lakshmana, qui désirait lui porter le premier coup avec ses dards aigus, courba son arc et lui décocha ses flèches, pareilles à la flamme du feu. Mais à peine l'excellent archer les avait-il envoyées au milieu des airs, soudain l'éblouissant Râvana d'arrêter les flèches avec des flèches; et de couper, montrant la légèreté de sa main, un trait de Lakshmana avec un dard, trois avec trois, dix avec dix.

Quand le monarque, habitué à triompher dans les combats, eut vaincu le Soumitride, il s'approcha de Râma, qui se tenait là, immobile comme une montagne, les yeux rouges de colère; il fit pleuvoir sur lui des averses de flèches. À peine eut-il vu ces multitudes de zagaies partir de son arc et venir à lui d'une aile rapide, soudain l'aîné des Raghouides saisit des bhallas, avec le fer aigu desquels ce héros au grand arc trancha ces volées de traits enflammés, épouvantables, et tels que des serpents.

Les deux guerriers firent crever l'un sur l'autre des nuages de flèches dans ce combat, le Raghouide sur Râvana et Râvana même sur le Raghouide. Attentifs à s'observer mutuellement et décrivant mainte évolution l'un autour de l'autre, tantôt de droite à gauche, tantôt de gauche à droite, ces deux héros, jusqu'alors invaincus, dirigeaient d'une manière habile et variée la fougue de leurs projectiles.

Tels que les nuages couvrent le ciel au temps où la saison brûlante a disparu, tels ces divers projectiles acérés le voilaient de ténèbres, sillonnées par la flamme des éclairs.

Tous deux, armés des arcs les plus grands, tous deux versés dans l'art des combats, tous deux les plus adroits entre ceux qui savent lancer une arme de jet, tous deux ils se livrèrent un combat furieux. L'un et l'autre semblaient un océan, qui fait rouler des vagues de flèches comme des flots épouvantables, battus par le souffle du vent sur deux mers *ennemies*.

Enfin Râvana, d'une main vigoureuse, planta un bouquet de flèches de fer dans le front du vaillant Daçarathide. Mais celui-ci, portant sur sa tête comme une guirlande faite de lotus azurés, cette *hideuse* couronne lancée d'un arc terrible, n'en ressentit aucune émotion. Ensuite, récitant à voix basse la mystique formule qui a la vertu d'envoyer le trait de Çiva, le Raghouide, saisi de colère, encoche des flèches à son arc. Alors ce héros à la vive splendeur tire à soi le nerf de sa corde et lance à Râvana dans le combat ses flèches, pareilles à la flamme du feu. Mais, décochés par la *main* vigoureuse *du* Raghouide, ces dards tombent sur la cuirasse imbrisable du monarque des Yâtavas, sans lui faire de blessure.

De nouveau, Râma à la grande vigueur envoya un second trait, celui des Gandharvas mêmes, frapper le tyran, debout sur son beau char. Mais le démon arrête ces dards, qui soudain, quittant leurs formes de flèches, entrent dans la terre en sifflant, comme des serpents à cinq têtes.

Quand Râvana, plein de colère, eut vaincu le trait du Raghouide, il en choisit lui-même un autre, bien fait pour inspirer une insurmontable épouvante, celui des Asouras. Irrité et soufflant comme un serpent, le monarque à la vive splendeur lance à Râma des flèches terminées en muffles de tigres et de lions, en becs de hérons et de corbeaux: celles-ci ont une tête flamboyante de vautour; celles-là un museau de chacal; les unes ont des gueules de loup; les autres des hures de sanglier; il en est avec des bouches effroyablement béantes; en voici d'autres qui ont chacune cinq têtes, altérées de sang à lécher: tels sont les dards aigus et d'autres encore *non moins terribles*, que Râvana déchaîne contre son ennemi par la vertu de ses enchantements.

Assailli dans le combat par les traits des Asouras, le Raghouide à la grande énergie riposte avec le trait du feu, arme céleste et souveraine. Il décoche maintes flèches différentes: celles-ci ont une face toute flamboyante de feu et ressemblent au soleil ou à la foudre; celles-là ont des langues pareilles à des éclairs; les unes ont pour chef une étoile ou une planète; les autres ont pour tête une lune, soit pleine, soit demi-pleine: telles ont pour fer un grand météore igné, telles autres sont à l'image d'une comète. Le trait du Raghouide ayant rompu le charme, les dards formidables de Râvana s'évanouissent alors par milliers au sein des airs: et les singes, habiles à revêtir les formes qu'ils veulent, de pousser à l'envi un cri de joie, en voyant s'évaporer ces armes dont Râma aux travaux infatigables a brisé la vertu.

Quand Râvana vit que le trait de son rival avait anéanti son trait, son courroux augmenta et devint sur-le-champ deux fois ce qu'était auparavant sa colère. Le monarque à la grande vigueur se mit donc à lancer contre ce noble fils de Raghou le trait épouvantable de Çiva, que lui avait composé Maga le magicien. Alors on voit partir en masse de son arc, et les harpons, et les massues, et les moushalas enflammés, au tranchant de tonnerre. On en voit sortir, impétueux et divers, les marteaux de guerre, les maillets d'armes, les cimeterres et les foudres allumées, comme les vents sortent *des nuages* à la retraite de l'hiver.

Mais soudain, le plus habile entre ceux qui savent lancer une flèche, le Raghouide à la splendeur éclatante, de frapper le trait de Râvana avec un trait supérieur, celui des Gandharvas. À la vue de son trait vaincu par le magnanime Râma, le monarque tout flamboyant de lumière en décocha un autre, le Piçâtchide. Aussitôt les tchakras vastes, embrasés, à la fougue épouvantable, s'envolent de l'arc du Rakshasa aux dix têtes. Le ciel était rempli de ces armes ignées, qui se ruaient toutes à la fois: on aurait dit que le soleil, la lune et les planètes tombaient des mondes du Swarga.

Mais soudain Râma de trancher à la face des armées ces disques terribles et les armes diverses que lui adresse le vigoureux Démon. À peine eut-il vu surmonter la puissance de son trait, le monarque des Yâtavas blessa le Raghouide avec dix flèches dans tous les membres. Cruellement percé de ces dards aigus en tout le corps, ce guerrier d'une céleste vigueur n'en fut pas même ébranlé quelque peu. Sa colère en fut excitée au plus haut point, et ce héros, accoutumé à vaincre dans les batailles, ficha des traits aigus dans tous les membres du terrible Démon.

Dans cette conjoncture, le puissant Lakshmana prit avec colère sept flèches, et, d'une main vigoureuse, il envoya ces dards à la grande fougue trancher le drapeau du resplendissant monarque, dans le champ duquel une tête d'homme se détachait pour insigne. Puis, avec un seul trait, ce héros fortuné fit tomber à bas du char de ce *roi* magnanime la tête de son cocher, parée de pendeloques flamboyantes; et, dans le moment que le souverain des Rakshasas courbait son arc, semblable à une trompe d'éléphant, Lakshmana le rompit *dans ses mains* avec cinq et cinq flèches.

De son côté, Vibhîshana d'assommer sous les coups de sa massue, au timon du char même de son frère, les bons coursiers pareils à des montagnes et couleur des sombres nuages. Ses chevaux tués, le rapide monarque saute légèrement à bas de son grand char et s'enflamme d'une colère violente contre *le héros* son frère. Aussitôt l'auguste souverain saisit et lance à Vibhîshana une longue pique de fer, qui flamboyait comme la flamme du feu. Mais Râma de la briser avec trois flèches avant qu'elle ait touché le but: cette lance, autour de laquelle s'enroulait une guirlande d'or, tombe cassée en trois morceaux.

À la vue de cette arme que le magnanime Raghouide avait rompue dans ce grand combat, un immense cri *de victoire* s'éleva au milieu des singes.

Râvana s'arme d'une autre lance de fer, luisante, inaffrontable, rayonnante d'une lumière innée et plus redoutable que la mort elle-même. Balancée dans la main du vigoureux et magnanime Démon, cette pique, d'une impétuosité nonpareille, flamboya au milieu du ciel comme un éclair.

Mais soudain l'héroïque Lakshmana de s'élancer au même instant près de Vibhîshana exposé au danger de sa vie. Ce vaillant guerrier bande son arc et inonde avec une pluie de ses flèches Râvana, sa pique à la main et prêt de la darder en guise de javelot. Submergé dans cette averse de traits décochés par ce magnanime, le tyran ne pensa plus à diriger sa lance contre Vibhîshana et sa colère fut contrainte à se détourner de lui.

Voyant que son frère était sauvé par Lakshmana, il tourna sa face vers le Soumitride et lui tint ce langage: «Puisque c'est toi qui sauves de la mort ce Vibhîshana si renommé pour sa force, *eh bien!* ma lance épargne le Rakshasa, mais elle va tomber sur toi!» Il dit; et, *brandissant* à ces mots sa lance au grand bruit, aux huit clochettes, au coup toujours sûr, meurtrière des ennemis et flamboyante d'une splendeur innée, Râvana, bouillant de colère, vise Lakshmana, lui darde sa pique, ouvrage enchanté de Maga le magicien, et pousse un cri.

Enveloppée d'une lumière égale à celle de la foudre même de Çakra, cette pique, envoyée d'une effroyable vitesse, fondit sur le Soumitride au front de la bataille. Tandis que volait cette arme de fer, soudain Râma de lui adresser ces paroles à elle-même: «Que la fortune sauve Lakshmana! Sois vaine! N'arrive pas à ton but!»

Il dit; mais pendant cette pensée le trait, à la grande splendeur et flamboyant comme la langue du roi des serpents, s'abattit avec une grande fougue sur la grande poitrine de Lakshmana. Celui-ci tomba sur la terre, le cœur fendu sous le coup de cette lance que le bras impétueux du tyran avait enfoncée bien profondément. À peine Râma, qui se trouvait à ses côtés, l'eut-il vu dans ce *déplorable* état, que son cœur en fut tout rempli de tristesse par le vif amour qu'il portait à son frère; il demeura un instant absorbé en lui-même, les yeux troublés de larmes; mais bientôt, flamboyant comme le feu à la fin d'un youga: «Ce n'est pas le moment de se laisser abattre!» L'héroïque Daçarathide, impatient d'arracher la vie au Démon, recommença contre lui un combat des plus tumultueux avec des flèches bien aiguisées.

Après que le noctivague eut livré cette terrible bataille au Raghouide, il s'écarta un peu du combat, fatigué de cette lutte, et se reposa. Alors, mettant à profit ce moment de répit que lui donnait la retraite de son ennemi, Râma, ayant relevé dans son sein la tête de son frère, se mit, plein de tristesse, à pleurer d'une manière touchante son Lakshmana aux signes heureux: «Hélas! mon frère! toi que j'aimais d'un amour infini! Hélas! mon frère! toi qui étais ma vie! Renonçant à tous les plaisirs, tu m'avais suivi dans la forêt. Là, inspiré sans cesse par la tendresse fraternelle, tu fus toujours mon consolateur quand le malheur fondit sur moi, quand le rapt de Sîtâ m'eut rempli de chagrin: «Je vaincrai, *disais-tu*, le monarque des Rakshasas et je ramènerai ta Mithilienne!» Où t'en es-tu allé, Soumitride aux longs bras, si dévoué à ton frère?»

Ensuite le monarque des simiens, Sougrîva à la grande science, réunissant les mains en coupe, dit ces mots à Râma, noyé dans sa douleur: «Ne conçois pas d'inquiétude à l'égard du Soumitride; abandonne, guerrier aux longs bras, abandonne ce chagrin et ne te laisse pas abattre. En effet, il est un médecin nommé Soushéna; qu'il vienne examiner le fils de Soumitrâ, ton frère bien-aimé...»

Celui-ci venu se mit à examiner Lakshmana de tous les côtés.

Puis, quand il eut promené son examen sur tous les membres et sur les sens intimes du malade, Soushéna tint ce langage à l'aîné des Raghouides:

«Ce Lakshmana, de qui *l'existence* accroît ta prospérité, n'a point quitté la vie; en effet, sa couleur n'a pas changé et son teint n'est pas devenu livide. Examinez son visage: il est clair et brillant; les paumes de ses mains ont la rougeur des lotus! Voyez reluire ses yeux!

«Que l'ordre soit donné d'apporter ici le simple du Gandhamâdana! Qu'un homme blessé voie cette plante, c'est assez pour qu'il soit guéri de ses blessures. Ainsi, que les singes prennent leur vol sans tarder et qu'ils s'en aillent rapidement la chercher!» Les paroles de Soushéna entendues, Râma tint ce langage: «Sougrîva, confie cette mission au vigoureux Hanoûmat *et laisse-moi lui dire*: «Va, héros à la grande science, va au mont Gandhamâdana! car je ne vois pas un autre homme aussi capable de nous apporter cette panacée.»

Il dit, à ces mots, le fils du Vent, habile dans l'art de manier le discours, Hanoûmat répondit en ces termes au noble fils de Raghou: «Si le sacrifice de ma vie pouvait rendre la vie à Lakshmana, je subirais volontiers la mort pour lui; à plus forte raison, la fatigue d'un voyage.»

À peine le plus vaillant des singes eut-il parlé ainsi, que Sougrîva lui adressa la parole en ces termes: «Élève ton vol au-dessus de la mer, et dirige-toi, héros à la grande vigueur, à la vaste science, vers le mont Gandhamâdana! Explore ces lieux où croît la plante fortunée, qui fait tomber les flèches des blessures. Là, sont deux rois Gandharvas, nommés Hâhâ et Hoûhoû. Trente millions de guerriers Gandharvas à la force immense habitent cette montagne délicieuse, couverte de lianes et d'arbres variés. Il te faudra soutenir contre eux, on ne peut en douter, un combat épouvantable. Va! que ta route soit heureuse! Fais une bonne traversée!»

Le fils du Vent les salua, ses mains en coupe, et se mit en chemin. Le héros Hanoûmat, qui voyageait par la cinquième voie[18], passa donc intrépidement au-dessus de Lankâ.

Note 18:

L'éther: les quatre autres sont la terre, l'eau, le feu, l'atmosphère.

Mais Râvana, car il aperçut le Mâroutide en sa course aérienne, tint alors ce langage à Kâlanémi, insurmontable Démon, le plus difficile à vaincre de tous les Rakshasas, monstre aux quatre faces, aux quatre bras, aux huit yeux, et de qui la seule vue inspirait la terreur: «Écoute ici mes paroles, noctivague éloquent! Le héros Hanoûmat, que tu vois là-haut, va au Gandhamâdana, où croît le simple fortuné qui extrait les flèches et guérit les blessures. Si tu réussis à l'arrêter, je te donne la moitié de mon royaume.»

Kâlanémi se hâte vers le mont Gandhamâdana. Parvenu là, ce noctivague à la grande force bâtit dans un clin d'œil par la vertu de sa magie un délicieux ermitage, où ne manquaient ni les offrandes au feu, ni les sacrés tisons allumés, ni les habits d'anachorète faits d'écorce. Il se trouve au même instant revêtu avec le costume des ermites, les cheveux renoués dans une gerbe sainte, les ongles et la barbe longs, le ventre amaigri par le jeûne, un chapelet à sa main et des prières sur ses lèvres murmurantes. Quand il se fut donné ces traits sous les apparences d'une forme qui n'était pas la sienne, il se tint là, attendant l'arrivée du singe.

Pendant ce temps, le sage Hanoûmat s'avançait d'une vigueur immense; les deux bras étendus à travers le ciel, ce héros aux longs bras nageait dans les airs bien au-dessus de la mer avec des mouvements accélérés.

Hanoûmat parvint avec la rapidité du vent au mont Gandhamâdana. Il aperçoit là un ermitage céleste, enveloppé d'arbres variés. L'anachorète, voyant arriver Hanoûmat, se lève, vient à sa rencontre et lui dit: «Sois le bienvenu; voici la corbeille de l'hospitalité, voici de l'eau pour laver tes pieds, voici un siége, assieds-toi! Repose-toi à ton aise dans mon ermitage, ô le plus excellent des singes.»

À ces mots du solitaire, Hanoûmat répondit en ces termes: «Écoute les paroles que je vais dire, ô le plus saint des ermites.

«L'homicide Râvana a blessé dans la poitrine avec une lance de fer un grand héros, nommé Lakshmana, qui est le frère de Râma. Je vais donc au Gandhamâdana à cause d'un simple merveilleux qui naît sur la montagne et qui s'appelle Extracteur-des-flèches: j'ai mission d'en rapporter pour lui cette herbe souveraine, que le médecin a prescrite.»

«Si même il en est ainsi, éminente personne, répondit celui qui d'un ermite n'avait que l'habit, tu peux néanmoins t'asseoir ici un moment. Tu es un hôte venu dans ma chaumière; accepte, héros, mes dons hospitaliers. J'ai obtenu ce lac céleste par la vertu d'une cruelle pénitence. Que je boive un peu de son eau, c'est assez pour apaiser ma faim.»

À ces mots du perfide, Hanoûmat descendit vers ce lac, couvert de nymphæas rouges et de lotus bleus. Mais, tandis qu'il y boit de l'eau, soudain Grâhî, la crocodile[19], happe le singe. Tout saisi qu'il était par elle, Hanoûmat, le singe à la vigueur immense, tira le monstre hors des ondes rapidement, et, levant la Grâhî dans ses bras, il se mit à la déchirer avec ses ongles.

Note 19:

On nous excusera de prêter un féminin à ce mot qui n'en a point dans notre langue: c'est encore là une nécessité de cette traduction.

Alors, se pâmant au milieu de l'air, voici que la crocodile tint ce langage: «Écoute, tigre des singes, Hanoûmat, fils du Vent. Sache que je suis une Apsara, nommée Gandhakâlî. Un jour que, montée dans un char couleur du soleil, resplendissant d'or épuré, je m'en allais par l'air au palais de Kouvéra, je ne vis pas, tant ma course était rapide, un saint ermite occupé à mortifier sa chair. Cet anachorète à l'éminente splendeur avait nom Yaksha. Mon char dans ce moment, noble singe, heurta le pénitent, ceint des armes de la malédiction. Alors, de son nimbe radieux, le solitaire aux violentes macérations me jeta ces mots:

«Il est dans la plage du septentrion une montagne qui se nomme le Gandhamâdana. Près d'elle, à son côté méridional, est un grand lac: tu vivras dans ses ondes sous la forme d'un crocodile, ravisseur de tout ce qui a vie.» «Aussitôt je tombai, foudroyée par cette malédiction, sur le sol de la terre.» Et l'anachorète, se laissant fléchir à mes prières, conclut ainsi l'anathème: «Mais au temps où le héros Hanoûmat viendra au mont Gandhamâdana, tu obtiendras, n'en doute pas, la délivrance de cette métamorphose.»

«Mon histoire t'est connue maintenant, quadrumane sans péché; je te l'ai racontée entièrement: c'est à toi, héros, que je dois ma délivrance: adieu! je retourne au palais de Kouvéra!»

À ces paroles de la nymphe, Hanoûmat répondit ces mots: «Va donc avec une pleine assurance! je suis heureux, Apsara, de ce que j'ai brisé ta chaîne!»

Quand il eut affranchi de sa métamorphose la bayadère céleste, le fils du Vent, Hanoûmat s'en alla au charmant ermitage où se tenait le Démon. Aussitôt que le Rakshasa, déguisé en ermite, le voit arriver, il prend des racines et des fruits: «Mange!» lui dit-il. Le chef quadrumane vit cette forme d'emprunt, et resta un moment à cette vue plongé dans ses idées et dans ses réflexions: «Je ne vois pas chez les saints ermites des apparences telles que je les trouve en celui-ci, pensa-t-il. Cette différence nécessairement doit avoir sa cause, et d'ailleurs les gestes de cet homme remplissent *malgré soi* d'épouvante. Ses traits mêmes ont quelque chose du Rakshasa: on s'aperçoit qu'il a changé de forme. Ne voit-on pas ces Démons, qui excellent dans la magie, circuler par le monde sous quelque forme qu'ils veulent? Évidemment, c'est un émissaire, qui vint ici, envoyé par le monarque des Yâtavas pour me donner la mort: je tuerai donc ce Démon à l'âme cruelle, qui veut m'ôter la vie!»

Puis, s'adressant au Rakshasa: «Tiens bon, scélérat, noctivague de mauvaises mœurs! Je sais maintenant qui tu es!»

À ces mots d'Hanoûmat, le Démon Kâlanémi démasqua sa forme naturelle, repoussante, affreuse à voir, et fit trembler le Mâroutide: «Où iras-tu, singe? lui dit-il. Oui! c'est le magnanime Râvana qui m'envoie ici pour satisfaire son envie de t'arracher la lumière. Ma force en magie est considérable et je m'appelle Kâlanémi. Je vais aujourd'hui, singe, dévorer ta chair jusqu'à la satiété!»

À ces paroles, Hanoûmat sentit doubler son courage, et, les sourcils contractés sur le front, il défia Kâlanémi au combat. Aussitôt le singe et le

Démon se prennent à bras le corps, une lutte s'engage; ils se frappent des bras ou des poings, de la queue ou des talons. L'un et l'autre d'une grande force, tous deux épouvantables, l'un et l'autre d'une effroyable valeur, ils ne laissèrent dans ce lieu, ni une roche, ni un arbre debout. Enfin le fils du Vent étreint dans le câble de ses bras le terrible Démon, qui, privé de souffle et la respiration supprimée, tombe sur la terre, pousse un vaste cri et descend au séjour d'Yama. Cette clameur du Rakshasa fit trembler tous les Gandharvas à la grande force et les trente millions des gardes vigoureux, *campés* sur la montagne.

Après qu'il eut donné la mort à l'inaffrontable Kâlanémi, le héros monta sur la céleste montagne, enrichie de métaux divers. Quand ils virent grimper Hanoûmat, les Gandharvas lui dirent: «Qui es-tu, toi, qui es venu, sous la forme d'un singe, au mont Gandhamâdana?»

À ces mots, il répondit: «L'homicide Râvana a blessé dans la poitrine avec une lance de fer un grand héros, nommé Lakshmana, qui est le frère de Râma. C'est à cause de lui que je viens au mont Gandhamâdana chercher une plante salutaire, née dans ces lieux et nommée l'Extracteur-des-flèches.

«Mon désir est que vous l'indiquiez, héros; veuillez m'accorder votre bienveillance. Dans la terre de Râma, le souverain des hommes, il sied à vos excellences de montrer un esprit tout à fait bienveillant et docile aux volontés de ce puissant monarque.»

—«Dans la terre de qui? répondent à ces paroles entendues les Gandharvas à la grande force. Et de quel autre que de Hâhâ et de Hoûhoû, ces deux magnanimes Gandharvas, sommes-nous les serviteurs? Qu'on mette donc à mort, sans délai, ce singe lui-même, le plus vil de sa race!» À ces mots, les vigoureux Gandharvas l'environnent, et, remplis de fureur, le chargent de coups avec les poings et les pieds, avec des massues et des épées. Battu par ces Génies, orgueilleux de leurs forces, Hanoûmat, sans penser à leurs coups, s'enflamma de colère et les mit en désordre aussi vite que le feu dévore une meule d'herbes sèches. Il tua dans un clin d'œil tous ces trente millions de robustes guerriers.

Ensuite le singe, fils du Vent, parcourut à la recherche du simple cette montagne céleste, remplie d'arbres et de lianes, séjour des tigres et des lions. Il eut beau chercher, tout rempli d'impatience, il ne put trouver cette plante salutaire. Enfin le noble singe entoura de ses bras et déracina, comme en se jouant, l'inébranlable plateau de cette montagne, large de cinq et longue de sept yodjanas sur dix en hauteur, retraite aimée par toutes les sortes de volatiles, embellie de la présence des Kinnaras, enrichie de métaux variés, ombragée d'arbres différents et chargés de fleurs; cette montagne, pleine de lions et de gazelles, hantée des éléphants et des tigres, qui versait partout dans ses grottes une eau semblable à des perles, qui se couronnait de maintes et maintes fleurs, qui prêtait çà et là des siéges aux Vidyâdharas et aux Génies Ouragas, où des lianes s'enroulaient à l'entour des arbres divers, où maint oiseau s'ébattait dans toutes les variétés du vol.

Déracinée avec tant de vigueur par l'auguste fils du Vent, la montagne pleura et des larmes de métaux coulèrent de ses yeux. Hanoûmat, qui possédait la force du vent, saisit à la hâte cette montagne, dont les échos répondaient aux cris des plus magnifiques animaux, *ses habitants*, de chaque espèce; il s'élança lestement avec elle au milieu des airs et partit avec rapidité.

À l'aspect du singe, volant ainsi chargé dans les airs, les Pannagas, les Vidyâdharas, les Gandharvas et les Dieux s'entredirent stupéfaits: «Nous n'avons pas encore vu dans les trois mondes un grand fait aussi merveilleux! Le héros capable d'accomplir un exploit tel: tuer dans un combat les Gandharvas et déraciner une montagne, quel autre peut-il être que Hanoûmat lui-même? Gloire à toi, héros aux longs bras, qui possèdes une telle vigueur! Tu as libéré Gandhakâlî de sa malédiction, tu as exterminé les gardes du Gandhamâdana, tu as déraciné la montagne et tu voles avec elle, portée dans tes bras! Certes! les œuvres qui ont aujourd'hui signalé ta vigueur sont égales aux œuvres mêmes des Immortels.»

Hanoûmat, tenant son agréable cime de montagne, arriva en peu de temps à Lankâ. Troublés à la vue du singe, une montagne dans ses mains, aussitôt les Rakshasas, qui habitaient cette ville, de courir, agités par la crainte. Alors ce valeureux fils du Vent, chargé de sa grande alpe, descendit près de Lankâ. Il rendit compte de sa mission à Sougrîva, Râma et Vibhîshana: «Je n'ai pas trouvé sur le Gandhamâdana cette plante salutaire. J'ai donc apporté ici la cime entière de cette montagne.

Le noble Raghouide s'empresse alors de louer Hanoûmat à la grande force: «L'œuvre que tu as faite, héros des singes, est égale aux actions des Dieux mêmes. Mais il faut reporter cette montagne aux lieux où tu l'as prise; car c'est le théâtre où les Dieux viennent toujours s'ébattre à chaque nouvelle ou pleine lune.» Soushéna d'un regard étonné contempla cette montagne, riche de racines et de fruits, ombragée par des lianes et des arbres divers, couverte par ses différents arbustes; il monta sur la céleste montagne, parée avec toutes les espèces de métaux. Arrivé sur la cime, il aperçut l'herbe salutaire. Aussitôt vu, il arracha le simple fortuné, le recueillit avec empressement et descendit au pied de la montagne. Soushéna, le plus habile des médecins, macéra ce végétal dans une pierre et le fit respirer avec le plus grand soin au guerrier blessé. L'héroïque meurtrier des héros ennemis, Lakshmana, en eut à peine senti l'odeur, qu'il fut délivré de ses flèches et guéri de ses blessures. À l'instant même il se releva de la terre où il était couché.

Le voyant libre de la pique, Râma fut comblé de joie: «Viens! viens!» dit-il à son frère; et, les yeux noyés de pleurs, il serra étroitement le Soumitride avec amour dans ses bras, le baisa au front, versa des larmes de plaisir, l'embrassa une seconde fois et lui dit: «Héros, je te vois donc, ô bonheur! ressuscité de la mort!»

Les singes de s'écrier joyeux à la vue de Lakshmana, qui s'était remis debout sur le sol de la terre: «Bien! bien!» Ils rendent à l'envi des honneurs à Soushéna, le plus habile des médecins; Sougrîva le comble de louanges, et le Kakoutsthide à la grande splendeur lui dit en souriant: «Grâce à toi, je revois Lakshmana *vivant*, ce frère bien-aimé!»

À la vue de Lakshmana debout, libre de ses flèches et sans blessures, les singes poussèrent de tous les côtés un cri de victoire. L'aspect de cette montagne, qu'ils n'avaient pas encore vue là jusqu'à cette heure, excite leur curiosité; et tous, joignant les mains, ils s'approchent de Sougrîva. Ils ont un grand désir, *lui disent-ils*, de visiter cette montagne; et le magnanime roi d'en accorder à tous la permission.

Alors, montés sur le Gandhamâdana, ils y voient des aiguières célestes de saints anachorètes et des fruits de toutes les sortes. Ils se baignent dans les sources de la montagne; ils mangent ses fruits et, dans un instant, les singes eurent consommé tout ce qu'il y avait de fruits et de racines. Puis, leur faim apaisée, leur soif étanchée dans ces ondes fraîches, les simiens descendent au pied de la montagne.

Quand Râma les vit descendus: «Héros, dit-il à Sougrîva, donne tes ordres au fils du Vent. Qu'il remporte cette montagne et qu'elle soit remise à la même place, d'où elle fut arrachée.»

Aussitôt Sougrîva de parler au Mâroutide un langage conforme à celui de Râma; et le fils du Vent, à cet ordre de son magnanime souverain, s'incline devant les chefs quadrumanes, enlève dans ses bras la montagne sublime et s'élance avec elle rapidement au milieu des airs.

Le monarque aux dix têtes vit passer la montagne emportée dans le ciel; et, s'adressant aux Rakshasas, que leur force enivrait d'orgueil, à Tâladjangha, le Démon très-épouvantable, à Sinhavaktra, de qui le ventre s'arrondissait en cruche, à Oulkâmoukha d'une force immense, à Tchandralékha, à Hastikarna aux longs bras et au noctivague Kankatounda:

«Que le singe Hanoûmat, leur dit-il à cette vue, soit arrêté au plus vite par la vertu de vos enchantements! En récompense, ô les plus terribles des Rakshasas, vous recevrez de moi un honneur au-dessus duquel il n'est rien de supérieur.» À ces mots de Râvana, les noctivagues se couvrent tous les membres de leurs cuirasses, prennent à la main des projectiles variés et s'élancent tous au milieu des airs.

Quand ils virent l'inaffrontable Mâroutide voyageant, sa montagne à la main, les Rakshasas vigoureux lui adressèrent tous ce langage: «Qui es-tu sous les formes d'un singe, toi qui marches tenant une montagne? Ne crains-tu ni les Rakshasas, ni les Daîtyas, ni les Dieux mêmes? Qui peut te sauver de nos mains à cette heure, où te voilà pris? Tu vois en nous Brahma, le grand Çiva, Yama, Vishnou, Kouvéra et Indra, tous rayonnants de splendeur, qui viennent ici, conduits par le désir de t'arracher la vie!»

Aux paroles de ces Démons, le fils du Vent répondit en ces termes: «Fussiez-vous les trois mondes, qui viennent, secondés par les Asouras, les Pannagas et les Dieux, je vous tuerai tous, m'appuyant sur la seule force de mon bras!»

Ce disant, Hanoûmat, sachant bien qu'il avait affaire à des courtisans de Râvana, fit tête aux six Rakshasas, unissant leurs efforts contre lui. Ne pouvant user de ses bras, qui portaient la montagne, et réduit à combattre avec les pieds seulement, le singe à la grande vigueur maltraita les Démons à la grande force. Il écrasa les uns avec le coup de sa poitrine, les autres avec le coup de son genou; il frappa ceux-ci avec ses pieds, ceux-là avec ses dents. D'autres, liés dans le câble de sa queue par le magnanime singe porteur de la montagne, pendaient au sein des airs; et ces Démons robustes, ondulants au milieu du vide, semblaient un collier de grands saphirs bleus, entrelacés dans un fil d'or. Après de violents efforts Tâladjangha, entouré de la formidable queue, parvint avec beaucoup de peine à se dégager de la chaîne et prit la fuite.

Quand le vigoureux fils du Vent eut tué les Rakshasas, il continua son chemin, tenant sa montagne et resplendissant au milieu du ciel. Alors tous les Dieux avec les Gandharvas, les Vidyâdharas et les Tchâranas de lui jeter cette acclamation: «Gloire à toi, Hanoûmat, qui nous montres une telle vigueur! Où verra-t-on jamais un autre que toi capable d'accomplir un exploit tel avec une puissance infinie et d'exterminer les Rakshasas dans les airs, sans quitter cette montagne!»

Au milieu de ces applaudissements, il arrive au Gandhamâdana et remet sa montagne à la même place d'où elle fut arrachée.

Cependant le monarque aux dix têtes s'était retiré à l'écart, et, par la vertu de sa magie, il avait créé un char éblouissant, pareil au feu, muni complétement de projectiles et d'armes, aussi épouvantable à voir qu'Yama, le trépas et la mort. Des coursiers à face humaine et d'une vitesse nonpareille s'attelaient à ce char fortuné, solidement cuirassé, enrichi d'or partout, et conduit par un habile cocher, *quoiqu*'il se mût à la seule pensée de l'esprit.

Monté dans ce char, le roi décacéphale, *visant d'un œil* attentif, assaillit Râma sur le champ de bataille avec les plus terribles dards, semblables au tonnerre. «Il est inégal, dirent les Gandharvas, les Dânavas et les Dieux, ce combat, où Râma est à pied sur la terre et Râvana monté dans un char!»

À ces paroles des Immortels, Çatakratou[20] d'envoyer sur-le-champ à Râma son char, conduit par son cocher Mâtali. On vit descendre aussitôt du ciel et s'approcher du Kakoutsthide le char fortuné du monarque des Dieux avec son drapeau à la hampe d'or, avec ses parois admirablement incrustées d'or, avec son timon fait de lapis-lazuli, avec les cent zones de ses clochettes; véhicule nonpareil, tel que l'astre adolescent du jour, que traînaient de bons coursiers au poil fauve, semblables au soleil même, ornés avec une profusion d'or, agitant *sur le front* des panaches d'or et *secouant sur le corps* des chasse-mouches blancs.

Note 20:

Indra.

Quand ils virent ce char descendu des cieux, Râma, Lakshmana, Sougrîva, Hanoûmat et Vibhîshana furent tout saisis d'étonnement. «Il arrivera quelque chose! se dirent-ils émerveillés. Sans doute, ceci est une ruse, que le tyran cruel des Rakshasas, ce Râvana, qui est armé d'une magie puissante, met en jeu pour nous tromper.»

À ces mots des précédents, Sougrîva tint ce langage: «Visitons nous tous, char, attelage et cocher!» Mais à la vue des chevaux qui se tenaient sur la terre, prêts au combat et rapides comme la pensée: «Héros, dit Vibhîshana à la grande science, monte sans crainte, avec une pleine confiance, dans ce char. Je connais toute la magie des Rakshasas qui sont ici: il n'existe, meurtrier des ennemis, aucun char de cette espèce chez le monarque des Rakshasas. Et, de plus, je vois ici de ces présages qui annoncent le succès.»

Alors Mâtali, cocher de l'Immortel aux mille yeux, tenant son aiguillon et monté dans le char, s'approche du Kakoutsthide à la vue même du monarque aux dix têtes, et, les mains réunies en coupe, il adresse à Râma ces paroles: «Mahéndra, ce Dieu aux mille regards, t'envoie pour la victoire, Kakoutsthide, ce char fortuné, exterminateur des ennemis, et ce grand arc, fait à la main d'Indra, et cette cuirasse pareille au feu, et ces flèches semblables au soleil, et ces lances de fer, luisantes, acérées. Monte donc, héros, dans ce char céleste, et, conduit par moi, tue le Démon Râvana, comme jadis, avec moi pour cocher, Mahéndra fit mordre la poussière aux Dânavas!»

Râma, saisi d'une religieuse horreur, se mit à la gauche du char et décrivit autour de lui un pradakshina; il fit ses révérences à Mâtali, et, songeant qu'il était un Dieu, il honora les Dieux avec lui. Cet hommage rendu, le héros, instruit à manier les traits divins, monta pour la victoire dans ce char céleste; et, quand il eut attaché autour de sa poitrine la cuirasse du grand Indra, il rayonna de splendeur à l'égal du monarque même qui règne sur les gardiens du monde.

Mâtali, le plus habile des cochers, contint d'abord ses coursiers; puis, les fouetta de sa pensée au gré du héros qui savait dompter les ennemis. Alors s'éleva, char contre char, un terrible, un prodigieux combat. Le Daçarathide, versé dans l'art de lancer un trait surnaturel, paralysa tous ceux du roi ennemi, le gandharvique avec le gandharvique, le divin avec le divin.

Le monarque aux dix têtes, bouillant de colère, saisit un nouveau dard souverain, épouvantable, et décocha au Raghouide le trait même des Nâgas. Soudain, transformées en serpents au venin subtil, les flèches aux ornements d'or, que Râvana lance de son arc, fondent sur le Kakoutsthide. Affreux, apportant avec eux la terreur, la tête en feu, la gueule béante, vomissant la flamme de leurs bouches, ils assaillent Râma lui-même. Toutes les plages du ciel étaient remplies, toutes les régions intermédiaires étaient couvertes de ces reptiles flamboyants au poison mortel, au toucher pareil à celui de Vâsouki.

Quand Râma vit ces hideux serpents voler de tous les côtés, il mit en lumière un épouvantable trait, le dard terrifiant de Garouda. Les flèches aux ornements d'or et brillantes comme le feu, décochées par le grand arc de Râma, dévoraient, comme autant de Garoudas, les dards des ennemis transformés en serpents. Irrité de voir son trait anéanti, le monarque des Rakshasas fit alors tomber sur Râma d'épouvantables averses de flèches.

Quand il eut rempli de mille dards ce prince aux infatigables exploits, il perça Mâtali avec une foule de traits. Après qu'il eut abattu le drapeau d'or sur le fond du char, Râvana de blesser avec la rapidité de ses flèches les coursiers mêmes d'Indra. À la vue du Raghouide accablé par son ennemi, les Dânavas et les Dieux tremblèrent. La terreur saisit tous les rois des singes et Vibhîshana avec eux. La mer, pour ainsi dire, toute en flammes, enveloppée de fumée, ses flots bouleversés, montait avec fureur dans les airs et touchait presque au flambeau du jour. Le soleil avec des rayons languissants apparaissait horrible, couleur de cuivre, collé en quelque sorte contre une comète et le sein maculé.

Le monarque aux dix têtes, aux vingt bras, son arc à la main, se montrait alors inébranlable comme le mont Maînaka. Et Râma lui-même, refoulé par le terrible Daçagrîva, ne pouvait arrêter le torrent de ses flèches sur le champ de bataille. Enfin, les sourcils contractés sur le front et ses yeux rouges de colère, il entra dans la plus ardente fureur, consumant de sa flamme, pour ainsi dire, le puissant Démon.

Aussitôt les Asouras et les Dieux rallument entre eux leur *ancienne* guerre, ils entre-croisent des acclamations passionnées: «Victoire à toi, Daçagrîva!» s'écrient d'un côté les Asouras. «Victoire à toi, Râma!» crient d'un autre les Dieux mainte et mainte fois.

Dans ce moment Râvana à l'âme vicieuse, qui désirait lancer un *nouveau* coup au Raghouide, mit la main sur un long projectile. Enflammé de colère, pour ainsi dire, il saisit une lance épouvantable, sans pareille, insurmontable, effroi de toutes les créatures, au tranchant de diamant, à la grande splendeur, exterminatrice de tous les ennemis, inaffrontable pour Yama lui-même et semblable au trépas.

L'Indra puissant des Rakshasas lève son arme, il pousse un grand cri épouvantable, il ébranle de cet horrible son la terre, le ciel, les points cardinaux et les plages intermédiaires. Au rugissement affreux du monarque aux terribles exploits, tous les êtres de trembler, la mer de s'agiter et les plus hauts rishis de s'écrier: «Dieu veuille sauver les mondes!» Après que le monarque aux vastes forces eut pris cette grande lance et qu'il eut jeté cette clameur, il tint à Râma cet amer langage: «Tiens bon maintenant, Raghouide! Mais cette lance va trancher ta vie.» Et le monarque à ces mots lui darde sa lance.

À la vue de cette arme flamboyante et d'un aspect épouvantable, le Raghouide vigoureux, levant son arc, envoie contre elle ses dards aigus. Il frappa cette lance au milieu de son vol avec des torrents de flèches, comme la mer combat avec les torrents de ses ondes le feu qui s'élève pour *la destruction du monde* à la fin d'un youga.

Mais, tel que le feu dévore les sauterelles, la grande pique de l'Yâtou consuma les traits que lui décochait l'arc de son rival. En voyant ses dards brisés au milieu des airs et réduits en cendres au seul toucher de cette lance, le Raghouide fut saisi de colère. Il empoigne dans une ardente fureur la pique de fer que Mâtali avait apportée et qu'Indra lui-même estimait grandement. À peine eut-il *d'une main* vigoureuse élevé cette arme, bruyante de ses *nombreuses* clochettes, que le ciel en fut tout illuminé, comme par le météore de feu qui incendie le monde à la fin d'un youga. Il envoya cette pique frapper la grande lance du monarque des Yâtavas, qui, brisée en plusieurs morceaux, tomba, ses clartés éteintes.

Ensuite Râma de lui abattre ses coursiers aussi rapides que la pensée avec des traits acérés, perçants, à la grande vitesse, au toucher pareil à celui du tonnerre. Cela fait, le Raghouide blesse Râvana de trois flèches aiguës dans la poitrine, et lui fiche de toutes ses forces trois autres dards au milieu du front. Le corps tout percé de flèches, le sang ruisselant de ses membres, l'Indra blessé des Rakshasas paraissait alors comme un açoka en fleurs planté au milieu des armées.

Ensuite l'héroïque Daçarathide, tout brûlant de courroux, se mit à rire et tint ce langage mordant à Râvana: «En châtiment de ce que tu entraînas du Djanasthâna ici mon épouse, tu vas perdre la vie, ô le plus vil des Rakshasas! Abusant d'un moment, où j'avais quitté ma Vidéhaine, tu me l'as ravie, triste, violentée, sans égard à sa qualité d'anachorète, et tu penses: «Je suis un héros!» Tu exerces ton courage sur des femmes sans défense, ravisseur des épouses d'autrui; tu fais une action d'homme lâche, et tu penses: «Je suis un héros!» Tu renverses les bornes, Démon sans pudeur, tu désertes les bonnes mœurs, tu prends la mort comme par orgueil, et tu penses: «Je suis un héros!» Parce que des Rakshasas faibles, tremblants, t'honorent comme d'un culte, tu penses en ton orgueil et ta hauteur: «Je suis un héros!» Tu m'as ravi mon épouse au moyen de la magie, qui fit *paraître à mes yeux* ce fantôme de gazelle: c'était bien montrer complétement ton courage et tu fis là un exploit merveilleux!

«Je ne dors, ni la nuit, ni le jour, noctivague aux actions criminelles; non! Râvana, je ne puis goûter de repos, tant que je ne t'aurai pas arraché de ta racine! Qu'ici donc aujourd'hui même, de ton corps percé de mes dards et abattu sans vie, les oiseaux du ciel tirent les entrailles, comme Garouda tire les serpents!»

À ces mots, l'héroïque meurtrier des ennemis, Râma d'inonder avec les averses de ses flèches Râvana, qui se tenait dans la foule *de ses Rakshasas*. La colère avait doublé en ce guerrier aux travaux infatigables dans la guerre son courage, sa force et son ardeur pour le combat.

En butte aux averses de flèches que décochait Râma, aux pluies de pierre que jetaient les singes, le trouble envahit le cœur du monarque aux dix têtes. Toutes les flèches, tous les javelots divers lancés par lui ne suffisaient plus aux nécessités du combat; tant il marchait rapidement vers l'heure fixée pour sa mort! Aussitôt que le cocher, par qui ses coursiers étaient gouvernés, le vit tomber dans un tel affaissement, il se mit, troublé lui-même, à tirer peu à peu le char de son maître hors du champ de bataille.

Irrité jusqu'à la démence, aveuglé par la puissance de la mort, Râvana, saisi de la plus ardente colère, dit à son cocher: «Pourquoi, sans tenir compte de mon désir, me traitant avec mépris, comme un être faible, timide, léger, sans âme, comme un homme de force vile, dépourvu de courage et destitué d'énergie, ta grandeur fait-elle sortir mon char du milieu des ennemis?

«Fais vite retourner le char avant que mon ennemi ne soit retiré, si tu n'es pas un rebelle, ou si tu n'as point mis en oubli ce que sont mes qualités.»

À ce langage amer, que le monarque insensé adressait au judicieux cocher, celui-ci répondit avec respect ces paroles salutaires:

«Écoute! Je vais te dire pour quel motif ce char fut détourné par moi du combat, comme un fleuve impétueux serait détourné de la mer.

«Je pense, héros, que le grand travail de cette journée t'a causé de la fatigue: en effet, je ne te vois plus la même ardeur, ni l'air aussi dispos. À force de traîner ce fardeau, les coursiers du char sont couverts de sueur; ils sont abattus, accablés par la fatigue. J'ai fait ce qui était convenable pour suspendre un instant ce combat entre vous et te procurer du repos, à toi et même aux coursiers du char.»

Râvana, satisfait de ce langage, dit, altéré de combat: «Cocher, fais tourner vite à ce char le front vers le Raghouide! Râvana ne veut pas revenir sans avoir tué son ennemi dans la bataille!» Stimulé par ces mots de Râvana, le cocher aussitôt de pousser rapidement ses coursiers, et, dans un instant, le grand véhicule du souverain des noctivagues fut arrivé devant le char du Raghouide.

À l'aspect de ce char pareil aux nuages, qui, attelé de chevaux noirs, se précipitait sur lui, et, revêtu d'une formidable splendeur, semblait soutenu sur les humides nuées au milieu des airs, Râma dit à Mâtali, cocher du puissant Indra:

«Mâtali, vois ce char de l'ennemi qui fond sur nous avec colère et d'un bruit égal à celui d'une montagne qui se déchire, fendue par un coup de tonnerre. Marche au-devant du char de mon rival et tiens ferme, sans négligence; je veux l'anéantir, comme le vent dissipe le nuage qui s'est élevé *dans les cieux*. Je le sais, il n'est rien qui soit à corriger en toi, digne du char d'Indra; mais je désire combattre, c'est là ma seule pensée: c'est donc une chose que je rappelle à ta mémoire; ce n'est pas un avis que je veuille te donner.» Satisfait par ce langage de Râma, Mâtali, le plus excellent des cochers, poussa rapidement son char.

Il fut grand le combat de ces deux guerriers, affrontés l'un contre l'autre, animés par un désir mutuel de s'arracher la vie et comme deux éléphants rivaux, ivres *de colère et d'amour*. Bientôt les Rishis du plus haut rang, les Siddhas, les Gandharvas et les Dieux, intéressés à la mort de Râvana, se rassemblent pour contempler ce duel en char.

Le combat de ces deux rivaux fut léger, varié, savant; ils se portaient mutuellement des blessures, enflammés par l'ambition de triompher. Étalant toute leur vitesse de main et frappant les dards avec les dards, ils encombraient le ciel de flèches pareilles à des serpents. En même temps s'élevèrent des prodiges horribles, épouvantables, qui annonçaient la défaite de Râvana et le triomphe de Râma.

Lankâ parut comme incendiée jour et nuit d'une aurore et d'un crépuscule, qui ressemblaient aux fleurs du rosier de la Chine. Il s'éleva de grands météores ignés avec des trombes de vent furieuses et un épouvantable bruit: Râvana en trembla et la terre en fut ébranlée.

De toutes parts tombèrent d'un ciel sans nuages sur l'armée de Râvana les foudres épouvantables d'Indra avec un bruit que l'oreille ne pouvait supporter. Ses coursiers mêmes, transpirant des étincelles de leurs membres et versant des pleurs en larges gouttes de leurs yeux, rendaient à la fois et de l'eau et du feu.

«Il faut vaincre!» se disait le Kakoutsthide; «Il faut mourir!» se disait Râvana. Tous deux ils firent voir dans cette bataille la suprême essence du courage.

Enfin le vigoureux monarque aux dix têtes encoche à son arc des flèches, et, visant le drapeau arboré sur le char du Raghouide, il envoie ses dards avec colère. Mais, sans toucher le drapeau flottant sur le char de Pourandara, les flèches viennent frapper la pique en fer debout sur le véhicule et tombent *amorties* sur le sol de la terre.

Alors, bouillant de courroux, le fort Râma bande son arc et songe à rendre, coup pour coup, la pareille à son ennemi. Il vise le drapeau de Râvana et lui décoche un trait, flamboyant de sa propre splendeur, irrésistible et tel qu'un grand serpent.

Cette flèche, après qu'elle eut tranché l'étendard, s'abattit sur la terre, et le drapeau coupé du monarque tomba du char sur la plaine.

À la vue de son étendard abattu, le décacéphale aux vastes forces fut comme embrasé dans le combat par le feu qui s'allume au souffle de la colère, et, incapable de modérer sa fureur, il fit pleuvoir une averse de flèches.

Debout sur les chars, ils s'abordèrent, le timon de l'un affronté au timon de l'autre, les étendards aux étendards et les coursiers tête contre tête.

Aussitôt, encochant à son arc une flèche semblable à un serpent, Râma, versé dans la science des astras les plus grands, abattit du corps une des têtes de Râvana. Les trois mondes virent donc alors gisante sur la terre cette grande tête coupée. Mais, sur les épaules de Râvana, tout à coup s'éleva une autre pareille tête, que le magnanime Raghouide à la main prompte abattit également. On vit décollée encore la seconde tête de Râvana; mais, à peine eut-il coupé cette *horrible* tête, que Râma en vit une nouvelle naître à sa place. On la voit tomber, comme les autres, sous les traits de Râma, semblables à la foudre; mais autant il en coupe dans sa colère, autant il en renaît sur les épaules de Râvana. Ainsi, dans ce combat, il était impossible à Râma d'obtenir la mort du cruel Démon. Enfin il trancha l'une après l'autre une centaine de têtes égales en splendeur; mais on n'en vit pas davantage se briser la vie du monarque des Rakshasas.

À son tour, du char où il tenait, le monarque irrité des Rakshasas fatiguait Râma dans cette bataille avec une averse de traits en fer.

La scène de ce grand, de ce tumultueux, de cet épouvantable combat fut, tantôt le ciel, tantôt la terre, ou même encore le sommet de la montagne. Il dura sept jours entiers, ce grand duel, qui eut pour témoins les Rakshasas, les Ouragas, les Piçâtchas, les Yakshas, les Dânavas et les Dieux. Le repos ne suspendit alors ce combat, ni un jour, ni une nuit, ni une heure, ni une seule minute.

Enfin, Mâtali rappela au Raghouide *ce qu'il paraissait avoir oublié*: «Pourquoi suis-tu cette marche, héros, comme si tu ne savais pas *ce qu'est ton adversaire*?

«Décoche-lui pour la mort, seigneur, le trait de Brahma: en effet c'est Brahma lui-même qui sera ainsi l'auteur de sa mort. Il ne te faut pas, Raghouide, lui couper les membres supérieurs; car la mort ne peut lui être donnée par la tête: la mort, seigneur, n'a entrée chez lui que par les autres membres.»

Râma, au souvenir de qui les choses étaient rappelées par ces mots de Mâtali, prit alors un dard enflammé, soufflant comme un serpent.

Brahma à la splendeur infinie l'avait fabriqué jadis pour Indra et l'avait donné au roi des Dieux qui désirait la victoire sur les trois mondes. Cette flèche avait dans sa partie empennée le vent; à sa pointe le feu et le soleil; dans sa pesanteur, le Mérou et le Mandara, bien que son corps fût composé d'air. Brahma fit asseoir dans ses nœuds les Divinités qui portent la terreur, Kouvéra, Varouna, le Dieu qui tient la foudre, et la Mort un lasso dans sa main. Les membres souillés du sang ravi à une foule d'êtres, arrosée de moelle, affreuse, épouvantable, la terreur de tout, avide de lécher comme un serpent et donnant toujours dans le combat une abondante pâture aux grues, aux vautours, aux corbeaux, aux Rakshasas, aux chacals, aux quadrupèdes carnassiers, elle avait les formes de la mort et portait la terreur avec elle.

Dans le moment qu'il ajustait à son arc ce trait excellent, la peur fit trembler tous les êtres et la terre elle-même chancela. Irrité, il imprime une forte courbure à son arc, et, bouillant de courroux, lance à Râvana cette flèche qui détruit les articulations. Accompagnée du plus efficace des astras et décochée par cet arc magnanime de Çakra, la flèche partit avec la mission de tuer l'ennemi.

Aussi impossible d'être arrêté dans son vol que la mort elle-même, le trait s'abattit sur le Démon et brisa le cœur de ce Râvana à l'âme cruelle. Il mit fin rapidement à son existence, il ravit le souffle à Râvana, et, quand il eut traversé le tyran, il revint, aussitôt son œuvre accomplie, et rentra de lui-même dans son carquois.

Soudain l'arc avec son trait échappe à la main du monarque et tombe avec le souffle exhalé de sa vie. Sa splendeur éteinte, sa fougue anéantie, son âme expirée, il croula de son char sur la terre, comme Vritra sous un coup de la foudre.

Tremblants d'épouvante à la vue de leur maître tombé sur la terre, les noctivagues sans défenseur, faible reste des Rakshasas tués, s'enfuient çà et là de tous les côtés. Privés du roi, sous le bras duquel était leur asile et maltraités par les simiens triomphants, ils courent, chassés par la terreur, à Lankâ, leurs visages ruisselants de larmes pitoyables. Ensuite, les singes victorieux poussent des cris joyeux, proclamant la victoire de Râma et la mort de Râvana.

Au moment où fut tué ce Rakshasa, l'ennemi du monde, le tambour des Dieux résonna bruyamment au milieu des airs. Un immense cri s'éleva au sein même du ciel: «Victoire!» Et le vent, chargé de parfums célestes, souffla de sa plus caressante haleine. Une pluie de fleurs tomba du firmament sur la terre, et le char de Râma fut tout inondé de ces fleurs divines aux suaves odeurs.

Les mélodieuses voix des Immortels joyeux criaient au milieu des airs: «Bien! bien!» et s'associaient dans les éloges de Râma. Nârada, Toumbourou, Gârgya, Hâhâ, Hoûhoû et Soudâma, ces rois des Gandharvas, chantèrent eux-mêmes devant le Raghouide *victorieux*. Ménakâ, Rambhâ, Ourvaçî, Pantchatchoûdâ et Tilauttamâ, *ces nobles Apsaras*, dansèrent, elles cinq, devant le Kakoutsthide, joyeuses de la mort qu'il avait infligée au Démon.

Râma, que la mort de Râvana, tué de sa main, transportait de la joie la plus vive, dit alors ces paroles polies à Sougrîva, de qui les désirs étaient remplis, à son ami Angada, à Lakshmana, à Vibhîshana, enfin à tous les généraux des ours et des singes:

«Grâce à la force et au courage de vos excellences, grâce à la vigueur de vos bras, le voici mort ce Râvana, le monarque des Rakshasas, qui fit tant pleurer le monde! Aussi longtemps que le monde subsistera, les hommes s'entrediront le haut fait si prodigieux que vous avez accompli et qui ajoute beaucoup à vos gloires!»

Râma, les charmant de sa voix, répéta deux et trois fois cette pensée, et rappela aux singes et aux ours différentes choses, et justes, et convenables, qu'ils avaient faites *dans la guerre*.

À ces mots du Raghouide, ils répondent joyeux: «Ta splendeur seule a consumé ce criminel et ses généraux. Où trouver en nous, gens de peu de vigueur, assez de force pour accomplir dans les combats un fait immense comme ce qui fut exécuté par toi, noble Raghouide!»

Ainsi honoré par eux de tous les côtés, ce monarque de la terre éclatait en splendeur, comme Indra le fortuné, recevant les hommages des grands Dieux. Ensuite, le vent revint au calme, les dix points cardinaux se firent sereins, le ciel fut sans nuage, les Divinités se rallièrent à l'entour du grand Indra, leur chef, et le soleil même rayonna d'une lumière inaltérable.

Quand Vibhîshana vit Râvana, son frère, expiré sous les flèches de Râma, il se mit à gémir, l'âme assiégée par la violence du chagrin: «Héros courageux, célèbre dans la guerre, versé dans toute la science des astras, pourquoi ton corps sans vie est-il couché sur la terre, hélas! toi qui possèdes un lit somptueux? *Tu gis*, tes longs bras, ornés de sandal, étendus sans mouvement, ton diadème rejeté *du front*, ce diadème d'un éclat égal à celui de l'astre du jour! Le voici donc arrivé maintenant, héros, ce *malheur*, que j'avais prévu: car, aveuglé par la folie de l'amour, tu as dédaigné mes paroles!

«Le voici donc étendu mort sur la terre, le corps écrasé dans les griffes du lion d'Ikshwâkou, ce grand, cet amoureux éléphant de Râvana; lui, de qui la splendeur était comme une défense; lui, pour qui sa race était comme une forêt de bambous, théâtre de sa colère; lui, de qui la passion furieuse était comme la trompe, inondée par la mada[21], ruisselant de ses tempes!»

Note 21:

«*Succus qui elephantis, tempore quo coïtum appetunt, è temporibus effluit.*» (BOPP, au mot cité.)

À la nouvelle que le Raghouide à la grande âme avait tué Râvana, les Rakshasîs, aliénées par la douleur, sortirent du gynœcée. Agitées de nombreuses convulsions, souillées des poussières de la terre, se battant la poitrine et la tête avec des bras luisants d'or, les cheveux déliés, accablées de chagrin, comme un troupeau de génisses, qui a perdu son taureau, elles sortirent avec les Rakshasas par la porte septentrionale.

Entrées dans cet épouvantable champ de bataille, elles cherchent leur époux sans vie: «Hélas! mon noble mari!» s'écrient-elles de tous les côtés. «Hélas! mon protecteur.» Elles parcourent cette terre au sein jonché de cadavres, pleine de vautours et de chacals, résonnante aux cris des hérons et des corbeaux, et qui n'était plus qu'un bourbier de sang.

Absorbées dans le chagrin et les yeux baignés de larmes, se lamentant comme de *plaintives* éléphantes, elles ne brillaient point alors ces femmes qui pleuraient un époux tué dans ce terrible monarque. Elles virent là ce vaillant Râvana au grand corps, à la grande splendeur, tombé sur la terre et semblable à une montagne *écroulée* de noir collyre. À la vue de leur époux mort, couché dans la poussière du champ de bataille, elles se laissent tomber sur ses membres, comme des lianes coupées avec les arbres d'une forêt.

Celle-ci l'embrasse avec respect et pleure dans cette posture, celle-là prend ses pieds, une autre lui passe ses bras autour du cou. Telle jette ses bras en l'air, puis se roule sur la terre; l'une s'évanouit, en voyant la face de Râvana glacée par la mort; l'autre soulève dans son giron la tête du monarque et pleure accablée de chagrin, lavant ce pâle visage de ses larmes, comme *l'aurore* inonde un lotus de gelée blanche.

Ainsi désolées à l'aspect de leur époux immolé dans la bataille, elles manifestaient leur désespoir sous différentes formes et se lamentaient à l'envi l'une de l'autre.

Tandis que les épouses et concubines royales se désolaient dans le champ de carnage, la plus auguste des épouses et la bien-aimée du roi contemplait son époux avec tristesse. Et quand elle eut promené ses regards sur le monarque aux dix têtes, son mari, tombé sous les coups de Râma aux prodigieux exploits, Mandaudarî se mit alors à gémir d'une manière touchante: «N'est-il pas vrai, héros aux bras puissants, frère puîné de Kouvéra, n'est-il pas vrai qu'Indra n'eût pas été capable de tenir pied en face de ta colère *sur un champ de bataille*? Terrifiés à ta vue, les Rishis, les Gandharvas renommés, les Tchâranas, les Yakshas et les Dieux s'enfuyaient à tous les points de l'espace. Tu dors, abattu dans le combat sous la main de Râma, qui n'est qu'un homme! N'en rougis-tu pas, monarque des Rakshasas?

«Je refuse ma foi à cette action de Râma, toute faite qu'elle soit à la face des armées: *non!* ce n'a pas été sa main *d'homme* qui t'a broyé, toi, gonflé de force partout. Je croirais plutôt que c'est Vishnou, qui vint en personne pour ta mort sous les formes de Râma et qui entra dans son corps à notre insu, grâce aux artifices de la magie.

«Alors que Khara, ton frère, dans le Djanasthâna, fut tué avec les Rakshasas nombreux qui l'environnaient, son meurtrier déjà n'était pas un homme. Alors que, dans la forêt, Bâli, cent fois supérieur à toi pour la force, fut tué par ce Râma dans la guerre, son meurtrier déjà n'était pas un homme. Alors qu'une épouvantable chaussée fut jetée par les singes dans la grande mer, je soupçonnais déjà dans mon cœur que Râma n'était pas un homme.

«Que la paix soit faite avec le Raghouide!» te disais-je; mais tu n'accueillis pas mes paroles, et de là vient son triomphe *en ce jour*. Tu t'es follement épris de Sîtâ, monarque des Rakshasas, pour la perte de ton empire, de ta personne et de moi-même. Il y a des femmes qui lui sont égales, il y a des femmes qui lui sont même supérieures en beauté; mais, devenu l'esclave de l'amour, tu n'as point compris cela.

«La Mithilienne va donc maintenant se promener joyeuse avec Râma, tandis que moi, infortunée, je suis tombée dans une mer épouvantable de chagrins! moi, qui m'enivrai de plaisir, accompagnée par toi sur le Kêlâsa, dans le Nandana, sur le Mérou, dans les bocages du Tchaîtraratha et dans les jardins suaves des Dieux!

«La voilà donc, hélas! venue, cette nuit suprême de moi, cette nuit qui fait mon veuvage et que je n'ai jamais prévue telle, insensée que j'étais! Mon père est le souverain des Dânavas, mon époux était le monarque des Rakshasas, et j'avais pour fils Çatrounirdjétri; aussi étais-je fière! Mais aujourd'hui je n'ai plus de famille, j'ai perdu en toi mon protecteur et je vais passer dans la tristesse mes éternelles années!

«Lève-toi, sire! Pourquoi es-tu couché là? Pourquoi ne me dis-tu pas une parole, à moi, ton épouse chérie? Honore en moi, noctivague aux longs bras, la mère de ton fils!

«La voici donc rompue en morceaux cette lance avec laquelle tu immolais tes ennemis dans les combats, cette lance brillante comme le soleil et semblable à la foudre même du Dieu qui manie le tonnerre! Tranchée à coups de flèches, les tronçons de ta massue jonchent la terre de tous côtés, cette massue à la vigueur infinie, armé de laquelle, héros, tu brillais naguère! Honte soit à mon cœur qui, écrasé par le chagrin, n'éclate pas en mille parties quand je te vois là descendu au tombeau!»

Elle dit; et gémissant ainsi, les yeux troublés de larmes et le cœur assailli par l'amour, la reine tomba dans un *triste* évanouissement.

Alors, toutes les femmes du roi, ses compagnes, pleurant et désespérées elles-mêmes, environnent et s'empressent de relever Mandaudarî, plongée dans un tel désespoir: «Reine, lui disent-elles, il n'a pas compris la marche inconstante des choses humaines; le malheur vient par toutes les conditions de la vie: honnie soit même cette splendeur instable des rois!» À ces paroles, elle se mit à pleurer avec de bruyants sanglots, et, la tête baissée, elle mouilla ses deux seins avec les gouttes épaisses de ses larmes.

Le Daçarathide invita les parents à faire la cérémonie qui devait ouvrir au guerrier mort les portes du Swarga; car il vit dans leur pensée qu'ils avaient le désir de célébrer ses obsèques. Aussitôt, à la voix de Sougrîva, les singes à la force épouvantable de rassembler çà et là des bois d'aloès et de sandal.

Les généraux des singes reviennent chargés de cruches remplies d'une eau puisée dans les quatre vastes mers; ils rapportent à grande hâte des fleurs cueillies sur les sept monts et sur les autres montagnes de la terre. Ils apportent des faisceaux de kouças, l'herbe pure, du beurre clarifié, du lait nouveau et du lait coagulé, la cuiller du sacrifice, des feux consacrés par les prières, et des amas de bois. Vibhîshana lui-même fit venir de sa maison l'agnihotra, que les brahmes ne laissent jamais seul. Il fit cette partie des funérailles suivant l'ordre des cérémonies, consigné dans le rituel, de manière qu'elle fût jointe aux récompenses de l'obligation, en même temps qu'associée à ce qui était non défectueux, impérissable, très-saint et hautement vénéré.

D'abord, les serviteurs déposent Râvana dans un lieu pur. Ensuite, on dresse un vaste, un très-grand bûcher, que surmontent des bûches de sandal, mêlées à des nâgésars, auxquels sont unis de généreux aloès; bûcher riche de tous les parfums, incomparable par ses grands arbres de sandal jaune. Ils portent sur la pile terminée le monarque vêtu d'une robe de lin, et, s'inclinant, les Rakshasas déposent le corps couché sur un lit.

Aussitôt les prêtres, versés dans la science des Védas, commencent en l'honneur du roi la cérémonie dernière; ils immolent pour le monarque des Rakshasas la suprême victime des morts. Ils orientent l'autel au sud-est et portent le feu à sa place consacrée. Vibhîshana, qui s'approche en silence, y dépose la cuiller du sacrifice.

Tous les brahmes alors, le visage noyé de larmes, répandent, suivant le rite, à pleines cuillers, sur le mort un beurre liquide et clarifié dont l'antilope a fourni la matière. Ils mettent un char à ses pieds, un mortier dans un grand intervalle; d'autres placent sur le bûcher différents arbres à fruit. Ils déposent le moushala du magnanime au lieu fixé pour lui, suivant la règle établie par un des Maharshis et prescrite dans les Çâstras.

À la suite de ces choses, les Rakshasas immolent en l'honneur du monarque une victime de bétail qu'ils oignent tout entière de beurre clarifié, couchent dans un tapis et jettent dans le feu du sacrifice. Puis, l'âme consumée de tristesse et la face baignée de larmes, ils inondent Râvana de grains frits, de parfums, de bouquets et d'autres oblations.

Enfin Vibhîshana, suivant les prescriptions du rite, applique le feu au bûcher; et la flamme, se développant éclatante, dévore aussitôt le monarque aux dix têtes.

Alors, congédiant le char divin, resplendissant à l'égal du soleil qu'Indra lui avait prêté, Râma à la grande science fit ses révérences à Mâtali: «Tu as déployé une grande puissance, tu m'as rendu le plus éminent service, lui dit-il; retourne maintenant, je t'en donne congé, dans le séjour des Immortels.» Il dit; et sur la permission ainsi donnée, le cocher d'Indra, Mâtali, remonte dans son char et s'élève aussitôt vers le ciel.

Le vaillant Râma dit ces paroles au singe Hanoûmat, ce héros qui ressemblait à une grande montagne et qui s'approcha, les mains réunies en coupe à ses tempes: «Demande, mon ami, la permission à Vibhîshana, le puissant monarque; puis entre dans la ville de Lankâ et va souhaiter le bonjour à la princesse de Mithila. Annonce à ma Vidéhaine, ô le plus éminent des victorieux, que je suis en bonne santé, de même que Sougrîva, de même que Lakshmana, et que Râvana fut tué dans la bataille. Raconte à ma Vidéhaine ces agréables nouvelles d'ici, et veuille bien revenir aussitôt qu'elle t'aura donné ses commissions.»

Quand le singe à la grande splendeur se fut introduit dans le palais opulent de Râvana, il vit, dépouillée de tous honneurs Sîtâ, la vertueuse épouse de Râma. La tête courbée, le corps incliné, l'air modeste, il salua la Mithilienne et se mit à lui répéter toutes les paroles de son époux:

«J'ai remporté la victoire, *te fait dire ton époux*; sois tranquille, Sîtâ, et dépose tes soucis; j'ai tué Râvana, ton ennemi, sous le joug duquel *gémissait* Lankâ! Ton séjour dans l'habitation de Râvana ne doit plus t'inspirer de crainte: en effet, ce royaume de Lankâ est tombé sous l'obéissance de Vibhîshana.»

À ces mots, Sîtâ de se lever en sursaut; mais, la joie fermant tout passage à sa voix, cette femme au visage brillant comme l'astre des nuits ne put articuler une seule parole. Ensuite, le plus illustre des singes dit à Sîtâ, plongée dans le silence: «À quoi penses-tu, reine? Pourquoi ne me parles-tu pas?»

À cette question d'Hanoûmat, elle, qui jamais ne quitta le chemin du devoir, Sîtâ, au comble du bonheur, lui tint ce langage d'une voix que sa joie rendait balbutiante: «À peine eus-je entendu une si agréable nouvelle, l'éminente victoire de mon époux, que, subjuguée par la joie, je devins sans parole un moment. En effet, je ne vois rien, singe, mon ami (et c'est la vérité, que je dis là), *non!* je ne vois rien sur la terre qui soit égal aux charmes de ton récit, ni l'or, ni les vêtements, ni même les pierreries. Aussi fus-je saisie d'une joie telle, que j'en perdis la parole.»

À ces mots de la Vidéhaine, le singe, joignant ses deux mains en coupe et debout en face de Sîtâ, lui tint ce langage dicté par la joie: «Femme vertueuse, appliquée au bonheur de ton époux, ô toi qui es pour ton mari la joie de sa victoire, il te sied de parler en ces paroles d'amour. Elles sont égales, reine, ces bonnes et fécondes paroles de toi, au don le plus magnifique par des multitudes de pierreries; elles valent même tout l'empire des Dieux! Avec cette richesse, je pourrais acheter tous les biens, un royaume et le reste. Maintenant que je vois Râma victorieux et son rival immolé, il est une grâce que je sollicite de toi, reine, une seule, mais grande, à laquelle je tiens. Daigne me l'accorder gracieusement; ensuite, on te fera voir ton époux.

«J'ai vu naguère plus d'une fois ces Rakshasîs aux visages hideux vomir sur toi des paroles outrageantes, suivant les injonctions de Râvana.

«J'ai donc envie de tuer ces affreuses Démones bien épouvantables, aux cruelles mœurs: daigne m'accorder cette grâce.»

À ces mots d'Hanoûmat, la Vidéhaine, fille du roi Djanaka, réfléchit un moment; puis elle se mit à rire et lui fit cette réponse: «Que le noble singe ne s'irrite pas contre des servantes, forcées d'obéir, qui se meuvent par la volonté d'un autre et qui vivent soumises dans la domesticité du roi.

«Tout ce qui m'est arrivé de leur fait, je l'ai subi en châtiment des mauvaises œuvres que j'avais commises avant *ces jours* et par la faute de l'adversité de ma fortune. C'est ma destinée seule qui m'avait lié à cette déplorable condition: telle est vraiment l'opinion de mon esprit. Faible, je sais pardonner à de *faibles* servantes.»

À ce langage de Sîtâ, Hanoûmat, qui savait manier la parole, fit cette réponse à l'illustre épouse de Râma: «Sîtâ, la noble épouse de Râma, vient de parler comme il était convenable. Donne-moi tes commandements, reine, et je retourne où m'attend le Raghouide.» À ces mots d'Hanoûmat, la fille du roi Djanaka repartit: «Chef des singes, je désire voir mon époux.»

Le singe à la grande science s'approche de Râma et dit cette noble parole au héros, le plus habile entre ceux qui savent manier l'arc: «Ta Mithilienne, *que j'ai trouvée* absorbée dans la peine et les yeux troubles de pleurs, n'eut pas plutôt appris ta victoire, qu'elle a désiré jouir de ta vue.» À ces mots d'Hanoûmat, soudain Râma, le plus vertueux des hommes vertueux, Râma, noyé de larmes, s'abandonna à ses réflexions.

Après qu'il eut, en regardant la terre, poussé de longs et brûlants soupirs, il dit à Vibhîshana, le monarque des Rakshasas: «Fais venir ici la princesse de Mithila, Sîtâ, ma Vidéhaine, aussitôt qu'elle aura baigné sa tête, répandu sur elle un fard céleste et revêtu de célestes parures.»

À peine eut-il parlé, que Vibhîshana partit d'un pied hâté; il entra dans le gynœcée, et, les mains réunies en coupe, il dit à Sîtâ: «Baigne-toi la tête, Vidéhaine; revêts de célestes parures et monte dans un char, s'il te plaît; ton époux désire te voir.» À ces mots, la Vidéhaine répondit à Vibhîshana: «Je désire aller voir mon époux avant même de m'être lavée, monarque des Rakshasas.» Ces paroles entendues, Vibhîshana repartit: «Reine, tu dois faire comme ton époux veut que tu fasses.»

Aussitôt qu'elle eut ouï ces mots, la vertueuse Mithilienne, pour qui son mari était comme une divinité, cette reine toute dévouée à l'amour et à la volonté de son époux: «Qu'il en soit donc ainsi!» répondit-elle. Sur-le-champ, de jeunes femmes lavent sa tête et font sa toilette; on la revêt de robes précieuses, on la pare de riches joyaux; puis, Vibhîshana fait monter Sîtâ dans une litière magnifique, couverte de tapis somptueux, et l'emmène, escortée de Rakshasas en grand nombre.

Enflammés de curiosité, les principaux des singes, désirant voir la Mithilienne, se tenaient sur le passage par centaines de mille. «De quelle beauté donc est cette Vidéhaine? se disaient-ils. Quelle est cette perle des femmes, à cause de laquelle ce monde des singes fut mis en si grand péril? Elle, pour qui fut tué un roi, ce Râvana, le monarque des Rakshasas, et fut jetée dans les eaux de la grande mer une chaussée longue de cent yodjanas!»

Au milieu de ces paroles, qu'il entendait répéter de tous les côtés, Vibhîshana mit la riche litière en tête et s'avança vers Râma lui-même. Il s'approcha du magnanime, plongé dans ses réflexions, tout victorieux qu'il fût, et lui dit joyeux en s'inclinant: «Je l'ai amenée!»

À peine eut-il appris qu'elle était venue, celle qui avait longtemps habité dans la maison d'un Rakshasa, trois sentiments d'assaillir à la fois Râma, la joie, la colère et la tristesse. Il fit aller ses yeux de côté et se mit à réfléchir avec incertitude; ensuite il dit à Vibhîshana ces paroles opportunes:

«Monarque des Rakshasas, mon ami, toi qui toujours t'es complu dans mes victoires, que la Vidéhaine paraisse au plus tôt en ma présence.» À ces mots du Raghouide, Vibhîshana fit alors en grande hâte repousser le monde de tous les côtés. Aussitôt des serviteurs, coiffés de turbans faits en peau de serpent, le djhardjhara et le bambou dans la main, parcourent d'un pied hâté la multitude, refoulant de toutes parts les assistants.

Quand Râma vit de tous côtés ces foules se rejeter en arrière, pleines de terreur et de hâte, il arrêta ce mouvement par un sentiment de politesse et d'amour. Irrité et brûlant de ses yeux, pour ainsi dire, le Démon à la grande science, Râma de jeter ces mots sur le ton du reproche à Vibhîshana: «Pourquoi, sans égard pour moi, vexes-tu ces gens? Ne leur fais pas de violence, car je regarde chacun d'eux comme s'il était de ma famille.»

Attentive aux paroles de son époux, Sîtâ, se voyant négligée, en conçut une secrète colère difficile à tenir sous le voile. Ensuite la Djanakide, ayant regardé son époux, réfléchit, et, femme, elle comprima sa joie cachée au fond du cœur.

Le sage Râma dit alors ces mots à Vibhîshana d'une voix forte et pareille au bruit d'une masse de grands nuages:

«Ce ne sont pas les maisons, ni les vêtements, ni l'enceinte retranchée *d'un sérail*, ni l'étiquette d'une cour, ni tout autre cérémonial des rois, qui mettent une femme à l'abri des regards: le voile de la femme, c'est la vertu de l'épouse! Celle que voici nous est venue de la guerre; elle est plongée dans une grande infortune; je ne vois donc pas de mal à ce que les regards se portent sur elle, surtout en ma présence. Fais-lui quitter sa litière, amène la Vidéhaine à pied même près de moi: que ces hommes des bois puissent la voir!» Il dit; et Vibhîshana, tout en méditant ce langage, conduisit la Mithilienne auprès du magnanime Râma.

À peine ouïes les paroles du Raghouide sur la Mithilienne, les singes et tous les généraux de Vibhîshana avec le peuple de se regarder les uns les autres et de s'entre-dire: «Que va-t-il faire? On entrevoit chez lui une colère secrète; elle perce même dans ses yeux.» Ils furent tous agités de crainte aux gestes de Râma; la peur naquit dans leurs âmes, et, tremblants, ils changèrent de visage.

Lakshmana, Sougrîva et le fils de Bâli, Angada, étaient remplis tous de confusion; et, ensevelis dans leurs pensées, ils ressemblaient à des morts. À l'indifférence qu'il marquait pour son épouse, à ses manières effrayantes, Sîtâ parut à leurs yeux comme un bouquet de fleurs qui n'a plus de charmes et que *son maître* abandonne.

Suivie par Vibhîshana et les membres fléchissants de pudeur, la Mithilienne s'avança vers son époux. On la vit s'approcher de lui, telle que Çrî elle-même revêtue d'un corps, ou telle que la Déesse de Lankâ, ou telle enfin que Prabhâ, la femme du soleil. À la vue de Sîtâ, la plus noble des épouses, tous les singes furent transportés dans la plus haute admiration par la force de sa grâce et de sa beauté.

Quand, le visage inondé par des larmes de pudeur, au milieu de ces peuples assemblés, elle se fut approchée de son époux, la Djanakide se tint près de lui, comme la charmante Lakshmî à côté de Vishnou. À l'aspect de cette femme qui animait un corps d'une beauté céleste, le Raghouide versa des pleurs, mais ne lui dit point un seul mot, car le doute était né dans son âme. Ballotté au milieu des flots de la colère et de l'amour, Râma, le visage pâle, avait ses yeux empourprés d'une extrême rougeur, tant il s'efforçait d'y retenir ses larmes!

Il voyait devant lui cette reine debout, l'âme frissonnante de pudeur, ensevelie dans ses pensées, en proie à la plus vive affliction et comme une *veuve* qui n'a plus son protecteur. Elle, cette jeune femme, qu'un Démon avait enlevée de force et tourmentée dans une *odieuse* captivité; elle, à peine vivante et qui semblait revenir du monde des morts; elle, que la violence arracha de son ermitage un instant désert; elle, sans reproche, innocente, à l'âme pure, elle n'obtenait pas de son époux une seule parole! Aussi, les yeux déjà baignés par des larmes de pudeur au milieu des peuples assemblés, fondit-elle en *des torrents de* pleurs, quand elle se fut approchée de Râma, en lui disant: «Mon époux!»

À ce mot, qu'elle soupira avec un sanglot, une larme vint troubler les yeux des capitaines simiens; et tous ils se mirent à pleurer, saisis de tristesse. Le Soumitride, qui sentit naître son émotion, se couvrit aussitôt la face de son vêtement et fit un effort pour contenir ses larmes et rester impassible dans sa fermeté.

Enfin Sîtâ à la taille charmante, ayant remarqué cette grande révolution qui s'était opérée dans son époux, rejeta sa timidité et se mit en face de lui. L'auguste Vidéhaine secoua son chagrin, elle s'arma de courage, elle refoula ses larmes en elle-même par sa force d'âme et la pureté de sa conscience. On la vit arrêter sur le visage de son époux un regard où plus d'un sentiment se peignit: c'étaient l'étonnement, la joie, l'amour, la colère et même la douleur.

Ballotté sur le doute, Râma, quand il vit ainsi la reine, se mit à lui exposer l'état secret de son cœur: «Je t'ai conquise des mains de l'ennemi par la voie des armes, noble Dame: reste donc à faire bravement ce que demandent les circonstances. J'ai assouvi ma colère, j'ai lavé mon offense, j'ai retranché du même coup mon déshonneur et mon ennemi. Aujourd'hui, j'ai fait éclater mon courage; aujourd'hui, ma peine a rendu son fruit; j'ai accompli ma promesse: je dois être ici égal à moi-même.

«Pour ce qui est de ton rapt en mon absence par un Démon travesti sous une forme empruntée, c'est le Destin qui est l'auteur de cette faute; la fraude s'est faite ici l'égale du courage. *Mais* qu'aurait-il de commun avec une grande valeur, cet homme à l'âme petite, qui n'essuierait pas avec énergie la honte qui a rejailli sur lui?

«Aujourd'hui même la traversée de la mer et le ravage de Lankâ, tout ce grand exploit d'Hanoûmat a porté son fruit *heureux*. La fatigue des armées et celle de Sougrîva, qui déploya tant de courage dans les combats et de lumière dans les conseils pour notre bien, porte aujourd'hui tout son fruit. La grande fatigue de Vibhîshana, qui, désertant le parti d'un frère vicieux, est venu se rallier au mien, porte également son fruit aujourd'hui.»

Il dit; et, tandis que Râma tenait ce langage, Sîtâ, les yeux tout grands ouverts, comme ceux d'une gazelle, était inondée par ses larmes. À cette vue, la colère du Raghouide s'en accroît davantage, et, contractant ses *noirs* sourcils sur le front, jetant des regards obliques, il envoie à Sîtâ ces mordantes paroles au milieu des singes et des Rakshasas:

«Ce que doit faire un homme pour laver son offense, je l'ai fait, par cela même que je t'ai reconquise: j'ai donc sauvé mon honneur. Mais sache bien cette chose: les fatigues que j'ai supportées dans la guerre avec mes amis, c'est par ressentiment, noble Dame, et non pour toi, que je les ai subies! Tu fus reconquise des mains de l'ennemi par moi dans ma colère; mais ce fut entièrement, noble Dame, pour me sauver du blâme encouru et laver la tache imprimée sur mon illustre famille.

«Ta vue m'est importune au plus haut degré, comme le serait une lampe mise dans l'intervalle de mes yeux! Va donc, je te donne congé; va, Djanakide, où il te plaira! Voici les dix points de l'espace, *choisis*! il n'y a plus rien de commun entre toi et moi. En effet, est-il un homme de cœur, né dans une noble maison, qui, d'une âme où le doute fit son trait, voulût reprendre son épouse, après qu'elle aurait habité sous le toit d'un autre homme?

«Place comme il te plaira ton cœur, Sîtâ! car il n'est pas croyable que Râvana, t'ayant vue si ravissante et douée de cette beauté céleste, ait pu jamais trouver du charme dans aucune autre des jeunes femmes qui habitent son palais!»

Quand elle entendit pour la première fois ces paroles affreuses de son époux au milieu des peuples assemblés, la Mithilienne se courba sous le poids de la pudeur. La Djanakide rentra dans ses membres, pour ainsi dire, et, blessée par les flèches de ces paroles, elle versa un torrent de larmes. Ensuite, essuyant son visage baigné de pleurs, elle dit ces mots lentement et d'une voix bégayante à son époux: «Tu veux me donner à d'autres, comme une bayadère, moi qui, née dans une noble famille, Indra des rois, fus mariée dans une race illustre. Pourquoi, héros, m'adresses-tu, comme à une épouse vulgaire, un langage tel, choquant, affreux à l'oreille et qui n'a point d'égal? Je ne suis pas ce que tu penses, guerrier aux longs bras; mets plus de confiance en moi; *j'en suis digne*, je le jure par ta vertu elle-même!

«C'est avec raison que tu soupçonnes les femmes, si leur conduite est légère; mais dépose le doute à mon égard, Râma, si tu m'as bien étudiée. S'il m'est arrivé de toucher les membres de ton ennemi, mon amour n'a rien fait ici pour la faute; le seul coupable, c'est le Destin! Mon cœur, néanmoins, la seule chose qui fût en mon pouvoir, n'a jamais cessé de résider en toi; que ferai-je désormais, esclave en des membres qui ne sont pas à moi? Jamais, en idée seulement, je n'ai failli envers toi: puissent les Dieux, nos maîtres, me donner la sécurité d'une manière aussi vraie que cette parole est certaine! Si mon âme, prince, qui donne l'honneur, si mon naturel chaste et notre vie commune n'ont pu me révéler à toi, ce malheur me tue pour l'éternité.

«Quand Hanoûmat, envoyé par toi, s'est montré la première fois dans Lankâ, où j'étais captive, pourquoi, héros, ne m'as-tu pas rejetée dès ce moment? Aussitôt cette parole, vaillant guerrier, abandonnée par toi, j'eusse abandonné la vie à la vue même de ce noble singe. Tu n'aurais pas en vain subi tant de fatigue et mis ta vie en péril; cette armée de tes amis ne se fût pas consumée en des travaux sans fruit.

«Mais, sous l'empire même de la colère, ce que tu mis avant tout, comme un esprit léger, monarque des hommes, ce fut ma qualité seule d'être une femme. J'étais née du roi Djanaka, appelée que je fusse d'un nom qui attribuait ma naissance à la terre; mais, ni ma conduite, ni mon caractère, tu n'as rien estimé de moi. Ma main, qu'adolescent tu avais pressée en mon adolescence, tu ne l'as point admise pour garant; ma vertu et mon dévouement, tu as tout rejeté derrière toi!»

Sîtâ parlait ainsi en pleurant et d'une voix que ces larmes rendaient balbutiante; puis, s'étant recueillie dans ses pensées, elle dit avec tristesse à Lakshmana: «Fils de Soumitrâ, élève-moi un bûcher; c'est le remède à mon infortune: frappée injustement par tant de coups, je n'ai plus la force de supporter la vie. Dédaignée par mon époux, dans l'assemblée de ces peuples, je vais entrer dans le feu; c'est la *seule* route *ici* qu'il m'est séant de suivre.»

À ces mots de la Mithilienne, *l'intrépide* meurtrier des héros ennemis, Lakhsmana, flottant parmi les ondes de l'incertitude, fixa les yeux sur le visage de son frère; et, comme il vit l'opinion de Râma se manifester dans l'expression de ses traits, le robuste guerrier fit un bûcher pour se conformer à sa pensée. En effet, qui que ce fût alors n'aurait pu calmer Râma, tombé sous le pouvoir de la douleur et de la colère, ni lui adresser une parole, ni même le regarder.

Aussitôt qu'elle eut décrit un pradakshina autour de Râma debout et la tête baissée, la Vidéhaine s'avança vers le feu allumé. Elle s'inclina d'abord en l'honneur des Dieux, puis en celui des brahmes; et, joignant ses deux mains en coupe à ses tempes, elle adressa au Dieu Agni cette prière, quand elle fut près du bûcher: «De même que je n'ai jamais violé, soit en public, soit en secret, ni en actions, ni en paroles, *ni de l'esprit*, ni du corps, ma foi donnée au Raghouide; de même que mon cœur ne s'est jamais écarté du Raghouide: de même, toi, feu, témoin du monde, protége-moi de tous les côtés!»

Après qu'elle eut parlé ainsi, la Vidéhaine, impatiente de s'élancer dans les flammes, fit le tour du feu et dit encore ces mots: «Agni, ô toi qui circules dans le corps de tous les êtres, sauve-moi, ô le plus vertueux des Dieux, toi qui, placé dans mon corps, est en lui comme un témoin!» À ces paroles entendues, tous les généraux simiens de pleurer beaucoup, et, tombant une à une, les larmes couvrent bientôt leur visage.

Alors, s'étant prosternée devant son époux, Sîtâ d'une âme résolue entra dans les flammes allumées. Une multitude immense, adultes, enfants, vieillards, était rassemblée en ce lieu; ils virent tous la Mithilienne éplorée se plonger dans le bûcher. Au moment qu'elle entra dans le feu, singes et Rakshasas de pousser un hélas! hélas! dont la clameur intense éclata comme quelque chose de prodigieux. Semblable à l'or bruni le plus excellent, Sîtâ, parée de bijoux d'or épuré, s'élança dans les flammes allumées, comme une victime, que l'on jette dans le feu du sacrifice.

À ces cris des peuples: «*Hélas! hélas!*» Râma, le devoir incarné, mais l'âme courroucée, demeura un moment les yeux troubles de larmes. Soudain Kouvéra, le roi *des richesses*, Yama avec les Mânes, le Dieu aux mille regards, monarque des Immortels, et Varouna, le souverain des eaux, le fortuné Çiva aux trois yeux, de qui le drapeau a pour emblème un taureau, l'auguste et bienheureux créateur du monde entier, Brahma, et le roi Daçaratha, porté dans un char au milieu des airs et revêtu d'une splendeur égale à celle du roi des Dieux, tous d'accourir ensemble vers ces lieux. Tous, se hâtant sur leurs chars semblables au soleil, ils arrivent sous les murs de Lankâ.

Ensuite, le plus éminent des Immortels et le plus savant des esprits savants, le saint créateur de l'univers entier, étendit un long bras, dont sa main était la digne parure, et dit au Raghouide, qui se tenait devant lui, ses deux mains réunies en coupe: «Comment peux-tu voir avec indifférence que Sîtâ se jette dans le feu d'un bûcher? Comment, ô le plus grand des plus grands Dieux, ne te reconnais-tu pas toi-même? Quoi! c'est toi qui es en doute sur la chaste Vidéhaine, comme un époux vulgaire!»

À ces mots du roi des Immortels, Râma, joignant ses deux mains aux tempes, répondit au plus éminent des Dieux: «Je suis, il me semble, un simple enfant de Manou, Râma, le fils du roi Daçaratha. *S'il en est d'une autre manière*, daigne alors ton excellence me dire qui je suis et d'où je proviens.» Au Kakoutsthide, qui parlait ainsi: «Écoute la vérité, Kakoutsthide, ô toi de qui la force ne s'est jamais démentie! répondit l'Être à la splendeur infinie existant par lui-même. Ton excellence est Nârâyana, ce Dieu auguste et fortuné, de qui l'arme est le tchakra. Ton arc est celui qu'on appelle Çârnga; tu es Hrishikéça, tu es l'homme le plus grand des hommes.

«Tu es la demeure de la vérité; tu es vu au commencement et à la fin des mondes; mais on ne connaît de toi ni le commencement ni la fin. «Quelle est son essence?» se dit-on. On te voit dans tous les êtres; dans les troupeaux, dans les brahmes, dans le ciel, dans tous les points de l'espace, dans les mers et dans les montagnes!

«*Dieu* fortuné aux mille pieds, aux cent têtes, aux mille yeux, tu portes les créatures, la terre et ses montagnes. Que tu fermes les yeux, on dit que c'est la nuit; si tu les ouvres, on dit que c'est le jour: les Dieux étaient dans ta pensée, et rien de ce qui est n'est sans toi.

«On dit que la lumière fut avant les mondes; on dit que la nuit fut avant la lumière; mais ce qui fut avant ce qui est avant tout, on raconte que c'est toi, l'âme suprême. C'est pour la mort de Râvana que tu es entré ici-bas dans un corps humain. Ce fut donc pour nous que tu as consommé cet exploit, ô la plus forte des colonnes qui soutiennent le devoir. Maintenant que l'impie Râvana est tué, retourne joyeux dans ta ville.»

Cependant le feu *ardent et* sans fumée avait respecté la Djanakide, placée au milieu du bûcher: tout à coup, voilà qu'il s'incarne dans un corps et soudain il s'élance, tenant Sîtâ dans ses bras. Le Feu mit de son sein dans le sein de Râma la jeune, la belle, la sage Vidéhaine aux joyaux d'or épuré, aux cheveux noirs bouclés, vêtue d'une robe écarlate, parée de fraîches guirlandes de fleurs et semblable au soleil enfant.

Alors ce témoin *incorruptible* du monde, le Feu, dit à Râma: «Voici ton épouse, Râma; il n'existait aucune faute en elle.

«Cette femme vertueuse à la conduite sage n'a failli envers toi, ni de parole, ni de pensée, ni par l'esprit, ni par les yeux. Dans une heure, où tu l'avais quittée, héros, le Démon Râvana d'une irrésistible vigueur l'emporta malgré sa résistance loin de la forêt solitaire. Enfermée dans son gynœcée, triste, absorbée dans ton *souvenir*, n'ayant de pensée que pour toi, surveillée de tous les côtés par des Rakshasîs difformes, tentée et menacée de toutes les manières, ta Mithilienne, en son âme retournée toute vers toi, n'a jamais songé au Rakshasa.

«Reçois-la pure, sans tache: il n'existe pas en elle la moindre faute: je t'en suis le garant. Le feu voit tout ce qu'il y a de manifeste et tout ce qu'il y a de caché: aussi, ta Sîtâ m'est-elle connue, à moi, qui *viens de* l'observer *ici même* en face de mes yeux!»

À ces mots, le héros à la grande splendeur, à l'inébranlable énergie, Râma, plein de constance et le plus vertueux des hommes vertueux, répondit au plus excellent des Dieux: «Il fallait nécessairement que Sîtâ fût soumise dans les mondes, grand Dieu, à l'épreuve de cette purification; car elle avait longtemps, elle femme charmante, habité dans le gynœcée de Râvana. «Râma, ce fils du roi Daçaratha, est un insensé; son âme n'est qu'une esclave de l'amour,» auraient dit les mondes, si je n'eusse point fait passer la Djanakide par cette purification. Cependant je savais bien que la fille du roi Djanaka n'avait pas changé de cœur, qu'elle m'était dévouée et que sa pensée errait sans cesse autour de moi. Mais, pour lui attirer la confiance des trois mondes dans cette assemblée des peuples, je n'ai point arrêté Sîtâ, quand elle s'est jetée au milieu du feu. Râvana lui-même n'aurait pu triompher de cette femme aux grands yeux, défendue par sa vertu seule, comme l'Océan ne peut franchir son rivage. Oui! cette âme cruelle n'aurait pas été capable de souiller même de pensée la Mithilienne, aussi impossible à toucher que la flamme du feu allumé. Non! Sîtâ n'a point donné son cœur à un autre, comme la splendeur ne fait pas divorce avec le soleil!»

Après qu'il eut écouté ce discours du magnanime Râma, l'antique aïeul des créatures, l'auguste Swayambhou adressa au héros qu'il aimait ce langage, expression de son âme joyeuse, paroles ornées, douces, suaves, judicieuses et mariées au devoir: «Quand tu auras consolé Bharata de sa tristesse, et la pieuse Kâauçalyâ, et Kêkéyî, et Soumitrâ, la royale mère de Lakshmana; quand tu auras ceint le diadème dans Ayodhyâ et ramené la joie dans la foule de tes amis; quand tu auras fait naître une lignée dans la race des magnanimes Ikshwâkides, prodigué aux brahmes des richesses et gagné une renommée sans pareille, veuille bien alors revenir de la terre au ciel.

«Vois-tu là dans un char, Kakoutsthide, le roi Daçaratha, *qui fut* ton illustre père et ton gourou dans ce monde des enfants de Manou? Sauvé par toi, son fils, c'est aujourd'hui un bienheureux, à qui fut ouvert le monde d'Indra: incline-toi devant lui avec Lakshmana, ton frère.»

À ces mots de l'antique aïeul des créatures, le Kakoutsthide avec Lakshmana de toucher les pieds de son père, assis au sommet d'un char. Tous deux ils virent Daçaratha, flamboyant de sa propre splendeur, vêtu d'une robe pure de toute poussière; et, monté dans son char, l'ancien souverain de la terre fut pénétré d'une immense joie à la vue de ses deux fils, qu'il préférait au souffle même de sa vie.

Le roi Daçaratha dit à son fils ces mots, qui débutaient par le flatter: «Séparé de toi, Râma, je n'attache pas un grand prix au Swarga ni au bonheur d'habiter avec les princes des Dieux. Certes, heureuse est-elle cette Kâauçalyâ, qui te verra joyeuse rentrer dans ton palais, victorieux de ton ennemi et dégagé de ton vœu! Certes, heureux sont-ils ces hommes qui te verront bientôt, Râma, de retour dans ta ville et sacré dans ton empire comme le monarque de la terre! Heureux aussi lui-même ce Lakshmana, ton frère, si dévoué au devoir; lui de qui la gloire est montée jusqu'au ciel et couvre à jamais la terre! Ta Vidéhaine est pure, mon fils, elle connaît le devoir et tient ses yeux toujours attachés sur le devoir.

«Ce qui existe, soit en mal, soit en bien, dans l'univers entier, est à la connaissance des Dieux; et moi, que voici devant toi, Daçaratha, ton père, j'atteste sa pureté moi-même!

«Tu as vu, héros, quatorze années s'écouler pendant que tu habitais pour l'amour de moi les forêts, en compagnie de ta Vidéhaine et de Lakshmana. Ton séjour dans les bois est donc aujourd'hui une dette acquittée et ta promesse est accomplie. Ta piété filiale a sauvegardé, mon fils, la vérité de ma parole, et la mort de Râvana, immolé de ta main dans la bataille, a satisfait les Dieux. Maintenant, paisible avec tes frères dans ton royaume, goûte le bonheur d'une longue vie.»

Au roi des hommes, qui parlait ainsi, Râma fit cette réponse, les mains réunies en coupe: «Je suis heureux de voir que ta majesté, objet naturel de ma vénération, est contente de moi. Mais je voudrais obtenir de ton amour une grâce utile: c'est que tu rendes, ô toi qui sais le devoir, ta faveur à Kêkéyî et Bharata. «Je t'abandonne avec ton fils!» telles sont les paroles qui furent jetées par toi-même à Kêkéyî. Que cette malédiction, seigneur, ne frappe ni cette mère ni son fils!»

«J'y consens!» repartit Daçaratha le père à Râma le fils. «Quelle autre chose veux-tu que je fasse?» reprit-il encore avec affection. Là-dessus, Râma lui dit: «Jette sur moi un regard propice!» Ensuite, Daçaratha fit de tels adieux à son fils Lakshmana: «O toi, qui cultives le devoir, tu recueilleras sur la terre, avec la *récompense du* devoir, une vaste renommée, et tu obtiendras, par la faveur de Râma, le Swarga et la grandeur suprême.

«Sois docilement soumis, Dieu t'assiste! à Râma, ô toi qui ajoutes sans cesse aux joies de Soumitrâ, ta mère. Tu accompliras le devoir dans toute son étendue, tu recueilleras une immense renommée, et les hommes raconteront dans les mondes ton dévouement fraternel.»

Quand il eut parlé de cette manière à Lakshmana, le monarque dit à Sîtâ: «Ma fille!» et, d'une voix douce, il adressa hautement ces mots à la Vidéhaine, qui se tenait là, formant l'andjali de ses mains réunies. Il ne faut pas ouvrir ton cœur, Vidéhaine, au ressentiment que pourrait y conduire cette répudiation *apparente*: c'est le désir même de ton bien qui inspira cette conduite au sage Râma pour *amener ici la reconnaissance de* ta pureté. L'action vaillante, sceau de ta pureté, que tu as faite aujourd'hui, ma fille, éclipsera la gloire des femmes *dans les siècles à venir*.

Après qu'il eut éclairé de ses conseils la Djanakide et ses deux fils, le monarque issu de Raghou, Daçaratha, flamboyant, s'éleva dans son char vers le monde d'Indra. Il suivait le chemin fréquenté par les Dieux; et, ses regards baissés vers la surface de la terre, il s'éloignait, sans quitter des yeux le visage de son fils aussi beau que l'astre des nuits.

Tandis que le Kakoutsthide *déifié* s'en allait, Indra, au comble de la joie, dit ces mots à Râma, qui se tenait devant lui, ses mains réunies en coupe à ses tempes: «Ce n'est jamais en vain qu'on nous a vus, monarque des hommes; nous sommes contents: dis-moi donc ce que ton cœur désire.»

À ces mots, le Raghouide, d'une âme sereine, lui fit joyeux cette réponse: «Si je t'ai plu, Dieu, souverain du monde entier des Immortels, je vais te demander une grâce; daigne me l'accorder. Que tous les singes, qui, vaincus *dans ces combats*, sont tombés à cause de moi dans l'empire d'Yama, ressuscitent, gratifiés d'une vie nouvelle. Que des ruisseaux limpides coulent dans ces lieux où sont les singes et qu'il naisse pour eux des racines, des fruits et des fleurs dans le temps même qui n'en est point la saison.»

À ces mots du magnanime, le grand Indra lui répondit en ces termes dictés par la bienveillance: «Tu désires le salut des *héros, tes* amis, *et des guerriers*, qui te sont venus en aide, c'est un vœu qui te sied, fils chéri de Kâauçalyâ, et qui est digne de toi. Néanmoins, cette immense faveur dont tu parles, mon ami, qu'on rende les morts à la vue *des vivants*, aucun autre que toi, guerrier aux longs bras, ne le fera jamais dans les mondes eux-mêmes des Immortels; mais, à cause de la parole qui te fut dite par moi, il en sera aujourd'hui même ainsi. Ours, golângoulas, gens du peuple et chefs, tous les singes vont se relever, comme *on voit sortir de leur couche*, à la fin du sommeil, ceux qui sont endormis.

«On verra ici, guerrier au grand arc, des arbres chargés de fleurs et de fruits, dans un temps qui n'en est point la saison, et des rivières couler avec des ondes pures.»

Aussitôt que le monarque illustre des Dieux eut articulé ces paroles, Çakra de verser une pluie mêlée d'ambroisie sur le champ de bataille. À peine l'ondée vivifiante les a-t-elle touchés qu'au même instant, rendus à la vie, tous les singes magnanimes se relèvent: on eût dit qu'ils se réveillaient à la fin d'un sommeil. Eux, que l'ennemi avait renversés morts, les membres déchirés de blessures, tous, se relevant guéris et dispos, ils ouvraient de grands yeux pleins d'étonnement.

À la suite de ces choses, Vibhîshana dit, les mains jointes, ces paroles au dompteur des ennemis, Râma, qui avait passé la nuit commodément couché: «Que de nobles dames, habiles dans l'art de parer, les mains chargées d'eau pour le bain, de parfums, de guirlandes variées, du sandal le plus riche, de vêtements et d'atours, viennent ici et qu'elles te baignent suivant l'étiquette.» À ces mots, le Kakoutsthide répondit à Vibhîshana: «Bharata aux longs bras, fidèle à la vérité, est plongé dans la douleur à cause de moi, et, voué à la pénitence dans un âge encore si tendre, il se tourmente le corps. Sans lui, ce fils de Kêkéyî, sans Bharata, qui marche dans la voie du devoir, je fais peu de cas du bain, des vêtements et des parures. Occupe-toi de me procurer un prompt retour dans ma ville. Car le chemin qui mène dans Ayodhyâ est très-difficile à pratiquer.»

À ces mots de Râma: «Fils du monarque de la terre, lui répondit Vibhîshana, je te ferai conduire en ta ville. Il est un char nommé Poushpaka, char nonpareil, céleste, resplendissant comme le soleil et qui va de lui-même. Il appartenait à Kouvéra, mon frère; mais Râvana, plus fort, l'en a dépouillé après une bataille qu'il a gagnée sur lui. Ce véhicule, dont l'éclat ressemble à celui de l'astre du jour, est ici. Monté dans ce char, tu seras conduit par lui-même sans inquiétude jusque dans Ayodhyâ.»

À ces mots, Vibhîshana d'appeler avec empressement le char semblable au soleil; ce véhicule, ouvrage de Viçvakarma, aux flancs marquetés de cristal poli, aux sièges magnifiques de lazulithe, au son mélodieux par les multitudes de clochettes qui gazouillaient, balancées de tous côtés autour de lui, ce char, qui se mouvait de lui-même, resplendissant, impérissable, céleste, ravissant l'âme, embelli de portes d'or, couvert de tissus, où l'or se mariait avec la soie, et qui, ombragé de mille étendards ou drapeaux blancs, ressemblait au sommet du Mérou.

Quand il vit arrivé le char Poushpaka, le monarque des Rakshasas dit au Raghouide: «Que ferai-je?» Le héros à la grande splendeur, ayant réfléchi, lui répondit ces mots, où dominait le sentiment de l'amitié: «Que tous ces *quadrumanes* habitants des bois, qui ont mis à fin leur expédition, en soient récompensés, Vibhîshana, par divers présents de chars et de pierreries. C'est avec leur appui que tu as conquis Lankâ, monarque des Rakshasas: rejetant loin d'eux la crainte de la mort, ils n'ont jamais reculé dans les batailles. Les chefs contents des légions simiennes obtiendront ainsi, grâce à ta reconnaissance, l'estime qu'ils méritent, et, dignes d'honneur, ils seront honorés par toi.

«Le héros puissant, qui sait donner, connaît la substance de son devoir et pratique ainsi les obligations imposées à un maître de la terre, n'est-il pas adoré du guerrier?»

Il dit, et Vibhîshana s'empresse d'honorer tous les simiens jusqu'au dernier avec des largesses de pierreries et d'or. Accompagné de son frère, et quand il eut pris dans son anka l'illustre Vidéhaine, rougissante de pudeur, le Raghouide, monté dans le char, tint ce langage à tous les singes, à Sougrîva d'une extrême vigueur, comme à Vibhîshana le Rakshasa: «Tout ce que doivent faire des amis, vous l'avez fait, héros des singes; je vous donne congé, il vous est donc loisible à tous de vous retirer où bon vous semble. Mais ce qu'on peut attendre, Sougrîva, d'un allié, d'un ami, d'un cœur appliqué, ta majesté, qui marche dans le devoir, l'a fait pour moi complétement. Retourne à Kishkindhyâ et gouverne là ton empire, Sougrîva!

«Je t'ai donné Lankâ pour ton royaume, Vibhîshana aux longs bras. Les habitants du ciel, Indra même avec eux, ne t'y vaincront jamais, souverain des Rakshasas, ô toi, le plus fidèle aux devoirs du kshatrya. Je retourne dans Ayodhyâ au palais de mon père; je vous demande la permission de partir et je vous fais à tous mes adieux.»

À ces mots de Râma, les généraux quadrumanes, le monarque des singes et Vibhîshana le Rakshasa, tous, joignant les mains, de lui dire: «Nous désirons t'accompagner jusqu'à la cité d'Ayodhyâ; nous désirons voir ton sacre, vœu de notre cœur. Quand nous aurons vu cette auguste cérémonie et salué Kâauçalyâ, nous reviendrons après un court séjour, ô le plus grand des rois, dans nos habitations.»

Le vertueux Kakoutsthide répondit: «Je trouverai dans votre société, si vous faites route avec moi, ce qu'il y a de plus aimable que l'aimable même: ce sera pour moi un bonheur que de rentrer dans Ayodhyâ en la compagnie de toutes vos excellences. Hâte-toi de monter dans le char avec tes généraux, Sougrîva; monte aussi avec tes ministres, Vibhîshana, monarque des Rakshasas.»

À l'instant Sougrîva avec les rois des singes et Vibhîshana avec ses conseillers de monter, pleins de joie, dans le céleste Poushpaka. Quand ils sont tous embarqués, Râma commande au véhicule de partir, et le char nonpareil de Kouvéra s'élève au milieu du ciel même.

Le char s'était envolé comme un grand nuage soulevé par le vent. De là, promenant ses yeux de tous côtés, le guerrier issu de Raghou dit à Sîtâ la Mithilienne, au visage tel que l'astre des nuits: «Regarde, Vidéhaine, la cité bâtie par Viçvakarma, cette Lankâ debout sur la cime du Trikoûta, qui ressemble au sommet du Kêlâça. Regarde ce champ de bataille; ce n'est qu'une fange de chair et de sang, vaste boucherie, Sîtâ, de singes et de Rakshasas!

«Voici l'endroit où Méghanâda nous ayant liés par sa magie, Lakshmana et moi, les singes avaient perdu toute espérance. Tous les simiens ont beaucoup pleuré dans la pensée que Râma était descendu au tombeau; mais Garouda nous eut bientôt délivrés du lien *mortel* de ces flèches. Ici, tombé sous mon dard à cause de toi, femme aux grands yeux, gisait le monarque des Yâtavas, cet épouvantable Râvana, que Brahma lui-même avait comblé de ses grâces. C'est à cette place que se lamenta d'une manière si touchante l'épouse du cruel souverain, appelée Mandaudarî.

«Maintenant, reine, s'offre à nos regards l'Océan, roi des fleuves: il eut *en quelque façon* pour ancêtre un de mes aïeux; aussi a-t-il fait alliance avec moi. Cette montagne, qui nous montre son dos, c'est le Souléva, où nous avons passé la nuit, dame au charmant visage, après la traversée de l'Océan. Voici la chaussée que j'ai construite à cause de toi, femme aux grands yeux, à travers cette mer, le domaine des requins; cette gloire n'aura pas de fin.

«Ici, reine, sur le sol de la terre, jonché du graminée kouça, je couchai trois nuits pour obtenir que la mer voulût bien se montrer à mes yeux sous une forme humaine. Cette montagne, qui ressemble à une masse de grands nuages, c'est le Dardoura, où le singe Hanoûmat alla prendre son élan. Kishkindhyâ aux admirables forêts se montre à nos yeux, Sîtâ; c'est la charmante ville de Sougrîva, où Bâli fut tué par moi. À la porte de Kishkindhyâ, tu vois s'élever la cime lumineuse du Mâlyavat: c'est là, reine, que j'ai passé les quatre mois de la saison pluvieuse, loin de toi, femme aux grands yeux, et portant le poids de ma douleur, après que j'eus arraché la vie au terrible Bâli et sacré *le nouveau roi* Sougrîva.

«À présent, voici devant nos yeux la Pampâ aux bois variés, aux étangs de lotus, où, privé de toi, Sîtâ, je promenais çà et là mes plaintes continuelles.

«Là avait coutume de se percher le roi des vautours, Djatâyou à la grande force, ton défenseur, qui tomba sous les coups de Râvana.

«Voilà, femme au charmant visage, voila enfin notre chaumière de feuillage, d'où Râvana, le monarque des Yâtavas, *osa* t'enlever, malgré ta résistance. C'est là que vint s'offrir à nos yeux Çoûrpanakhâ, cette Rakshasî terrible, à qui Lakshmana, reine, coupa le nez et les oreilles.

«Maintenant, c'est l'amœne et délicieuse Godâvarî aux limpides ondes, qui nous apparaît avec l'ermitage d'Agastya, entouré de bananiers.

«Ces chaumières que tu vois là-bas, femme à la taille svelte, sont les habitations des ascètes, qui ont pour chef le noble Atri, flamboyant à l'égal du feu même ou du soleil.

«Le toit qui se montre ici, Vidéhaine, c'est le grand ermitage d'Atri, le révérend anachorète, de qui l'épouse Anasoûyâ t'avait donné un fard merveilleux. Cette montagne plus loin, c'est le Tchitrakoûta, où le fils de Kêkéyî vint m'apporter ses *vaines* supplications. Ce fleuve qui roule au pied, c'est la sainte Mandâkinî aux ondes très-limpides, où j'offris aux mânes de mon père une oblation de racines et de fruits.

«Voici maintenant l'Yamounâ, rivière charmante aux bois variés, et l'ermitage de Bharadwâdja, près d'un lieu béni pour les sacrifices. Cet autre cours d'eau, Sîtâ, c'est la Gangâ, qui roule ses flots dans trois lits; et voici la ville même de Çringavéra, où demeure Gouha, mon ami. À présent, vois-tu, femme à la taille déliée, cet ingoudi; c'est là, c'est à son pied, que nous avons couché la première nuit, après que nous eûmes traversé la Bhâgirathî.

«Enfin, j'aperçois le palais de mon père..... Ayodhyâ! Incline-toi devant elle, Sîtâ, ma Vidéhaine, t'y voilà revenue!»

Alors, témoignant leur joie par des bonds réitérés, tous les singes, et Sougrîva, et Vibhîshana avec eux, de contempler cette magnifique cité.

À peine les foules pressées l'ont-elles aperçu arrivant comme un second soleil et d'une marche rapide, que le ciel est percé d'un immense cri de joie, lancé par la bouche des vieillards, des enfants et des femmes, s'écriant tous: «Voici Râma!» Descendus alors des chevaux, des éléphants et des chars, les hommes, ayant mis pied à terre, de contempler ce noble Raghouide assis dans *l'intelligent* véhicule, comme la lune est portée dans le ciel. Bharata, passé *de la tristesse* à la joie, s'approcha, les mains jointes, de Râma et l'honora du salut: «Sois le bienvenu!» prononcé avec le respect que méritait son frère. On fit monter Bharata dans le char. Alors ce prince, dévoué à la vérité, s'avança rempli de joie aux pieds de Râma et l'honora encore d'une nouvelle génuflexion.

Mais celui-ci fit aussitôt relever son frère, qui s'offrait dans la route de ses yeux après une si longue absence, le plaça contre son cœur et joyeux le serra dans ses bras. Le magnanime Kêkéyide à l'âme domptée s'approcha de la reine Sîtâ suivant la manière qu'exigeait la bienséance, et salua ses nobles pieds.

Les singes, qui prenaient à leur gré telles ou telles apparences, s'étaient revêtus de formes humaines et tous ils interrogeaient avec empressement Bharata sur la santé de sa majesté. Celui-ci dit à Vibhîshana d'une voix caressante: «Grâce à ton aide, on a terminé heureusement une guerre d'une extrême difficulté.»

Alors Çatroughna, s'étant incliné devant Râma, puis devant Lakshmana, vint saluer ensuite avec modestie les pieds de Sîtâ.

Râma, s'étant approché de sa mère, enchaînée à l'observance d'un vœu, les yeux noyés de larmes, pâle, maigre, déchirée par le chagrin, se prosterna, lui toucha les pieds et remplit de joie à sa vue le cœur de sa mère. Cette révérence faite, il s'inclina devant Soumitrâ et devant l'illustre Kêkéyî. De là, il s'avança près de Vaçishta, environné des ministres, et courba son front devant lui, comme il l'eût courbé devant Brahma l'éternel.

Les citadins, qui s'étaient approchés en troupes, purent alors contempler Râma. «Sois le bienvenu, prince aux longs bras, fils chéri de Kâauçalyâ!» disaient à Râma tous les habitants de la cité, joignant les mains à leurs tempes. Le frère aîné de Bharata voyait, tels que des lotus épanouis, ces andjalis par milliers que les citadins lui présentaient à son passage.

En ce moment, à la voix de Râma, le char d'une grande vitesse, attelé de cygnes et rapide comme la pensée, descendit sur le sol de la terre. Ensuite, ayant pris les deux sandales, Bharata, qui savait le devoir, les chaussa lui-même aux pieds du monarque des hommes; et, ses mains réunies au front, il dit à Râma: «Par bonheur, maître, tu te souviens encore de nous, qui sommes restés sans maître si longtemps. Par la crainte et sur la défense de ta majesté, personne, qui en eût besoin, n'a dérobé un fruit *dans ton absence*. Tout cet empire est à toi; c'est un dépôt que je te rends. Aujourd'hui le but de ma naissance est rempli et mes vœux sont comblés, puisque je te vois enfin revenu ici pour régner dans Ayodhyâ. Que ta majesté passe en revue les greniers, les trésors, le palais, les armées et la ville; j'ai tout décuplé, grâce à la force qu'elle m'a prêtée.»

À peine ont-ils entendu Bharata parler en ces mots dictés par l'amour fraternel, les singes et Vibhîshana le Rakshasa de verser tous des larmes. Râma dans sa joie fit alors asseoir Bharata sur sa cuisse et s'en alla, monté sur le char, accompagné des armées, à l'ermitage du Kêkéyide. Arrivé là, suivi des escadrons, il quitta le sommet du char, descendit et se tint sur le sol de la terre.

Le frère aîné de Bharata dit alors au char, dont la vitesse égalait celle de la pensée: «Va, je te l'ordonne, vers le Dieu Kouvéra.» Aussitôt reçu le congé que Râma lui donnait, ce léger véhicule s'enfonça dans la plage septentrionale et roula vers le palais du Dieu qui dispense à son gré les richesses. Quand il vit son char, Kouvéra lui dit: «Porte Râma, et sois désormais, ne l'oublie point, à son service comme tu es au mien.» À cet ordre, le char se mit à la disposition de Râma; et le Raghouide, quand il eut appris cette nouvelle, en fit ses remerciements à Kouvéra.

Le fils des rois et le fléau des ennemis, Bharata, à l'éclatante splendeur, ayant salué d'un air modeste le monarque des singes, lui tint ce langage: «Nous étions quatre frères, et toi maintenant, Sougrîva, tu fais le cinquième; car un ami est, *comme ses amis*, un fils de l'amitié, et ses traits de famille sont les services qu'il a rendus.»

Ensuite le fils bien-aimé de Kêkéyî, ses deux mains réunies en coupe à ses tempes, dit à Râma, son frère aîné, de qui le courage ne se démentit jamais: «Que ma mère n'en soit point offensée! cet empire qui me fut donné, je te le rends, comme ta majesté me l'avait elle-même donné. Comme un pont, qui s'écroule, brisé par la grande furie des eaux, un royaume dont la couronne n'est pas légitime est, à mon avis, une charge bien difficile à porter.

«*Fais-toi* sacrer aujourd'hui *et* que les rois te contemplent dans ta splendeur flamboyante, comme le soleil qui brûle au milieu du jour! Endors-toi et réveille-toi *chaque jour* au cliquetis des noûpouras d'or, aux concerts des troupes de musiciens, aux chants de voix mélodieuses. Aussi longtemps que la terre, *ton empire*, accomplira sa révolution, aussi longtemps exerce, toi! la domination sur tout le globe.»

Aussitôt et sur l'ordre de Çatroughna, des barbiers habiles à la main douce et prompte donnent leurs soins à Râma.

Alors, ses membres lavés, oints d'essences, parés avec des bouquets de fleurs blanches, son djatâ d'anachorète bien peigné, le corps flamboyant de magnifiques joyaux et revêtu de somptueux habits avec des pendeloques éblouissantes, Râma, éclatant de beauté, apparut comme enflammé d'une céleste splendeur.

Toutes les femmes du *feu roi* Daçaratha firent elles-mêmes la toilette ravissante de la sage Djanakide.

Ensuite, au commandement de Çatroughna, le cocher ayant attelé ses coursiers, vint avec le char décoré en toutes ses parties. Râma, au courage infaillible, monta dessus et, voyant Lakshmana avec ses frères placés eux-mêmes sur le char, il se mit en marche, assis auprès d'eux et tout flamboyant de splendeur.

Bharata prit les rênes, Çatroughna portait l'ombrelle, et Lakshmana, s'emparant de l'éventail, fit son soin d'éventer le noble Râma. Alors on entendit au milieu des airs une suave mélodie: c'étaient les louanges de Râma, que chantaient les chœurs des saints, les troupes des vents et les Dieux. Après le char venait le plus grand des singes, Sougrîva à la vive splendeur, monté sur l'éléphant appelé Çatroundjaya, pareil à une montagne. Tous les quadrumanes s'étaient revêtus des formes humaines, et, parés de tous les atours, ils s'avançaient, portés sur des milliers de magnifiques éléphants. C'est ainsi que marchait, remplissant de joie sa ville, cet Indra des hommes, au bruit des tambours, au son des tymbales et des conques.

Des grains frits, de l'or, des vaches, des jeunes filles, des brahmes et des hommes, les mains pleines de confitures, bordaient le passage du Raghouide.

Il racontait aux ministres l'amitié, qu'il avait trouvée dans Sougrîva, la force merveilleuse d'Hanoûmat et les hauts faits des singes. Apprenant ce qu'étaient les exploits des quadrumanes et la vigueur des Rakshasas, les habitants de la ville capitale furent saisis d'admiration.

C'est au milieu de ces récits, que Râma, environné des singes, entra dans Ayodhyâ, cité charmante, décorée en ce moment de guirlandes, pavoisée d'étendards, pleine d'un peuple gras et joyeux, avec ses places publiques, ses marchés et ses grandes rues bien arrosées, ses routes jonchées de fleurs, sans un intervalle, qui ne fût pas rempli de vieillards et d'enfants, au milieu desquels on entendait les femmes dire au monarque arrivé dans sa capitale: «Les habitants de cette ville désiraient te voir, sire, avec leurs frères, avec leurs fils, et, par bonheur, les dieux leur ont fait cette grâce aujourd'hui! Kâauçalyâ eut beaucoup de chagrin, Kakoutsthide; elle souffrit de ton absence infiniment, elle et dans la ville tous les habitants d'Ayodhyâ, sans aucune exception. Délaissée par toi, Râma, cette ville était comme un ciel qui n'a point de soleil, comme une mer à laquelle on a ravi ses perles, comme une nuit où ne brille pas la lune. Aujourd'hui que nous te voyons enfin près de nous, toi, notre salut, Ayodhyâ, guerrier aux longs bras, peut justifier son nom[22] à la face des ennemis, qui ambitionnent sa conquête. Tandis que nous habitions loin de toi, confiné dans les forêts, ces quatorze années, Râma, ont coulé pour nous avec une lenteur de quatorze siècles!»

Note 22:

On n'a pas oublié ce que veut dire *ayodhyâ* et l'on voit qu'il y a ici un jeu de mots intraduisible: «*Ayodhyâ* nous semble aujourd'hui *ayodhyâ*, c'est-à-dire, l'*Imprenable* est imprenable aujourd'hui que tu es dans la ville.»

Telles, douces, amicales, Râma entendait sur son passage les voix réunies des hommes et des femmes lui envoyer de ces paroles en témoignage d'affection.

Arrivé dans la ville habitée par les rejetons d'Ikshwâkou, le glorieux monarque des hommes se rendit au palais de son père. Il entra, et Kâauçalyâ, ayant baisé Râma et Lakshmana sur la tête, prit Sîtâ dans son anka et déposa le chagrin qui avait envahi son âme.

Ensuite, parlant à Bharata d'un langage auquel était joint l'à-propos et où la raison était mêlée aux convenances, elle dit à ce fils des rois aux pas bien assurés dans le devoir: «Que Sougrîva goûte ici le plaisir d'habiter ce grand bocage d'açokas et ce palais magnifique, pavé d'or et de lazulithe. Que cette maison voisine, très-vaste, belle, richement décorée, céleste, soit donnée, mon ami, à Vibhîshana. Que des habitations au gré de leurs désirs soient données promptement à tous les rois folâtres des singes, en observant l'ordre établi des rangs.» À peine eut-il entendu ces paroles, Bharata au courage sûr comme la vérité prit Sougrîva par la main et l'introduisit alors dans le palais.

«Seigneur, dit à Sougrîva ce frère attentif de Râma, expédie promptement des courriers pour le sacre du roi; car c'est demain, au point du jour, l'heure où l'astérisme Poushya est dans sa jonction, que l'on doit sacrer le Raghouide.

Aussitôt le monarque des simiens donna quatre cruches d'or, embellies de pierres fines, à quatre chefs des singes. «Qu'on revienne promptement, leur dit-il, avec ces cruches pleines d'eau puisée dans les quatre mers, et qu'on soit de retour avant le temps où l'aube reparaît!» À ces mots, les singes magnanimes, semblables à des montagnes, s'élancent rapidement au milieu du ciel comme des vents impétueux.

Rishabha dans sa cruche d'or, couronnée avec les branches du sandal rouge, apporta d'un vol léger une onde empruntée à la mer du midi. Djâmbavat avait rempli dans les eaux de la mer occidentale son urne, incrustée de pierreries, qu'il avait ornée avec les pousses nouvelles de grands aloës. Végadarçi, portant sa course jusqu'à l'Océan septentrional, en rapporta sans tarder l'onde fortunée dans son vase, qu'il avait paré de rameaux fleuris. Soushéna revint à la hâte de l'autre mer, où il avait rempli sa cruche ornée d'armilles et de bracelets.

Çatroughna, environné des ministres, annonça donc au saint archibrahme que les éléments du sacrifice étaient prêts. Ensuite, quand apparut, dans un moment propice, au temps où l'astérisme Poushya était dans sa jonction, l'aube sans tache, l'auguste Vaçishta, environné des brahmes, fit asseoir Râma le magnanime avec Sîtâ dans un trône de pierreries donné par un des Maharshis et tournant sa face à l'orient. Le prêtre alors, suivant les rites et conformément aux règles consignées dans les Çâstras, annonça aux brahmes le sacre qu'on allait conférer à ce noble prince issu de Raghou.

Puis, Vaçishta, Vâmadéva, Djâvâli et Vidjaya, Kaçyapa, Gautama, le brahme Kâtyâyana, Viçvâmitra à l'éblouissante splendeur et les autres chefs des brahmanes donnent le sacre au monarque des hommes avec l'eau bien limpide et parfumée, comme les Vasous eux-mêmes avaient sacré jadis Indra aux mille yeux.

Râma fut consacré en présence de toutes les Divinités réunies là dans les airs, avec le suc de toutes les herbes médicinales, au milieu des ritouidjes, des brahmes, des jeunes vierges, des principaux officiers de l'armée et des *notables* commerçants, tous joyeux et rangés suivant l'ordre. Sacré, il rayonna d'une splendeur nonpareille. Çatroughna lui-même portait le magnifique parasol blanc; Sougrîva, le monarque des singes, tenait le blanc chasse-mouche et le blanc éventail. Le souverain des Rakshasas, Vibhîshana, plein de joie, saisit, pour éventer Râma, un autre beau chasse-mouche avec un autre incomparable éventail, semblable à l'astre des nuits.

Engagé à lui faire ce don par le roi des Dieux, le Vent donna au Raghouide une guirlande d'or, composée de cent lotus et flamboyante de sa nature. Le monarque des Yakshas, qui vint lui-même à cette assemblée, fit présent à Râma d'un collier de perles, entremêlé de gemmes et de pierres fines; et ce fut encore à l'invitation de Mahéndra. Le Kakoutsthide fut loué par les sept rishis, qui l'exaltèrent avec des bénédictions pour la victoire.

Ces louanges portaient aux oreilles une suave mélodie: les musiciens des Dieux chantèrent et les Apsaras dansèrent elles-mêmes pour honorer la fête où fut sacré le sage Râma. Pendant l'inauguration du monarque, la terre se couvrait de moissons, les fruits avaient plus de saveur et les bouquets de fleurs exhalaient une senteur plus exquise. Râma, *pour les honoraires du sacre*, donna aux brahmes cent fois cent taureaux, mille vaches laitières multiplié par mille et, de plus, trente kotis d'or. Il donna aux brahmes dans sa joie des chars, des joyaux, des vêtements, des lits, des siéges et beaucoup de villages à plusieurs fois.

L'éminent héros donna lui-même à Sougrîva une guirlande d'or magnifique, enrichie de pierreries et semblable aux rayons du soleil. Le présent que reçut Angada, fils de Bâli, fut une paire de bracelets d'un beau travail, ornés d'admirables diamants, entremêlés de lapis et d'autres pierreries. Râma fit cadeau à sa Vidéhaine d'un superbe collier en perles d'un brillant égal aux rayons de la lune, et dont les plus fines pierreries augmentaient encore la richesse.

En ce moment la Mithilienne, cette noble fille du roi Djanaka, se mit à détacher de son cou un collier et tourna les yeux vers le singe Hanoûmat. Elle regarda tous les quadrumanes et son époux à plusieurs fois. Le Raghouide, ayant vu ces gestes: «Noble dame, dit-il à son épouse, donne ce collier au guerrier dont tu fus le plus contente, à celui dans qui tu as trouvé toujours du courage, de la vigueur et de l'intelligence.»

À ces mots, la dame aux yeux noirs donna le collier au fils du Vent. Et le prince des singes, Hanoûmat, resplendit, avec ce collier, tel qu'une montagne avec une *ceinture de* nuées blanches, dont les rayons de la lune jaunissent le sommet.

Ainsi honorés, leurs désirs accomplis, gratifiés de magnifiques pierres fines, mis aux premières places avec politesse, comblés de biens et d'hommages, partirent, ayant séjourné là *quelques heures*, tous les ours, les Rakshasas et les singes, l'âme peinée de quitter Râma.

Le héros né de Raghou dit au fils du Vent sur le point de partir lui-même: «Hanoûmat, prince des singes, je ne t'ai pas récompensé comme il faut. Choisis donc une grâce; car le service que tu m'as rendu est bien grand.» À ces mots, des larmes de joie troublant ses yeux, celui-ci dit à Râma: «Que mon âme reste jointe à mon corps, sire, aussi longtemps qu'il sera parlé de Râma sur la terre; je demande cette grâce, si tu veux m'en accorder une.»

À peine eut-il articulé ces mots que Râma lui fit cette réponse: «Qu'il en soit ainsi! La félicité descende sur toi! Jouis de la vie, sans maladie, sans vieillesse, toujours vigoureux et jeune, aussi longtemps que la terre soutiendra les mers et les montagnes!»

La Mithilienne alors de lui faire aussi une grâce non-pareille: «Que les différentes choses à manger, fils de Mâroute, se présentent d'elles-mêmes à toi sur la terre! Que les chœurs des Apsaras, les Gandharvas, les Dânavas et les Dieux t'honorent comme un Immortel en tous lieux où tu seras. Que partout il naisse pour l'amour de toi ou ruisselle à ton gré, quadrumane sans péché, des fruits pareils à l'ambroisie et des ondes limpides!»

«Ainsi soit-il!» reprit le singe, qui partit les yeux mouillés de larmes; et tous ses compagnons de s'en aller, comme ils étaient venus, à leurs différentes habitations, s'entretenant tout le voyage, tant ils aimaient Râma, des grandes aventures de ce noble Raghouide.

Après le départ de tous les singes, l'homicide *généreux* des ennemis tint ce langage au vertueux Lakshmana, qui toujours lui fut si dévoué: «Gouverne avec moi, ô toi qui sais le devoir, cette terre qu'ont habitée les rejetons des monarques nos ancêtres, et porte, comme roi de la jeunesse, ce timon *des affaires*, qui n'a rien de supérieur à ta force et que nos aïeux ont jadis porté.»

Chaque jour, l'auguste et vertueux Râma étudiait lui-même avec ses frères toutes les affaires de son vaste empire. Pendant son règne plein de justice, toute la terre, couverte de peuples gras et joyeux, regorgea de froment et de richesses. Il n'y avait pas de voleur dans le monde, le pauvre ne touchait à rien, et jamais on n'y vit des vieillards rendre les honneurs funèbres à des enfants. Tout vivait dans la joie: la vue de Râma enchaîné au devoir maintenait le sujet dans son devoir, et les hommes ne se nuisaient pas les uns aux autres.

Tant que Râma tint les rênes de l'empire, on était sans maladie, on était sans chagrin, la vie était de cent années, chaque père avait un millier de fils. Les arbres, invulnérables aux saisons et couverts sans cesse de fleurs, donnaient sans relâche des fruits; le Dieu du ciel versait la pluie au temps opportun et le vent soufflait d'une haleine toujours caressante.

Tant que Râma tint le sceptre de l'empire, les classes vivaient renfermées dans leurs devoirs et dans leurs occupations respectives; les créatures s'adonnaient à la pratique de la vertu.

Doué de tous les signes heureux, dévoué à tous ses devoirs, c'est ainsi que Râma, dans lequel étaient réunies toutes les qualités, gouvernait la monarchie du monde. Devenu maître de tout l'empire et victorieux de ses ennemis, ce prince, à la haute renommée, offrit mainte espèce de grands sacrifices, où les brahmes furent comblés de riches honoraires.

Ce poëme fortuné, qui donne la gloire, qui prolonge la vie, qui rend les rois victorieux, est l'œuvre primordiale que jadis composa Valmîki.

Il sera délivré du péché, l'homme, qui pourra tenir dans le monde son oreille sans cesse occupée au récit de cette histoire admirable *ou variée* du Raghouide aux travaux infatigables. Il aura des fils, s'il veut des fils; il aura des richesses, s'il a soif de richesses, l'homme qui écoutera lire dans le monde ce que fit Râma.

La jeune fille qui désire un époux obtiendra cet époux, la joie de son âme: a-t-elle des parents bien-aimés qui voyagent dans les pays étrangers, elle obtiendra qu'ils soient bientôt réunis avec elle. Ceux qui dans le monde écoutent ce poëme, que Valmîki lui-même a composé, acquièrent *du ciel* toutes les grâces, objets de leurs désirs, telles qu'ils ont pu les souhaiter.

FIN DU RAMAYANA.

INDEX

DE QUELQUES NOMS OU MOTS IGNORÉS OU PEU CONNUS DES PERSONNES QUI NE SONT PAS ENCORE BIEN FAMILIARISÉES AVEC L'ANTIQUITÉ, LA LITTÉRATURE ET L'HISTOIRE DE L'INDE.

A

Agnihotra, le feu sacré en général.

Andjali, salut ou marque de respect: mettre les deux mains jointes ensemble, les paumes ouvertes, en forme de coupe et les porter au front.

Anka, la partie du corps qui est comprise entre la hanche gauche et l'aisselle du même côté.

Apsara, nymphes du Paradis, les bayadères du ciel.

Asta, montagne à l'occident, derrière laquelle le soleil est supposé descendre se coucher.

Asoura, ennemis des Dieux, les plus grands des Démons, en hostilité continuelle avec les Souras ou les Dieux.

B

Bhagavat, *vénérable*, *adorable*, appellation commune à tous les Dieux, mais principalement consacrée à Brahma.

Brahma, la première personne de la Trinité indienne, ou la puissance créatrice personnifiée de l'Être irrévélé dans sa manifestation par les merveilles du monde.

Ç

Çakra, *validus*, *robore* ou *vi præditus*. V. Indra.

Çâstra, ouvrages de sciences ou de littérature en général, mais plus ordinairement de théologie, de philosophie, de politique et de jurisprudence.

Çataghnî, machine de guerre. Les racines du mot veulent dire *qui tue cent hommes*. L'opinion générale est que la *çataghnî* était une arme à feu.

Çîva, troisième personne de la Trinité indienne, la puissance destructive et reproductive personnifiée de l'Être irrévélé dans sa manifestation par les choses créées.

D

Daçagrîva, c'est-à-dire *decem habens colla*, un surnom de Râvana.

G

Gandharva, musiciens célestes, Demi-Dieux, qui habitent le ciel d'Indra et composent l'orchestre à tous les banquets des principales Divinités.

Garouda, volatile merveilleux, moitié homme et moitié oiseau, la monture de Vishnou. C'est le vautour indien, grand destructeur de serpents, exalté jusqu'à la condition divine.

H

Hrishikéça, un nom de Vishnou et par conséquent de Krishna ou Vishnou incarné.

I

Indra, le roi des Dieux, le rassembleur de nuages, le *Jupiter tonans* de la mythologie indienne; nom propre qui devient un nom commun: l'*Indra des hommes*, l'*Indra des quadrupèdes*, l'*Indra des oiseaux*, pour dire le roi de ceux-ci ou de ceux-là.

Ikshwâkou, le fondateur de la ville d'Ayodhyâ, la moderne Oudé, et le premier roi de la race solaire, d'où vint à Râma, son descendant, le nom d'Ikshwâkide.

K

Kakoutstha, un des rois de la race solaire, le fils de Bhagîratha et le père de Raghou. Nous avons formé de ce nom le patronymique Kakoutsthide pour son descendant Râma.

Kinnara, un ordre des musiciens du ciel.

Kouvéra, le roi des demi-dieux appelés Yakshas, le dieu des richesses et le frère aîné du tyran Râvana.

Kshatrya, un homme de la seconde caste, celle des guerriers et des rois.

L

Lohitânga, la planète de *Mars*.

M

Mâdhava, le deuxième mois de l'année, avril-mai, un des mois du printemps.

Mâroute, le vent, le Dieu du vent. Les Maroutes ou les vents sont au nombre de 49, division du rhumb ou de la boussole indienne.

Moushala, *pistillum, teli genus*, dit Bopp.

N

Naîrrita, mauvais Génies, Démons. Ce mot est quelquefois employé dans le poëme comme synonyme de *Rakshasa*.

Nârâyana, *l'esprit qui marche sur les eaux*, un nom de Vishnou et de Krishna, mais considéré spécialement comme la divinité qui préexistait avant tous les mondes.

Noûpoura, armilles ou bracelets d'or, souvent accompagnés de pierreries, que les femmes portent au-dessus de la cheville du pied.

P

Panava, une sorte d'instrument de musique, un petit tambour.

Pannagas, Demi-Dieux serpents.

Pattiça, espèce d'arme en forme de hache.

Piçâtchas, espèce de Démons analogues aux vampires.

Pourandara, *le briseur de villes*. V. Indra.

Pradakshina, salutation respectueuse: tourner autour d'une personne, ayant soin de lui présenter toujours le côté droit.

R

Raghou, un roi de la race solaire, un des aïeux de Râma, d'où lui vint ce nom patronymique si usité de *Râghava* ou de *Raghouide*.

Râhou, mauvais Génie, la personnification des éclipses du soleil et de la lune.

Rakshasa, Démons, espèces de vampires, hantant les cimetières, animant les corps sans vie, dévorant les hommes, troublant les sacrifices, sorte de Titans en guerre avec les Dieux. On donne à leurs femmes le nom de Rakshasî.

Rohinî, la personnification du quatrième astérisme lunaire, une des filles de Daksha et l'épouse la plus aimée de Lunus, une des 27 nymphes, personnifications des 27 astérismes lunaires, que Tchandra ou Lunus est censé avoir épousées.

S

Shorée, arbre de charpente, le *shorea robusta*.

Soma, l'asclépiade acide ou le *sarcostema viminalis*, dont le jus est offert aux Dieux dans les sacrifices.

Souparna. V. GAROUDA.

Soura, Dieu, opposé à Asoura, Démon. Ce mot vient de la racine *sour*, briller, *splendere*.

Swarga, le ciel d'Indra, le Paradis, le séjour qui attend les bons et les héros après cette vie.

Swayambhou, c'est-à-dire, l'*être, qui existe par soi-même*, un des noms de Brahma.

T

Tchakra, disque acéré, arme de guerre tranchante de tous les côtés: c'est l'arme terrible de Vishnou.

Tchârana, bons Génies, les panégyristes des Dieux.

Tilaka, marque faite avec une terre colorante ou des onguents sur le front et entre les deux sourcils, soit comme ornement, soit comme distinction de secte.

V

Varouna, le Neptune indien, le Dieu des eaux.

Vâsoukî, le roi des serpents. Il sert de trône à Vishnou.

Viçvakarma, l'architecte des Dieux, l'artiste des Souras, le Vulcain de la mythologie indienne. Il était fils de Brahma et son nom veut dire *cujuslibet peritus operis*.

Vidyâdhara, Demi-Dieux, habitants des airs.

Virotchana, fils de Prahlâda et père de Bali, d'où celui-ci est nommé le Virotchanide.

Vishnou, la deuxième personne de la Trinité indienne, la puissance conservatrice du monde personnifiée.

Vritra, Démon qui fut tué par Indra. C'est le loup Fenris des poésies Scandinaves, l'emblème de l'obscurité primitive dissipée aux rayons de la lumière originelle.

Y

Yama, le Dieu des morts et des enfers, le Pluton indien. Il est le fils du Soleil, d'où il est appelé Vivasvatide.

Yâtou, au pluriel, Yâtavas, et

Yatoudhâna, mauvais Génies, soumis à l'empire de Râvana.

Yatoudhânî, c'est le féminin de ce mot.

Yodjana, mesure itinéraire, cinq milles anglais de 1,609 mètres chacun

Buy Books Online from
www.Booksophile.com

Explore our collection of books written in various languages and uncommon topics from different parts of the world, including history, art and culture, poems, autobiography and bibliographies, cooking, action & adventure, world war, fiction, science, and law.

Add to your bookshelf or gift to another lover of books - first editions of some of the most celebrated books ever published. From classic literature to bestsellers, you will find many first editions that were presumed to be out-of-print.

Free shipping globally for orders worth US$ 100.00.

Use code "Shop_10" to avail additional 10% on first order.

Visit today
www.booksophile.com

www.ingramcontent.com/pod-product-compliance
Lightning Source LLC
Chambersburg PA
CBHW020837160426
43192CB00007B/683